일터선교

일터선교
삶으로 드리는 예배

초판 2026년 3월 9일

지은이   유경하
펴낸곳   도서출판 소망
주 소   10252 경기도 고양시 일산동구 고봉로 776-92
전 화   031-976-8970
팩 스   031-976-8971
이메일   somangsa77@daum.net
등 록   (제48호) 2015년 9월 16일

ISBN   979-11-988176-7-9 03230
책값은 뒤표지에 있습니다.

일터선교

삶으로 드리는 예배

유경하 지음

목차

오늘의 일터선교: 적용과 쟁점   247

이 책은 일터사역의 경험과 신학적 연구가 조화를 이룬 책입니다. 이 주제로 쓰인 기존의 책들과는 다른 부분들이 눈에 띕니다. 첫째, 일터사역 분야에서 대부분의 책이 충분히 다루지 못했던 채플린 사역을 비교적 자세하게 다루고 있습니다. 둘째, 일터사역과 관련된 성경적·신학적 근거를 설명하면서 교회 역사 속에서 일터사역과 연관되는 다양한 사례들을 소개하고 있습니다. 이를 통해 일터사역이 현대 사회에 갑자기 등장한 새로운 사역이 아니라 교회 안에서 역사적 근거를 지닌 사역임을 보여 줍니다. 이 두 가지만으로도 이 책은 읽고 숙고할 만한 충분한 가치가 있다고 생각합니다.

방선기(일터개발원 이사장)

일터선교는 21세기 한국 교회와 한국 선교의 핵심 사역이 되어야 합니다. 본서는 저자 유경하 교수의 연구와 사역 경험에서 나온 실제적인 일터선교의 교과서라고 할 수 있습니다. 일터선교에 대한 성경적 연구와 개혁신학적 기초 위에 굳게 서서 일터선교의 당위성과 실제를 구체적으로 제시하고 있으며, 선교신학자로서 일터사역에 대한 선교신학적 자료와 2,000년 교회 역사 속 일터선교의 다양한 사례들을 통해 일터선교의 신학적 틀을 체계적으로 완성하고 있습니다. 또한 본서 전반에 저자의 신앙과 직장 사역의 경험이 함께 녹아 있어 은혜와 확신의 고백을 전합니다. 모든 독자가 일터선교를 통해 주시는 하나님의 임재와 축복을 누리도록 강력히 일독을 권합니다.

김성욱(총신대학교 명예교수, 전 총신대학교 통합대학원장)

이 책은 현대인들이 가장 많은 시간을 보내면서도 모든 것이 불확실한 일터에서 어떻게 살아내야 할 것인가라는 질문에 대해, 저자의 실존적 고민과 오랜 일터 경험이 담긴 신학적 성찰로 응답하는 책입니다. 특히 AI 문명의 전환기에서 그리스도인으로서의 정체성과 일의 전문성을 통해 하나님 나라를 확장하며 어떻게 살아야 하는지를 일터신학자로서의 머리와 가슴과 눈물로 풀어낸 깊이 있는 저서입니다. 이 땅의 모든 하나님의 일꾼들에게 추천하고 싶은 훌륭한 안내서입니다.

김희자(전 총신대학교 부총장 및 기독교교육학 교수, 전 한국기독교교육정보학회 회장)

목회자들과 대화하다 보면 그들이 다루는 수많은 목회 영역 중 일터는 우선순위에서 밀린다는 느낌을 자주 받습니다. 그렇지만 지금도 일터 현장에서 고군분투하며 일터 신앙을 지키고 사역하는 수많은 크리스천들이 있습니다. 이 책은 일터에서 현실과 신앙 사이에 갈등하는 수많은 크리스천 직장인들에게 신학적 답변을 제공하는 동시에 일터선교가 직장인만의 사역이 아니라 목회자를 포함한 모든 크리스천의 공동의 사명이라는 것을 알게 해 줍니다.

지용근(목회데이터연구소 대표)

한 신앙인이 자신의 일터에서 선교적 사명으로 살았는지의 여부는 하나님으로부터 부여받은 부르심에 충성을 다했느냐의 문제라고 할 수 있습니다. 저자는 본서를 통해서 우리가 '생계형 직장인'을 넘어 '하나님의 일터선교사'로 거듭나야 할 것을 촉구합니다. 본서의 장점은 이 책 한 권으로 충분히 일터선교에 대한 교과서가 될 수 있다는 점입니다. 탄탄한 연구를 통해서 현재 우리의 사명이 어디에 위치하는지 제시하고 있습니다. 일터에서도 하나님의 주권을 세워가는 사명을 지닌 모든 기독교 직장인들이 꼭 읽어야 할 필독서로서 추천을 드립니다.

강웅산(총신대학교 부총장 겸 신학대학원장, 조직신학 교수)

이 책은 일터를 둘러싼 신앙의 문제를 개인적 윤리 차원이 아니라 교회사 속에서 반복되어 온 소명 이해의 흐름 속에 정확히 위치시킵니다. 종교개혁 전통이 회복하고자 했던 '삶 전체의 예배성'을 오늘의 일터라는 역사적 현장 위에 설득력 있게 재현합니다. 성경과 역사, 그리고 현대 사회를 잇는 서술은 일터선교가 유행어가 아니라 오랜 신학적 유산의 현대적 전개임을 분명히 보여줍니다. 특히 성속 이원론을 넘어서는 논의는 개혁신학이 지닌 공공성과 문화적 책임을 다시금 환기합니다. 역사를 성찰하는 신학자의 눈으로 볼 때, 이 책은 오늘의 교회가 어디에서 길을 잃었고 어디로 나아가야 하는지를 차분히 가르쳐 주기에 적극 추천합니다.

안인섭(총신대학교 통합대학원장, 역사신학 교수)

정글같은 일터에서 생존 말고는 생각할 여유가 없는 '분초사회'를 살아가는 신앙인들에게 이 책을 권하는 것이 또 하나의 '해야 할 일'이 되지는 않을까 염려스럽습니다. 그만큼 우리는 모든 것이 '해야 할 일'로 전락해 버린 세상에 지쳐 있습니다. 바로 그렇기에 우리의 '일'은 절실히 구원받아야 합니다. 성도는 단순히 생계를 위해, 혹은 자아실현을 위해 일하는 것만으로는 만족할 수 없습니다. 하나님 나라의 회복을 위한 동역자로 부르심을 받아 일터에 서 있다는 진리를 발견하고 싶다면 당장, 이 책을 펴야 합니다.

김성호(따뜻한 교회 담임목사)

본서는 우리가 누리고 있는 많은 것들이 일터에서 헌신한 수많은 기독교인들의 눈물과 땀과 피의 결과였음을 일깨워 주었기에 나 자신을 깊이 돌아보게 하는 책입니다. 무엇보다 빠르게 변화하는 AI 시대 속에서도 흔들리지 않는 믿음의 뿌리를 일터에 내리며 예수님의 제자답게 살아가도록 돕는 유익한 안내서입니다. 저자는 '일'이 선교나 자아실현을 위한 수단이 아니라 하나님의 백성이 세상 한가운데서 하나님께 드리는 예배임을 설득력 있게 보여줍니다. 이에 깊이 감동하며 이 책을 기쁘게 추천합니다.

유해석(총신대학교 선교대학원 주임교수, FIM국제선교회 대표)

한국의 전통적인 신학대학교에서 교수하시는 유경하 박사의 『일터선교』를 추천하게 되어 기쁩니다. 이 책은 크게 네 부분으로 나뉘어서 성경 속에 나타난 일터선교의 원리와 우리의 실생활 속에 적용될 방법들을 제시하고 있습니다. 유경하 박사는 깊은 신앙으로 총신대학교에서 후학을 가르치시며, 한국복음주의선교신학회 학술지인 〈복음과 선교〉 편집장으로 수고하고 있습니다. 바쁜 시간 가운데에서도 한국의 선교와 후학들을 위해서 선교의 패러다임을 바꿀 귀한 책을 출판하였습니다. 이 책의 출판이 일터선교의 새로운 지평을 여는 귀한 계기가 될 것을 믿어 의심치 않으며 독자들에게 유경하 박사의 저서를 추천합니다.

조귀삼(세계다문화진흥원 원장, 전 한세대 교수)

유경하 박사가 심혈을 기울여 연구한 이 책은 우리의 일터를 단순한 생계의 자리가 아닌 하나님께 드리는 거룩한 예배의 자리로 새롭게 비추어 줍니다. 성경의 토대 위에서 교회와 성도, 그리고 세상 속 목회자와 선교사, 성도가 함께 걸어가는 선교의 길을 생생히 보여 줍니다. 역사 속 다양한 사례들은 일터선교가 경제·사회·문화를 변화시킨 살아 있는 증거로 다가옵니다. 오늘의 독자에게는 인공지능 시대와 다종교·다원화된 사회, 그리고 다극화된 세계 속에서 신앙과 일을 통합하는 지혜를 제시합니다. 결국 이 책은 모든 일터를 하나님의 임재가 머무는 성전으로 회복시키는 희망을 우리 앞에 선포하는 책입니다.

장훈태(백석대 은퇴교수, 아프리카미래협회 & 아프리카미래학회 회장)

이 책을 펼치자마자 단숨에 읽게 되었습니다. 페이지를 더할수록 '삶으로 드리는 예배'와 '일터선교'를 위해 저자가 얼마나 치열하게 고민하며 씨름해 왔는가에 대한 공감이 내 안에서 점점 더 커지며 파장을 일으켰기 때문입니다. 나는 이 소중한 책을 다음과 같이 이해하게 되었습니다. 첫째, 일터 현장에서부터 시작된 책입니다. 그래서 문제의식과 해결 과제에 대한 이해가 매우 명료한 책입니다. 둘째, '일터신학'이라는 비교적 새로운 분야를 성경신학적, 역사신학적, 그리고 실천신학적으로 이해하며 '일터선교' 연구에 토대를 놓은 책입니다. 셋째, 총체적 복음 또는 공적 복음 차원에서 신앙생활과 목회와 선교에 대한 실천적 영성의 범위를 확대시켜 주는 책입니다. 그러므로 모든 평신도들은 물론 신학생과 목회자와 선교사들께 필독을 권하고 싶습니다.

유광철(안산제자교회 담임목사, 전 안산시기독교총연합회 회장)

이 책은 일터를 신앙의 주변부가 아니라 하나님의 마음이 표현되는 선교의 중심 무대로 재정의한 책입니다. 성경과 역사, 그리고 오늘의 현실을 종합한 이 책은 성과 속이라는 이원론을 넘어서는 신학적 통찰을 제시하고 있습니다. 특히 평범한 일상의 일을 예배와 소명으로 회복시키는 데 탁월한 길잡이가 분명합니다. 신학자와 목회자뿐 아니라 신앙과 일을 분리하지 않으려는 모든 그리스도인에게 깊은 도전을 줄 것입니다. 일터에서 하나님 나라를 살아내고자 하는 이들에게 반드시 읽혀야 할 귀중한 저작으로 기쁜 마음으로 추천합니다.

구성모(알파인국제대학교 총장, 전 성결대학교 교수)

일터신학 영역에서 독자들에게 '일과 일터'에 대한 올바른 성경적 이해와 저자의 경험에서 나온 '실제 안내서'가 세상에 나오게 됨을 매우 기쁘게 생각합니다. 저자는 '새로운 피조물'(고후 5:17)이라는 정체성을 가진 그리스도인에게 '일과 일터'에 대한 성경적 이해를 갖도록 도와줍니다. 일은 단순히 생존을 위한 수단이 아니라 하나님의 영광을 드러내는 성직(聖職, 고전 10:31)이며, 그리스도인은 일터에서 '빛과 소금'으로서 부패를 막고 맛을 내며 어둠을 밝히는 거룩한 영향력을 발휘하는 존재임을 강조합니다. 이 책은 한국교회 구성원의 98%를 차지하는 일터 교인들에게 큰 길잡이가 될 것이라 믿습니다.

김승호(캄보디아 장로교신학대학 초빙교수, 전 한국성서대학교 선교학 교수)

이 책은 평범한 직장인에서 일터 사역자이자 신학자로 거듭난 저자의 땀과 눈물이 빚어낸 결실입니다. 주일의 예배와 일터의 삶이 분리된 채 방향을 잃었던 우리의 현실을 깊이 돌아보게 합니다. 저자가 치열한 현장에서 몸으로 부딪치며 정립한 일터신학은, 급변하는 세상 속에서도 하나님 나라를 확장할 수 있는 구체적인 지혜를 제공합니다. 삶의 현장을 하나님 나라로 바꾸길 소망하는 모든 이들에게 일독을 권합니다.

김영민(대원교회 담임목사, 전 광명시기독교연합회 회장)

이 책은 우리가 매일 나가는 일터를 하나님을 만나는 예배의 자리로 새롭게 정의해 줍니다. 성경적인 원리는 물론 역사 속 믿음의 선배들이 일터를 통해 어떻게 세상을 변화시켜 왔는지가 담겨 있어 읽다 보면 일터가 가장 생생한 선교지임을 깨닫게 됩니다. 교회와 목회자, 평신도가 일터 현장에서 하나님의 뜻에 동참할 수 있는 실제적인 방법을 친절하게 안내합니다. 삶의 현장을 거룩한 예배의 처소로 바꾸길 소망하는 모든 그리스도인에게 이 책을 추천합니다.

윤승범(한국복음주의선교신학회 회장, 성결대학교 교수)

이 책은 주일에 고백한 믿음이 월요일의 직장과 삶의 자리에서는 흔들리는 현실 앞에서, 성경과 성도를 사랑하는 치열한 목회의 경험을 바탕으로 따뜻하면서도 분명한 길을 제시합니다. 일터를 그저 먹고사는 공간이 아니라 하나님께서 다스리시고 일하시는 예배의 자리로 바라보게 하며, 우리 안에 굳어 있던 거룩한 것과 속된 것을 나누는 이원론의 벽을 차분히 허물어 줍니다. 성경과 교회사, 그리고 오늘의 사회를 아우르는 깊이 있는 설명은 일터선교가 잠깐의 흐름이나 프로그램이 아니라 교회의 본질적인 사명임을 확실하게 깨닫게 합니다. 특히 AI 시대라는 새로운 환경 속에서도 그리스도인의 존엄과 부르심을 놓치지 않도록 안내하는 부분은 목회자와 성도 모두에게 바른 방향을 찾도록 큰 도움을 줍니다. 이 책은 강단의 설교와 제자훈련 현장에서, 그리고 수많은 성도들의 일상 속에서 오래도록 곁에 두고 읽게 될 든든한 신앙의 길잡이가 될 것입니다.

김은수(온 사랑의교회 담임목사)

저자는 일터선교 현장에서 오랫동안 사역한 경험과 학문의 전당에서 일터선교에 대한 애정을 함께 겸비한 명실상부한 일터선교 전문가입니다. 구심적 선교가 중요해지는 이 시대에 하나님께서는 모든 당신의 자녀들을 자신의 영역의 선교사로 부르고 계십니다. 이러한 의미에서 본 저서는 독자들이 일터를 하나님의 선교가 이루어지는 거룩한 삶의 현장으로 이해하도록 도울 수 있도록 시의적절하게 저술된 책입니다. 본서는 직장선교가 선택이 아니라 복음의 총체성에 근거한 필연적 사명임을 성경적으로 설득력 있게 제시하며, 성경적 일 신학을 통해 소명을 예배로 이해하도록 깊이 있는 통찰을 제공합니다. 모라비안 공동체부터 한국의 산업선교에 이르기까지 풍성한 역사적 사례는 일터를 통한 복음의 능력을 생생하게 보여줄 뿐 아니라, AI 시대의 기술, 인간, 하나님에 대한 성찰은 오늘의 현실적 과제에 깊이 응답합니다. 본서는 신학과 실천을 탁월하게 연결한 학문적이면서도 목회적인 저작이기에 목회자, 신학생, 직장인, 선교 사역자 모두에게 필독서로 추천합니다.

권효상(고려신학대학원 선교학 교수)

우리 그리스도인 모두는 세상에 복음을 전하라고 파송받은 삶의 선교사들입니다. 그런 의미에서 오늘날 많은 그리스도인들이 직장인으로서 자신에게 있어 가장 중요한 삶의 선교지 중의 한 곳인 직장에서 어떻게 복음적 삶을 살아갈 것인가는 가장 큰 고민일 수밖에 없을 것입니다. 이에 유경하 박사의 이 책이 참으로 이 부분에서 고민하고 있을 많은 직장인 그리스도인에게 실질적인 도움을 줄 수 있을 것으로 기대되기에 기쁜 마음으로 이 책을 추천합니다.

노주섭(신내제일교회 담임목사)

교회는 부르심을 따라 모이고, 다시 사명을 받아 세상으로 흩어져 빛과 소금이 되어야 하는 것이 하나님의 뜻입니다. 교회 안에서 사역할 때는 미처 알지 못했던 성도들의 치열한 삶의 현장을 경험하며, 이들에게 무엇이 필요한지 깊이 공감하게 됩니다. 저자는 일터라는 현장에서 선교가 가능하도록 교회와 사목자, 평신도의 동역을 강조합니다. 더 나아가 이들이 함께 동역하여 자신이 있는 모든 곳과 모든 시간 속에서 예수님의 제자로 살아가기를 요청합니다. 일터선교의 동역과 열정을 회복하고자 하는 모든 이들에게 이 책을 적극 추천합니다.

정홍섭(의정부을지대학교병원 원목)

내가 알고 있는 유경하 박사는 일터선교와 일터영성을 삶으로 살아낸 학자입니다. 이 책은 일터의 가치와 선교의 가치를 성경적·역사적 맥락 속에서 체계적으로 안내합니다. 신앙과 직업 사이에서 갈등하는 독자라면 이 책을 읽으며 '일터선교의 학문적 정석'이라 감탄하게 될 것입니다. 이 책을 읽고 나면 일터는 더 이상 신앙의 방해물이 아니라 하나님을 가장 실제적으로 만나는 거룩한 자리로 재발견하게 됩니다. 일터에서의 신앙을 진지하게 고민하는 모든 이에게 반드시 읽어볼 만한, 우리 시대의 중요한 책이라 추천합니다.

황기(세종 베다니지구촌교회 담임목사, 중화침례신학교 교수)

현재 한국교회에 필요한 것이 '세상 속 제자도'입니다. 바로 그중의 하나가 일터선교인데, 이번에 유경하 박사께서 『일터선교: 삶으로 드리는 예배』를 출간하게 되어서 단숨에 읽었습니다. 그 이유는 다음과 같습니다. 첫째, 내용이 풍부합니다. 성경은 일터선교를 어떻게 기록하는지, 역사에서 읽는 일터선교에는 어떤 것이 있는지를 다룹니다. 둘째, 리서치가 탁월합니다. 이 책은 총 202개의 참고자료를 사용했는데 일터선교에서는 최고 수준입니다. 셋째, 경험이 녹아있는 글입니다. 저자는 오랫동안 이랜드 사목 경험이 있는 터라 글 하나하나가 마음에 와닿습니다. 이 책을 통해 브리스가와 아굴라, 뵈뵈와 같이 이웃을 따뜻하게, 하나님을 영화롭게 하는 일터선교사가 세워지길 소망하며 적극적으로 추천합니다.

안희열(한국침례신학대학교 선교학 교수, 전 한국복음주의선교신학회 회장)

크리스천 직장인과 사업가들을 주인공으로 한 다수의 다큐멘터리를 연출한 PD로서, 자신의 일터에서 세상의 성공 논리와 타협하지 않고 선한 영향력을 발휘하며 선교적 삶을 살아내는 일이 얼마나 힘든 일인지 잘 알고 있습니다. 이 책은 일터선교에 대한 개념과 국내외 역사는 물론, 일터선교 현황, AI 시대를 맞이한 일터선교의 쟁점 등을 총망라한 유용한 길라잡이로, 일터선교에 대해 다양한 관점과 깊이 있는 이해가 필요한 크리스천이라면 꼭 읽어야 할 필독서입니다.

송섭(더바인미디어 대표, 전 CTS TV PD)

나는 일터신학자다. 이전에는 일터사역자였고, 그보다 앞서서는 직장인이었다. 나는 직장인이라는 정체성과 목회자라는 정체성을 가지고 두 차례의 직장 생활을 경험했다. 이랜드 사목으로서 두 번째 직장 생활을 하게 되었을 때, 직장인 시절에는 보지 못했던 것들이 보이기 시작했다. 그 경험이 나를 일터신학자의 길로 이끌었다. 현재 나는 일터의 영성을 신학적으로 연구하고 가르치는 사역을 하고 있다. 일터선교와 관련된 설교나 외부 강의를 나갈 때 가장 자주 듣는 질문이 있다. "직장에서 나를 힘들게 하는 사람과는 어떻게 지내야 하나요?" 일터 관련 소그룹 교재를 만들고 모임을 인도할 때도 비슷한 이야기들이 이어졌다. "우리 회사에 정말 이상한 사람이 있는데, 그런 사람하고는 도대체 어떻게 지내야 하죠?" 나는 이 짧은 질문 속에 담긴 고뇌을 누구보다 잘 안다. 나 역시 그런 상황에 수없이 놓여 있었기 때문이다. 그러나 나는 일터선교가 이런 관점에서 다루어져서는 안된다고 확신한다. 이는 일터의 크리스천에게 가장 중요한 본질을 놓치게 만들기 때문이다. 우리가 먼저 직면해야 할 것은 하나님과 나, 그리고 일터 사이의 근본적인 관계 문제이다. 나는 일터선교가 인간관계론이나 자기계발 이론으로 축소되거나, 목회자 겸직이나 선교 비자 문제를 해결하기 위한 수단으로 격하되는 것에 동의할 수 없다. 일터선교는 전략이 아니라 소명이며, 직장 이야기가 아니라 하나님의 이야기이다. 바로 이것이 내가 이 책을 기획하고 집필하게 된 이유다. 이 책은 과거의 나를 포함한 수많은 크리스천 직장인들의 고민에 대한 신학적 답변이다.

나는 이 책의 시작을 『어린 왕자』(*Le Petit Prince*)의 한 문장으로 열고 싶다. "사람은 마음으로 보아야 잘 볼 수 있어. 가장 중요한 것은 눈에 보이지 않아."(On ne voit bien qu'avec le cœur. L'essentiel est invisible pour les yeux.) 그렇다. 일터에서 일어나는 현상들에만 집중한다면 우리는 세상 사람들과 다를 바 없이 그 안에서 역사하시는 하나님을 보지 못하고 세상이 말하는 방식으로 생각하게 된다. 크리스천의 평일이 주일과 다른 것은 믿음이 적어서가 아니다. 일터는 일터의 원칙으로 움직인다는 또 다른 믿음이 우리 안에 깊이 자리 잡고 있기 때문이다. "여기는 냉혹한 정글의 법칙으로 돌아가는 곳이야!"라는 세속적 신념이 우리 마음에 뿌리를 내리고 있다.

그러나 우리가 정말 두려워해야 할 것은 따로 있다. 우리가 일터의 하나님을 믿지 못한다면 우리의 일은 먹고 사는 문제에 그치며 그곳에서 하나님과 매 순간 동행하는 그 짜릿한 순간들을 경험하지 못하고 더 나아가 우리의 일이 하나님 앞에서 심판의 대상이 된다는 사실을 망각하게 되는 것이다. 많은 크리스천들이 마치 일터에는 하나님이 계시지 않는 것처럼, 예수 그리스도의 구속 사역이 직장에는 적용되지 않는 것처럼, 성경의 원리가 조직 속 현실과는 무관한 것처럼 믿고 행동한다.

하지만 하나님은 "주일"만의 보스(Boss)가 아니시며, 예수님은 "교회"만의 머리가 아니시다. 세상을 창조하신 하나님께서 우리의 직장을 지으셨고, 세상을 다스리시는 만왕의 왕께서 우리의 일터를 다스리신다. 이것은 단순한 신념이 아니라 진리이고, 사실이며, 현실이다. 우리는 이 '진짜 현실'을 직시해야 한다. 세상은 하와를 거짓으로 속였던 뱀처럼 우리에게 이렇게 속삭인다. "일터에 하나님이 진짜 계신다고 생각해? 세상의 법칙에 따라야 성공해서 하나님께 영광을 돌릴 수 있어." 하나님은 세상의 방식으로 이룬 성공으로 영광을 받으시는 분이 아니다. 하나님은 영광이 부족하기에 우리가 드리는 영광을 필요로 하는 것이 아니다. 오히려 하나님께서 우리가 드리는 부족한 영광을 받으시는 것이야말로 가장 큰 은혜이며 자비이다. 하나님께서는 성자 예수 그리스도를 믿고 그분의 가르침에 순종한 성도들의 삶으로 영광을 받으신다. 크리스천에게 '성공'이란 예수님의 제자로서의 삶을 그들이 있는 모든 곳, 모든 시간 속에서 온전히 살아내는 데 있다.

이 책은 크게 네 부분으로 구성되어 있다.

제1부는 일터선교의 성경적·신학적 기초를 다룬다. 다소 개념적으로 느껴질 수 있으나, 성경이 말하는 일과 소명, 그리고 일터선교의 본질을 이해하기 위해 반드시 필요한 토대를 제공한다.

제2부는 일터선교의 실천적 주체들을 살펴본다. 교회와 평신도, 그리고 그 경계에 위치한 채플린 사역을 중심으로 누가 어떤 방식으로 일터선교를 감당하는지를 구체적으로 조명한다. 이를 통해 일터선교가 교회와 무관한 사역이 아니라 교회의 본질적 사명과 긴밀히 연결되어 있음을 드러낸다.

제3부는 역사 속에서 일터선교를 실천한 대표적인 사례들을 다룬다. 이 부분은 필자의 현장 경험과 연구를 바탕으로 선별한 열 개의 사례들로 구성되어 있다. 이 사례들은 실제로 자신의 신앙을 일터에서 실천한 놀라운 믿음의 선배들의 이야기로 현대사회를 살아가는 크리스천들이 일터선교를 어떻게 적용해야 하는지에 대한 통찰을 줄 것이다.

제4부는 일터선교의 현재와 미래를 다룬다. 특히 AI 시대의 도래로 일터의 구조와 의미가 급격히 재편되는 오늘의 상황 속에서, 그리스도인은 어떤 도전에 직면해 있으며 일터에서 어떻게 신앙적으로 살아가야 하는지를 신학적으로 성찰한다. 이는 '나'와 '일', 그리고 '하나님의 부르심'을 연결하는 현대적 담론이다.

본서는 일터선교의 신학적 기초로부터 예수 그리스도를 믿는 신앙으로 일터에서 치열하게 살아낸 크리스천들의 이야기를 담고 있다. 그들은 예수 그리스도에게 자신의 인생을 걸었다. 그 결과 그들의 삶은 당시에는 무시와 비난을 받았을지라도 하나님께서는 그들과 함께 일하시며 그들의 일을 예배로 받아주셨다. 그로 인한 풍성한 결실은 후대에까지 미쳤고, 그 신앙의 전통이 이어져 오늘의 우리가 있다. 우리가 예수 그리스도의 제자로 부름받은 이 시대는 모든 것이 빠르게 변화하는 새로운 세상으로의 전환기다. 믿음의 선진들이 그러했던 것처럼 우리에게 요구되는 것은 시대에 휩쓸리지 않고 복음으로 시대를 선도하는 것이다. 이것이 이 시대를 살아가는 우리에게 주어진 피할 수 없는 영광스러운 책무이다.

제1부

성경으로 보는 일터선교의 토대

1장 왜 일터선교인가?

"일터선교는 교회의 '지리적 확장'이 아니라, 복음의 '영역적 확장'이다."

현대 사회는 '일'(work)이 인간의 삶을 규정하는 중요한 축으로 자리 잡은 시대다. 하루 대부분의 시간을 일터에서 보내는 우리에게 일은 단순한 생계 수단이 아니라 우리의 정체성과 가치, 관계, 삶의 수준을 결정하는 중심 영역이 되었다. 하지만 문제는 바로 그 일터가 신앙의 영역에서 분리되어 있는, 이른바 성속(聖俗) 분리의 간극이 메워지지 않고 있다는 것이다. '주일의 신앙'이 '평일의 일터'로 이어지지 못하고 있다. 크리스천들조차 일터는 실적과 경쟁이 우선되는 곳으로 교회와는 본질적으로 다른 공간이라고 생각하는 경우가 많다.

그러나 정말 그래야만 할까?

일터는 우리가 잠시 기독교인임을 내려두어야 하는 곳일까?

그곳에는 하나님이 부재한가?

이 질문들에 명확히 답하지 못하고 머뭇거린다면, 그것은 신앙이 없어서가 아니라 복음과 일터에 대한 성경적 관점이 부족하기 때문이다.

세속화의 시대: 종교가 약해진 것이 아니라 재배치된 시대

기독교는 탄생 초기부터 박해 속에서 뿌리내린 신앙이었다. 지금도 세게 곳곳에서 가장 많은 탄압을 받는 종교지만, 기독교는 결코 소멸되지 않았다. 오히려 억압의 시대마다 신앙은 더욱 강인하게 피어났다. 진짜 문제는 산업혁명 이후 근대화가 가속화되면서 등장한 새로운 형태의 도전이었다. 자본주의적 가치, 효율과 합리성을 우선시하는 조직 문화, 그리고 개인주의의 확산은 종교가 인간의 삶에 미치는 영향력을 급격히 약화시켰다.

이 현상을 설명하기 위해 등장한 것이 바로 '세속화 이론(the secularization thesis)'이다. 에밀 뒤르켐(Emile Durkheim)과 막스 베버(Max Weber)를 비롯한 초기 사회학자들은 근대화가 심화될수록 종교의 사회적 기능이 약해지고 결국 쇠퇴할 것이라고 보았다. 브라이언 윌슨(Bryan B. Wilson)은 세속화를 "종교적 사고와 행위, 제도들이 사회적 의미와 중요성을 상실하는 과정"[1]으로 정의하며 종교의 약화를 예측했다.

그러나 역사는 이 예측대로 흘러가지 않았다. 종교는 소멸하지 않았고, 강한 열정을 동반하며 새로운 형태로 재편되었다. 피터 버거(Peter Berger)는 이를 지적하며, 사회적 차원의 세속화가 개인의 종교적 의식의 약화로 자동 연결되지 않는다고 분석했다.[2] 세속화가 종교의 사회적 권위를 약화시킬 수는 있어도 종교 자체는 새로운 형태로 재구성되거나 폭발적으로 성장하는 역동성을 지닌다는 것이다. 케네스 리치(Kenneth Leech) 또한 "세속사회는 종교를 구식이라 여기지만 사실 살아 있는 신앙과 영성은 여전히 활발하다"[3]고 강조했다. 형식적인 종교는 약해질 수 있어도 진정한 영성은 죽지 않는다.

역사적으로 종교는 언제나 인간과 함께 존재해 왔다. 사실상 종교의 '부재'보다는 '존재'가 인간에게 더 자연스러운 상태였다. 그렇기에 유럽 기독

---

1 Bryan B. Wilson, *Religion in Sociological Perspective* (Oxford: Oxford University Press, 1982), 148.
2 Peter Berger, "The Desecularition of the World: A Global Overview," *The Desecularization of the World : Resurgent Religion and World Politics* (Grand Rapids: W.B. Eerdmans, 1999), 2-3.
3 Kenneth Leech, *The Social God* (Eugene: Wipf and Stock, 1981), 82

교회의 쇠퇴는 세계 교회에 큰 충격을 주었다. 예배당이 술집이나 호텔로 바뀌는 모습은 교회의 미래에 대한 불안을 야기했다. 그러나 그레이스 다비(Grace Davie)는 유럽인들이 신앙을 완전히 버린 것이 아니라, 제도적 교회와 거리를 둔 '탈교회화된'(unchurched) 사람들이라고 주장했다.[4] 그들은 더 이상 교회에 출석하지 않지만, 여전히 기독교적 신앙과 가치를 내면적으로 유지하고 있다는 것이다. 세속화는 종교의 죽음이 아니라 영향력과 형태가 재배치되고 있음을 보여준다.

기존 항로가 무너진 시대: 복음의 영역적 확장 시대

그렇다면 세속화의 시대에 교회는 어떤 길을 가야 할까? 기존의 항로가 막혔다면 새로운 항로를 개척해야 한다. 이것은 단순히 세속화를 비판하거나 위기의식을 토로하는 수준에 그쳐서는 안 된다. 교회가 무엇을 극복하고 어떤 전환점과 전략을 만들어야 하는지 깊이 고민하고 실천해야 한다. 스티브 브루스(Steve Bruce)는 "개인주의는 신앙과 행위의 공적 토대를 위협했고, 합리주의는 종교의 설득력을 약화시켰다"[5]고 주장했다. 그 결과 우리는 교회 안에서는 뜨거워도 일터에 들어서는 순간 신앙이 조용히 사라지는 현상을 종종 목격한다. 신앙은 점점 '사적인 감정'으로 축소되고, 일터는 '현실의 논리'가 지배하는 별개의 세계가 되어버렸다. 이런 상황에서 일터에서의 신앙 회복은 교회의 부수적인 프로그램 차원의 문제가 아니다. 그것은 복음의 공적 의미를 되찾고, 삶의 모든 영역에서 하나님의 통치를 선포하는 핵심 과제와 연결된다.

그렇다면 오늘날 교회가 나아갈 출발점은 분명하다. 세속화가 가장 심

---

4 Grace Davie, "Europe: The Exception That Proves the Rule?," *The Desecularization of the World : Resurgent Religion and World Politics* (Grand Rapids: W.B. Eerdmans, 1999), 68-71.
5 Steve Bruce, *Religion in the Modern World : From Cathedrals to Cults* (Oxford: Oxford University Press, 1996), 230

화된 영역, 바로 일터가 그리스도인의 새로운 항해가 시작될 지점이다. 그 이유는 명확하다. 첫째, 삶의 대부분의 시간이 일터에서 사용된다. 둘째, 성경적 가치와 세속적 가치가 가장 치열하게 충돌하는 공간이다. 셋째, 신앙이 삶으로 가장 명확하게 드러나는 자리다. 넷째, 세상이 기독교 신앙을 가장 가까이에서 경험할 수 있는 현상이다.

결국 일터는 단순한 일의 공간이 아니라 하나님의 주권을 선포해야 할 새로운 선교지다. 전통적 선교가 '미전도 종족에 대한 지리적 확장'이었다면, 오늘날의 일터선교는 '세속화된 영역 속으로 복음이 들어가는 영역적 확장'이다. 우리는 바로 이 영광스러운 하나님의 선교(Missio Dei)에 부르심을 받았다.

2장 성경에 나타난 일의 의미

"일터선교는 하나님의 일을 위임받은 자로 사는 것이다"

에덴은 집이었고 정원이었으며, 동시에 일터이자 예배당이었다. 하나님께서 인간을 창조하시고 그분의 뜻대로 세우신 에덴은 단순한 거주 공간이 아니었다. 그곳은 인간이 하나님과 함께 일하고 그분을 예배하며 살아가도록 디자인된 자리였다. 즉, 에덴동산은 성(聖)과 속(俗)이 분리되지 않은, 인간의 일과 예배가 하나였던 최초의 일터이자 최초의 성전이었다. 하나님은 인간에게 그곳에서 단순히 '살라'고만 말씀하지 않으셨다. 하나님은 인간을 에덴동산에 두어 그곳을 "경작하며 지키라"(창 2:15)고 명령하셨다. 에덴에서의 일은 하나님과 동행하는 삶의 방식이었고, 그 자체가 하나님께 드리는 예배였다.

1. 창조: 일은 하나님의 성품을 닮은 창조적 행위

성경은 하나님을 '일하시는 분'(working God)으로 증언한다. 창세기 1장 1절의 "하나님이 천지를 창조하시니라"는 선언은 하나님의 일이 일회적 사건이 아니라 창조 사역 전체를 포괄하고 있음을 보여준다. 하나님의 창조

사역은 크게 '창조하다(ברא, 바라)'와 '만들다(עשה, 아사)'라는 두 동사로 표현된다. 첫째, '창조하다'라는 의미로 사용된 '바라'는 오직 하나님만을 주어(주체)로 갖는 동사로 '무(無)에서 창조하다', '새로운 질서를 세우다', '새로운 존재를 불러내다'의 의미를 가진다.[6] '바라'는 이전에는 존재하지 않았던 것을 있게 하는 하나님의 절대적 주권과 능력을 나타낸다. 둘째, '만들다'의 의미로 사용된 '아사'는 '만들다, 제조하다, 수행하다, 행하다, 준비하다, 가꾸다' 등 다양한 의미를 내포하고 있다. '아사'는 하나님, 인간, 자연 모두 주어가 될 수 있는 일반동사로, 형성하고 조직하며 유지함을 나타낸다.[7]

이 두 단어는 모두 하나님의 창조 사역을 묘사하며, 피조 세계에 질서(order)를 부여한다는 점에서 인간의 일과 긴밀히 연결된다. 인간은 하나님의 형상(Imago Dei)으로서 '바라'의 영역인 무(無)에서의 창조에 참여하지는 못한다. 그러나 '아사'의 역할, 즉 하나님이 만드신 세상을 가꾸고 풍성하게 완성하는 일에는 적극적으로 부름받았다. 하나님의 '아사'는 인간의 일과 직접적인 관련을 맺는다. 하나님이 '아사'를 통해 세상을 만드시고 질서 있게 유지하셨듯, 인간은 일(work)을 통해 그분의 성품을 반영하고 창조 세계에 대한 책임을 실천한다. 따라서 인간의 일은 하나님으로부터 위임받은 거룩한 직무다. 이것이 바로 일의 신학적 존엄성을 뒷받침하는 근거이며, 일이 곧 예배가 되고 일터가 예배의 자리가 될 수 있는 궁극적인 이유다.

하나님은 인간에게 일을 명령하시기 이전에 먼저 일하셨으며, 창조 이후에도 일하심을 멈추지 않으셨다. "이스라엘을 지키시는 이는 졸지도 주무시지도 아니하시리로다"(시편 121:4). "보라 내가 새 일을 행하리니"(사 43:19). "만물이 그 안에 함께 섰느니라"(골 1:17). "그의 능력의 말씀으로 만

---

6 '창조하다(ברא, 바라)'는 창세기 1-2장에서 5번 사용되었고(창 1:1, 1:21, 1:27, 2:3, 2:4), 시 51:10 ("정한 마음을 창조하시고")와 사 65:17 ("새 하늘과 새 땅을 창조하나니") 등에서 다수 사용되었다.
7 '만들다(עשה, 아사)'는 창세기 1-2장에서 10번 사용되었다(창 1:7, 1:11, 1:12, 1:16, 1:25, 1:31, 2:2, 2:3, 2:4, 2:18).

물을 붙드시며 죄를 정결하게 하는 일을 하시고"(히 1:3). "내 아버지께서 이제까지 일하시니 나도 일한다"(요 5:17). "너희 안에서 행하시는 이는 하나님이시니"(빌 2:13). "모든 일을 그의 뜻의 결정대로 일하시는 이의 계획을 따라"(엡 1:11). 이 구절들은 하나님께서 지금도 창조 세계를 유지하고 다스리시는 살아 계신 통치자이심을 선언한다. 하나님은 피조 세계를 창조하신 후 멀리 물러나 계신 분이 아니다. 오히려 그 안에서 생명을 보존하시고 역사를 세밀하게 이끌어 가시는 분이다. 하나님의 일하심은 과거의 사건에 머물지 않고 현재 우리의 일터와 삶의 현장 속에서 역동적으로 계속된다.

바로 그 하나님이 나의 일터에서도 일하고 계신다. 그러므로 일터는 내가 홀로 버텨내야 하는 전장이 아니라, 하나님이 이미 먼저 들어와 계신 은혜의 자리이다. 우리가 일하는 모든 순간과 상황 속에서 하나님은 보이지 않는 손으로 역사하시며, 우리의 수고와 연약함을 통해 자신의 뜻을 이루신다. 그렇기에 일터의 매일은 단순한 반복이 아니라 하나님의 일하심을 목도하는 영적 현장이 된다. 우리는 일터에서 벌어지는 일들을 정글의 법칙이나 우연이 아니라, 하나님께서 이끌어 가시는 거대한 섭리의 일부로 보아야 한다. 우리의 판단과 능력이 한계에 부딪힐 때도 하나님은 일터의 현실 속에서 자신의 계획을 중단 없이 진행하신다.

하나님은 아담과 하와에게 "생육하고 번성하며 땅을 정복하라"(창 1:28)고 명령하셨다. 이 문화명령은 인간의 일이 하나님의 통치를 피조 세계 속에 드러내는 방식임을 보여준다. 가르치고, 치료하고, 건축하고, 연구하고, 예술을 창조하는 모든 활동은 창조주 하나님이 하신 일을 계속 이어가는 행위다. 결국 인간의 '일'은 하나님의 창조 사역을 계승하여 세상을 돌보고 질서를 세우는 소명의 실천이다. 그리스도인은 '일'을 통해 세상 가운데서 하나님의 살아 계심을 증거한다. 이것이 일터선교의 가장 기초적인 성경적 토대를 형성한다. 우리의 일은 생존을 위한 수단만이 아니라 창조주의 통치를 이 땅에 실현하는 거룩한 통로다.

2. 타락: 일의 왜곡과 소명의 상실

모든 것이 완전한 아름다움과 풍성함, 그리고 평화로 가득찬 에덴에서 인간의 일은 기쁨이었다. 창조 세계를 돌보는 모든 활동은 하나님과의 교제이자 예배였다. 그러나 인간의 타락은 이 기쁨의 리듬을 한순간에 무너뜨렸다. 하나님과의 관계가 깨어지자 인간의 일 역시 목적을 잃고 혼란 속에 빠졌다. 창세기 3장은 인간의 타락이 인간 뿐 아니라 일과 일의 세계 전체가 고통과 허무에 사로잡힌 사건임을 보여준다. "땅은 너로 말미암아 저주를 받고… 너는 평생에 수고하여야 그 소산을 먹으리라"(창 3:17). 이 선언은 인간의 일터가 이제 땀과 좌절, 그리고 생존의 긴장이 가득한 공간이 되었음을 의미한다.

타락은 인간과 피조 세계 전체를 뒤흔들었다. 하나님과의 친밀한 교제가 끊어지자 인간은 욕망과 탐욕을 제어하기 어려워졌고, 세상을 돌보는 청지기가 되기보다 피조 세계를 이용하고 그 위에 군림하기 시작했다. 본래 하나님과 동행하며 세상을 세우던 일은 어느새 '먹고살기 위한 생존의 과제'로 축소되었다. 일은 기쁨의 통로가 아니라 불안과 긴장의 원인이 되었고, 인간은 일의 목적을 잃은 채 자기실현의 수단 혹은 욕망을 충족시키는 도구로 일터를 사용하게 되었다. 이 왜곡은 개인을 넘어 사회적 구조와 문화 속에서도 선명하게 드러난다. 인간은 일을 통해 개인의 소명을 이루고, 가족을 부양하며, 피조 세계를 돌보기도 했지만, 다른 한편으로는 착취와 불평등, 환경 파괴와 같은 사회적 악을 야기했다. 피조물이 이제까지 함께 탄식하며 함께 고통을 겪고 있다는 사도 바울의 고백(롬 8:22)은 타락 이후의 세상이 직면한 현실을 정확하게 묘사한다.

　그러나 일 자체가 저주받은 것은 아니다. 저주는 '땅(아다마, הָאֲדָמָה)'에 임했지만, '일(아바드, עָבַד)'은 여전히 창조 질서 안에 남아 있다. 달라진 것은 일의 본질이 아니라 타락한 인간 존재와 왜곡된 일 환경이다. 타락 이후의 일은 고통을 수반하지만, 동시에 하나님이 인간을 다시 부르시는 방식이기도 하다. 하나님은 아담을 에덴에서 내보내시며 "그 땅을 갈게 하시니라"(창 3:23)고 하셨다. 하나님은 아담에게 주신 일의 명령을 거두지 않으셨고, 힘겨워진 현실 속에서도 인간이 일을 통해 다시 하나님을 찾고 그분의 뜻에 순종하도록 하셨다. 초대 교부 이그나티우스(Ignatius)가 말했듯 하나님은 구부러진 막대기로도 곧은 선을 그리신다. 타락한 세상의 일터 한가운데서도 하나님은 여전히 일하시며, 인간의 수고를 통해 자신의 선한 목적을 이루신다.

　이와 같이 타락은 인간의 일터를 고통과 혼란 속으로 몰아넣었지만, 그것이 곧 일의 종말을 뜻하지는 않는다. 하나님은 일의 명령을 취소하지 않으셨으며, 왜곡된 세상 속에서도 일의 본래 의미를 회복하도록 인간을 부르신다. 고통이 깃들었을지라도 일터는 여전히 하나님과 인간이 일하는 은혜의 현장이다. 따라서 타락은 끝이 아니라 회복의 출발점이 되고, 일터선교는 타락으로 인해 굴절된 일의 현실 속에서 다시 하나님 앞에 온전한 청지기로 서는 것이 된다.

3. 구속: 일의 회복과 소명의 회복

　예수 그리스도께서는 타락으로 고통받는 인간과 피조 세계를 위해 직접 세상 속으로 들어오셨다. 그리스도의 구속 사역은 십자가 상의 죽음과 부활로 온전히 성취되었고, 이로써 인간을 비롯한 모든 피조물은 구원 받게 되었다. 타락으로 왜곡된 일의 의미와 목적 또한 새롭게 되었다.

그리스도 안에서 인간의 일은 다시금 예배로 재조명된다. 인간이 잃어버린 근원적 질문인 "나는 왜 일하는가?"는 십자가를 통해 새로운 해석을 얻는다. 사도 바울은 "무엇을 하든지 마음을 다하여 주께 하듯 하고 사람에게 하듯 하지 말라"(골 3:23)고 권면하며, 모든 정직한 일이 하나님께 드려지는 예배임을 밝힌다. 그리스도의 구속은 일의 지평을 새롭게 열어준다. 즉, 일이 하나님과 피조 세계 앞에서 지닌 책임과 의미를 회복하게 하며, 인간의 소명을 한층 더 깊고 넓은 차원으로 확장한다. 그러므로 그리스도인에게 일터는 복음을 증거하고 하나님 나라를 세워가는 거룩한 장소이다.

그리스도의 구속은 역사 속 한 시점에서 완성되었지만, 하나님께서 인간의 일을 통해 일하시는 방식은 구약 시대에도 예표적으로 드러났다. 요셉은 노예와 죄수라는 가장 낮은 자리에서도 성실하게 일함으로써 하나님이 준비하신 거대한 구원의 섭리를 나타냈다(창 50:20). 다니엘은 이방 제국의 중심부에서 직무의 탁월함과 신앙의 절개를 지켰으며 이로 인해 이방의 왕조차 하나님을 인정하게 했다(단 6:26). 바울은 천막을 만드는 일(행 18:3)을 통해 생계를 유지했을 뿐 아니라 복음을 전파하며 공동체를 세우는 모범을 보였다. 이 세 인물의 삶은 모두 환경과 조건을 넘어 하나님께서 인간의 일을 사용하여 자신의 뜻을 이루신다는 사실을 증언한다. 그들의 일상적 수고는 언제나 '하나님 앞에서'(Coram Deo) 이루어졌기에, 그 일은 곧 하나님의 통치를 드러내는 통로가 되었다. 구속은 일의 환경을 즉시 변화시키지는 않지만, 일을 대하는 인간의 관점과 목적을 완전히 새롭게 형성한다.

또한 그리스도의 구속은 인간의 일을 단순한 생존의 수단에서 하나님 나라를 구현하는 소명의 현장으로 전환시킨다. 티모시 켈러(Timothy Keller)는 『일과 영성』(Every Good Endeavor)에서 그리스도 안에서 우리의 일은 더 이상 생존의 수단이 아니라 하나님 나라를 확장하는 사명(Mission of God)의 일부가 된다고 설명한다.[8] 구속은 일의 성격뿐 아니라 일하는 사람의 존재 방식 자체를 근본적으로 변화시키기 때문이다.

이처럼 크리스천의 일은 세 가지 차원에서 새로운 의미를 갖는다.

첫째, 일은 하나님께 드리는 예배가 된다. "그런즉 너희가 먹든지 마시든지 무엇을 하든지 다 하나님의 영광을 위하여 하라"(고전 10:31)는 말씀을 실천하는 삶의 표현이 바로 '예배'이다. 예배는 교회라는 한정된 공간에서 이루어지는 것이 아니라 일터라는 삶의 전 영역으로 확장된다.

둘째, 일은 회복의 행위가 된다. 그리스도인은 깨어진 세상 속에서 질서를 세우고, 관계를 돌보며, 불의한 구조 속에서 정의를 드러냄으로써 하나님이 창조 때 세우신 선한 질서를 회복한다. 이는 타락으로 인해 상실되었던 청지기적 소명의 회복이다.

셋째, 일터는 선교의 현장이 된다. 일 자체가 곧 선교 행위인 것은 아니지만, 일터는 복음이 일과 일하는 사람을 통해 구체화되는 자리다. 정직과 성실, 인내와 섬김은 하나님 나라의 통치를 보여주는 표지가 되며 일터는 광활한 복음의 무대가 된다.

이처럼 일은 창조에서 시작되어 타락으로 왜곡되었으나, 그리스도 안에서 구속되고 회복되었다. 창조 당시 일은 하나님과 함께 세상을 돌보는 선한 목적을 지녔고, 타락 이후에는 고통과 긴장의 장이 되었지만, 구속 이후에는 일에 새로운 의미와 방향이 부여되었다. 이러한 통합적 시각 속에서 크리스천은 자신의 일터에서 하나님의 영광을 드러내며, 청지기로서 세상을 섬기는 사명을 다시 발견하게 된다.

따라서 일터는 더 이상 세속적 공간이 아니다. 일터는 하나님 나라의 통

---

8 Timothy Keller, *Every Good Endeavor: Connecting Your Work to God's Work* (New York : Dutton, 2012), 33-40.

치가 실현되고, 크리스천의 소명이 실천되는 생생한 현장이다. 에덴에서 시작된 예배는 그리스도 안에서 세상 모든 일터로 확장된다. 사무실, 공장, 교실, 가정, 병원은 서로 다른 형태로 존재하지만, 모두 하나님이 함께하시는 현대의 성소가 될 수 있다. 크리스천은 자신의 일을 통해 창조의 아름다움을 회복하고, 타락의 죄악된 영향력에서 벗어나며, 구원의 기쁜 소식을 열방에 전하라는 부르심을 받았다. 그러므로 '일'은 하나님의 부르심에 응답하는 거룩한 길이며, 세상을 회복시키기 위해 하나님이 사용하시는 실제적 도구이다.

3장 복음의 총체성과 일터선교

"일터선교는 복음의 총체성의 실천이다"

복음은 하나님께서 예수 그리스도를 통해 행하신 일과 그 결과가 무엇인지를 선포하는 하나님의 메시지다. 그 중심에는 그리스도의 삶과 죽음, 그리고 부활이 놓여 있다. 복음은 하나님이 주신 진리이자, 인간의 삶을 온전한 회복으로 이끄는 길이며, 기독교 신앙의 핵심이다. 구원은 단지 인간의 영혼만을 위한 사건이 아니다. 구원은 하나님이 주권적으로 통치하시는 세상에서 삶의 모든 영역을 총체적으로 변화시킨다. 오늘날 '복음의 총체성'이라는 표현이 때때로 당연한 말처럼 들릴 수 있으나, 이는 매우 중요한 의미를 지닌다. 우리의 신앙이 교회 안에만 머무르거나 개인의 경건에 국한되는 경향을 넘어서야 하기 때문이다. 이제 우리는 복음의 총체성이 일터선교의 관점에서 어떻게 구체화되는지를 살펴본다.

1. 복음의 총체성

'복음의 총체성'은 에덴동산에서의 범죄로 인해 피조 세계 전반에 미친 죄의 영향이 '총체적'이었다는 사실에서 출발한다. 인간의 타락으로 인한 죄는 육체적·영적 차원은 물론, 개인적·구조적·우주적 차원을 포함한 모든 영역에 전포괄적으로 영향을 미쳤다.[9] 그러나 예수 그리스도께서는 이 모든 영역에서 죄의 영향력을 제거하는 전포괄적인 구속을 이루셨다. 죄의 파괴력이 미치지 않은 곳이 없듯이 그리스도의 통치와 회복이 미치지 못할 영역 또한 존재하지 않는다. 복음은 타락으로 뒤틀린 세상의 모든 질서를 다시 세우는 하나님의 총체적인 능력이다.

1) 복음의 총체성과 공공성

아담의 타락 이후 죄의 영향력은 인간 개인의 내면뿐 아니라 피조 세계의 모든 영역에 미치며 우주적 범위의 파괴를 가져왔다. 인간의 삶은 죄의 세력 아래 예속되었고, 죄는 전 존재와 모든 영역을 뒤틀어 놓았다. 그러나 예수 그리스도와 연합한 성도는 이러한 죄의 통치로부터 총체적 전환을 경험하며, '죄에 대한 죽음'이라는 새로운 존재 방식 속으로 들어간다.

> 인간은 단지 개인의 영적 성품의 성숙한 변화 차원에서만 "죄에 대한 죽음"이 주어진 존재에 머무는 것이 아니라 삶의 모든 영역 속에서 죄의 영향들 혹은 죄의 세력들과의 단절(죄에 대한 죽음)이 주어진 인간존재로서 이해되어야 한다. 그래서 죄의 영향력들을 무력화시키고 그 대신 하나님의 거룩한 의의 통치가 온전히 임하는 총체적 회복을 향하여 나아가는 존재가 된 것이다. '우주적인 죄의 통치의 무너짐'에 걸맞은 변화들을 통하여 이웃과 사회 속에서도 구체적으로 성화의 열매를 맺는 인간, 그래서 사회적

---

9 *Inst.* II.1.8

거룩에까지 나아가는 총체적 회복을 바라보는 인간인 것이다.[10]

이처럼 복음의 총체성은 성도를 개인적·영적 차원을 넘어 전인적·사회적·우주적 회복을 향해 나아가도록 한다. 성화는 더 이상 개인의 도덕적 향상에 머물지 않고, 사회와 공동체 속에서 거룩(구별됨)으로 실천되며 '공적 성화'로 확장된다. 복음의 총체성은 성도가 삶의 모든 관계와 구조 속에서 하나님의 의의 질서를 드러내도록 부름받았음을 의미한다. 복음의 총체성에 힘입어 성도는 개인적-영적 영역을 넘어서 전인적, 공동체적, 사회적, 우주적 회복을 향해 나아가는 예수 그리스도의 참된 제자로 자라간다. 이러한 총체적 변화의 비전은 성경 전반에 흐르고 있다. 하나님께서 지으신 모든 것을 보시고 "심히 좋았다"(창 1:31)고 선언하신 창조의 상태는 하나님의 통치 질서와 조화가 온전히 구현된 상태였으며, 이것이 곧 구원이 회복하고자 하는 본래적 질서이다.

그러나 죄의 침투는 하나님 나라의 질서를 파괴했고, 고통과 저주는 세상의 모든 영역으로 확산되었다. 이러한 타락의 확장 범위를 고려할 때, 구원 역시 마땅히 전체 창조를 회복하는 총체적 성격을 지닌다. 이 점을 요한 헤르만 바빙크(Johan Herman Bavinck)는 다음과 같이 분명하게 설명한다.

하나님 나라는 하나님께서 지으신 모든 것을 보시고 심히 좋게 여기셨던 태초부터 존재했다(창 1:31) … 그러나 죄악이 하나님 나라에 들어왔고 고통과 저주가 세상의 구석구석까지 파고 들었다 … 성경에서 사용하는 '하나님 나라'라는 표현에는 윤리와 우주가 모두 포함되어있다. 하나님 나라에서 모든 것은 제 위치로 회복될 것이고 모든 측면에서 질서가 회복될 것이다 … 윤리적

---

10 김광열,『총체적 복음』(군포: 다함, 2020), 124-125.

인 질서와 우주적인 질서는 가장 긴밀하게 연결되어 있다. 한 쪽이 고장 나면 다른 쪽 역시 고장 난다. 마찬가지로 한 쪽이 다시 회복되면 다른 쪽 역시 회복된다.[11]

바빙크의 진술은 복음의 총체성이 왜 필연적으로 공공성을 지닐 수밖에 없는지를 분명하게 보여 준다. 윤리적 회복과 우주적 회복은 분리될 수 없으며, 개인적 구원과 사회적 변혁은 동일한 하나님 나라 회복이라는 하나의 흐름 안에 놓여 있다. 그러므로 복음의 총체성을 경험한 성도는 개인의 신앙생활을 넘어 공동체와 사회, 일터와 문화의 영역 속에서 하나님의 질서를 구현하며 하나님 나라의 회복과 확장에 참여하게 된다.

구원은 전 존재와 삶의 모든 영역에 하나님의 주권적 통치를 적용하고 성취하는 사건이다.[12] 이는 단순히 '죽음 이후 천국에 들어가는 것'을 뜻하지 않는다. 오히려 하나님의 주권이 현재의 삶 속에서 실제적 변화를 일으키는 전포괄적 회복의 역사를 의미한다. 그러므로 구원은 성도 개인의 영혼에 국한되지 않고 가정과 공동체, 사회와 국가, 나아가 온 피조 세계가 죄의 영향력에서 벗어나 하나님의 질서로 회복되는 하나님 나라의 총체적 사역으로 나타난다. 성도는 이러한 하나님 나라의 복음을 삶의 모든 영역에 적용하고 선포하도록 부르심을 받았으며, 이는 전 존재로 하나님의 통치를 받아들여 하나님 중심의 삶을 살아가야 함을 뜻한다.

따라서 복음의 총체성은 예수 그리스도의 사역이 우주적 차원의 회복을 이루시는 사건임을 확인하는 신학적·역사적 진술이라고 할 수 있다. 복음의 총체성을 이해한다는 것은 구원이 개인 내면의 변화에서 그치는 것이 아니라, 타락으로 인해 무너진 질서와 관계 전반을 회복하시는 하나님의

---

11 Johan Herman Bavinck, *The Church Between Temple and Mosque: A Study of the Relationship Between the Christian Faith and Other Religions* (Grand Rapids: Eerdmans, 1981), 131-132.
12 김광열, 『총체적 복음』, 29.

포괄적 사역과 긴밀히 연결되어 있음을 인식하는 것이다. 복음의 총체성을 이해한다는 것은 구원이 개인 내면의 변화에서 그치지 않고, 타락으로 인해 무너진 질서와 관계 전반을 회복하시는 하나님의 포괄적 사역과 긴밀히 연결되어 있음을 인식하는 일이다. 이러한 시각은 인간과 피조 세계에 침투한 죄의 총체적 파괴를 직시하게 하고, 그리스도 안에서 시작된 전 존재적 회복의 역사를 신뢰하게 하며, 마침내 그 회복이 성도의 삶 속에서 총체적 성화로 드러나는 과정을 보게 한다. 즉 전적 부패의 현실, 전포괄적 회복의 은혜, 그리고 총체적 성화의 열매라는 세 흐름이 복음의 총체성을 이루는 핵심 구조를 형성한다.

첫째, 전적 부패와 복음의 총체성이다. 복음의 총체성을 올바르게 이해하기 위해서는 먼저 죄의 총체성을 바라보아야 한다. 아담의 타락 이후 인간은 전적 부패의 상태에 놓였으며, 죄의 영향력은 인간의 전 인격과 삶의 모든 영역에 확산되었다. 전적 부패란 타락으로 인한 죄의 영향력이 인간의 전 존재와 삶의 모든 영역에까지 미쳤다는 의미다(시 51:5; 마 15:16-20; 요 3:6; 롬 8:5-8). 칼빈은 『기독교 강요』에서 인간의 모든 본성은 타락하여 부패했고, 이러한 부패성은 절대로 사라지지 않기에 인간은 형벌을 받아 마땅한 처지가 되었다고 말한다.[13] 인간의 본성은 모태로부터 이미 하나님 나라를 받아들일 수 없는 상태가 되었고,[14] 아담의 죄책으로 인해 죄의 파급력이 전 피조 세계에 미쳤다. 이러한 전적 부패의 교리는 전적 무능력을 내포한다. 전적 무능력이란 인간이 아무 일도 할 수 없다는 뜻이 아니라, 하나님이 인정할 만한 선을 행할 수 없다는 의미다. 따라서 전적 무능력 상태가 된 인간은 오직 하나님의 전적이고 주권적인 은혜에 의해서만 구원을 받을 수 있다. 이처럼 복음의 총체성은 아담의 범죄로 인한 죄의 영향력이 포괄적

---

13 *Inst.* II.1.8
14 John Calvin, *Calvin's New Testament Commentaries: Romans,* 민소란 역, 『칼빈주석: 로마서』 (서울: 규장, 2013), 215.

이라고 보는 '전적 부패'의 '총체성'과 긴밀히 연결되어 있다.

둘째, 전 존재와 모든 영역에서의 전포괄적 회복이다. 전적 부패로 인한 죄의 영향력은 총체적이어서 전인적 차원, 사회·경제적 차원과 우주적 차원을 포함한 인간의 전포괄적인 삶의 영역을 죄의 통치 아래 두는 결과를 초래했다. 따라서 예수 그리스도의 복음 사역 역시 전포괄적인 회복의 역사여야 했고, 실제로 그리스도께서는 인간과 피조 세계의 모든 영역에서 죄의 영향력을 제거하는 총체적 회복의 역사를 이루셨다. 아담의 타락 이후 인류를 죄와 질병, 고통과 죽음으로 몰아갔던 우주적인 죄의 세력이 총체적이므로, 그리스도와 연합하여 의의 통치 안으로 들어온 하나님의 백성에게 주어진 '죄의 세력 및 통치와의 단절'도 총체적인 결별이다.[15] 그러므로 예수 그리스도를 구주로 영접한 성도들은 그리스도의 죽음과 부활과 함께 '우주적·전포괄적·총체적'으로 죄의 권세와 통치로부터 의의 권세의 통치로 옮겨진 자들이 된다. 이러한 전환은 단순한 신분 변화에 그치지 않고, 모든 삶의 영역을 새롭게 하시는 하나님의 주권적 통치 아래로 편입되는 실제적 변화이다.

셋째, 삶의 모든 영역에서 나타나는 총체적 성화이다. 성화는 인간의 칭의와 삶의 모든 차원에서 그리스도와의 폭넓은 연합에 익숙해지는 과정이며, 인간으로 하여금 그리스도의 형상을 본받게 만든다(고후 5:17). 성도는 그리스도와의 연합을 통해 개인적인 영적 차원과 삶의 모든 영역에서 변화된다. 거룩하게 되는 것은 인간만이 아니라 인간이 살아가는 사회와 자연 세계까지 포함되며, 여기에서 일어나는 변화 역시 성화의 영역에 속한다. 이처럼 성화는 삶의 모든 영역을 포함하기 때문에 청교도들은 이를 '우주적'이라고 표현했다.[16] 성화는 개인적 성화와 사회적 성화로 구분할 수 있

---

15 김광열, "개혁주의 인간론에 관한 연구: 총체적 복음의 관점에서," 「신학지남」 86/4 (2019): 123.
16 Joel R. Beeke et al., *Living for God's Glory: An Introduction to Calvinism*, 신호섭 역, 『칼빈주의: 하나님의 영광을 위하는 삶』 (서울: 지평서원, 2010), 339.

고, 이들은 서로 병행하여 총체적 성화를 이룬다. 인간은 창조 시부터 개인적인 동시에 사회적 존재였기 때문에 성화에 대한 칼빈의 논의는 교회와 가정, 그리고 세상에서의 소명과 연관된다.

복음의 총체성은 결국 성도로 하여금 총체적 성화에 참여하게 한다. 성화는 칭의 이후 그리스도와의 연합이 삶의 모든 차원에서 깊어지는 과정이며, 성도가 그리스도의 형상을 닮아가는 전 존재적 변화이다. 이러한 변화는 개인의 영적 내면에서만 일어나지 않는다. 사회와 가정, 일터와 문화, 자연 세계 등 인간이 살아가는 모든 환경과 관계 속에서도 나타난다. 청교도들이 성화를 '우주적'이라고 부른 이유가 바로 여기에 있다. 성화는 인간 개인의 도덕적 향상을 넘어 하나님께서 온 피조 세계를 향해 품으신 회복의 의지와 연결되어 있기 때문이다. 개인적 성화와 사회적 성화는 분리된 차원이 아니라 서로 맞물려 있는 하나의 변화이며, 이 두 차원이 함께 작동할 때 복음의 총체성은 가장 온전히 드러난다.

2) 복음의 총체성과 총체적 선교

성경이 말하는 '복음의 총체성'은 복음이 지닌 사회적 함축성을 포함한다. 이는 복음전도의 사명이 결코 개인의 영혼 구원에 한정되지 않고, 사회적 책임과 실천을 동반해야 함을 보여주는 중요한 신학적 근거가 된다.

(1) 초대교회와 총체적 선교

총체적 선교는 이러한 신학적 성찰 위에서 세워진 개념으로, 예수 그리스도께서 선포하신 하나님 나라(마 4:17, 23-24)의 실현을 목표로 한다. 실제로 총체적 선교의 실천은 성경과 교회사 전반에 걸쳐 지속적으로 나타난다. 신약성경에 기록된 초대교회는 영적 회복과 더불어 사회적·도덕적 회복을 경험하며, 성육신적 선교에 참여하는 공동체의 모습을 보여준다. 사도행전 2장 42-47절은 회복된 성도들의 삶이 이웃에게 선한 영향력을 나타내어 믿는 자의 수가 날마다 더해지는 역사를 기록한다. 서신서에서 성도들의 모임인 교회는 '세상 안에서 살고 세상 가운데로 들어가 자비를 베풀 책임을 맡은 존재'[17]로 그려진다. 빌립보서 1장 27절 "오직 너희는 그리스도의 복음에 합당하게 생활하라"에서 '생활하라'로 번역된 헬라어 '폴리튜오마이'(πολιτεύομαι)는 공동체를 의미하는 '폴리테스'(πολίτης)에서 유래한 단어로 성도의 공적인 성격을 내포하고 있다. 이는 크리스천이 하늘의 시민권자로서 일터와 사회라는 공적 영역에서 세상의 가치관과 구별되는 새로운 질서를 세워가는 존재임을 의미한다. 데살로니가전서는 환난과 핍박 가운데서도 그리스도와 사도들의 모범을 따르는 데살로니가 성도들의 삶에 대한 소문이 각처에 퍼졌다고 기록한다(살전 1:6-8). 이러한 신약성경의 기록들은 초대교회의 부흥과 연결되며 총체적 선교의 중요성과 그 결과를 분명하게 보여준다.

(2) 종교개혁과 총체적 선교

총체적 선교 개념은 종교개혁의 신학적 유산 속에서도 확인된다. 종교개혁의 선교적 의미는 해외 선교 여부가 아니라, 하나님 나라의 확장을 어떻게 이뤄 냈는가의 관점에서 보아야 한다.[18] 16세기 선교 패러다임의 중심은 성경적 믿음의 회복이었다. 칼빈은 크리스천이란 존재의 모든 영역에서 하나님을 영화롭게 해야 하며, 오직 하나님의 영광을 위해 살아야 한

---

17 John Stott, *Contemporary Christian: Applying God's Word to Today's World*, 한화룡 외 역,『시대를 사는 그리스도인』(서울: IVP, 2016), 441.
18 심창섭, "16세기 종교개혁기의 선교적 이해,"「교회와 세계선교」56 (2017): 14.

다고 주장했다.[19] 이러한 신학은 '모든 직업이 하나님의 부르심(Vocation)'
이라는 직업 소명설로 구체화되었다. 종교개혁자들은 사제나 수도사의 일
뿐 아니라 구두 수선공, 상인, 농부의 일상적 일 역시 하나님을 섬기는 거
룩한 예배임을 선포했다. 이는 이원론에 갇혀 있던 성속(聖俗)의 벽을 허물
고 신앙의 영역을 교회 담장 너머 일상의 삶으로 확장하며, 일터를 하나님
의 주권이 실현되는 장소로 인식하게 하는 중요한 계기가 되었다. 종교개
혁자들이 교회를 개혁할 때 그들의 개혁은 사회 개혁과 무관할 수 없었으
므로, 종교개혁은 시민사회 개혁으로 연결될 수밖에 없었다. 제네바의 사
례는 이를 잘 보여준다. 칼빈이 추진한 치리회는 사회 질서 회복을 위한
공적 기관이었고, 제네바 아카데미는 유럽 전역의 복음화를 위한 교육의
장이었으며, 구빈원은 시민 복지를 위한 제도였다. 이는 종교개혁이 교회
내부의 정화를 넘어 도시 전체의 사회적 회복을 지향했던 총체적 운동이
었음을 시사한다.

(3) 근대 세속주의와 신앙의 사유화

교회가 삶의 거의 모든 영역에 영향력을 행사하던 중세 유럽의 질서는
점차 해체되었고, 그 과정에서 민족주의의 대두와 함께 근대 국가가 형성
되었다. 이어 산업화와 자본주의의 발전 속에서 과학 혁명과 기술 혁신이
가속화되었다 이러한 변화는 인간 이성과 자율성을 절대화하는 자유주의
적 개인주의와, 집단과 구조를 우선시하는 사회주의적 집단주의라는 두 가
지 세속적 사상을 낳았다. 이 두 사상이 19세기 유럽 사회의 지적·정치적 지
형을 지배하게 되었다. 당시 네덜란드를 포함한 많은 유럽의 크리스천은
이러한 사상들이 기독교 신앙의 근본 원리, 곧 하나님의 주권과 인간의 피

---

19 John Calvin, *Genesis* (Wheaton: Crossway, 2001), 35-36.

조성, 그리고 그리스도의 통치 개념과 심각하게 충돌한다는 사실을 충분히 분별하지 못한 채 이를 수용하였다.[20] 그 결과 기독교 신앙은 점차 사적 영역으로 축소되었고, 공적 삶과 사회 질서는 세속 이념에 의해 재편되기 시작했다. 일터와 정치를 포함한 공적 광장은 신앙이 작동하지 않는 '중립적 지대'로 간주되었으며, 성도는 일상 속에서 하나님의 통치를 드러낼 신학적 동력을 상실하였다. 이러한 역사적·사상적 혼란 속에서 개혁주의 전통은 다시금 하나님의 주권을 공적으로 천명해야 할 상황에 직면하게 되었다.

(4) 카이퍼와 총체적 선교

이러한 시대적 도전이 거세던 19세기 말, 아브라함 카이퍼(Abraham Kuyper, 1837-1920)는 칼빈이 강조했던 하나님의 주권, 그리스도의 왕권, 그리고 성경 말씀에 대한 신앙고백을 당대의 사회·문화적 현실 속에서 재주창하였다. 카이퍼는 인간 삶의 모든 일반적 발전 형태를 지배하는 근본적인 해석 원리가 하나님과 인간의 관계 개념에 있다고 보았다.[21] 더불어 그는 하나님께서 성도들에게 만물을 다스리시는 하나님을 매일의 삶 속에서 적극적으로 드러내는 증인이 될 것을 명령하신다고 주장했다.[22] 카이퍼에게 칼빈주의는 단순한 교리가 아닌 하나의 '삶의 체계'(Life System)였다. 이는 신앙이 개인의 내면적 차원에 머물지 않고, 삶의 모든 현장에서 하나님의 통치를 드러내야 함을 강조하는 신학적 선언이었다. 이러한 사상은 크리스천으로 하여금 문화 전반에서 하나님을 섬기는 삶의 의미를 새롭게 인식하게 하였고, 그 결과 교회와 세상을 아우르는 총체적 선교의 현대적 길을 열었다.

---

20 Abraham Kuyper, ed. James W. Skillen, *The Problem of Poverty* (Grand Rapids: Baker Book House, 1991), 18-19.

21 Abraham Kuyper, *Lectures on Calvinism* (New York: A Great Christian Books, 2013), 21.

22 Richard J. Mouw, *Abraham Kuyper: A Short and Personal Introduction* (Grand Rapids: Eerdmans, 2011), 4-5.

만일 하나님이 주권자라면, 그의 주권은 모든 삶을 반드시 포함해야 하고, 교회당 울타리나 그리스도인들의 영역에 갇혀 있을 수 없다. 비기독교 세계는 사단이나, 타락한 인간, 우연에게 넘겨지지 않았다. 하나님의 주권은 세례받지 아니한 세계의 삶 속에서도 모든 것을 통치하며, 따라서 그리스도의 지상교회와 하나님의 자녀는 이 세상으로부터 단순히 물러날 수 없다. 만일 성도의 하나님이 이 세상에서 일하신다면, 성도 역시 이 세상에서 자신의 손으로 쟁기를 잡고 일해야만 하고, 또한 거기서 주님의 이름이 영광을 받으셔야만 한다.[23]

이러한 신학적 통찰은 그의 일반은총(Common Grace)과 영역주권(Sphere Sovereignty) 사상으로 구체화되었다. 일반은총론을 통해 카이퍼는 하나님의 통치가 교회와 성도의 경건 영역에 국한되지 않고, 창조 세계 전체와 인간 사회 전반에 확장되어 있음을 분명히 하였다. 이에 따라 성도와 교회는 세상 한가운데서 선행을 통해 하나님의 영광을 드러내야 할 책임을 지닌다. 이는 "너희 빛이 사람 앞에 비치게 하여 그들로 너희 착한 행실을 보고 하늘에 계신 너희 아버지께 영광을 돌리게 하라"(마 5:16)는 성경의 요청과도 긴밀히 연결된다.

특히 카이퍼의 영역주권 사상은 그의 유명한 선언, 곧 "우리 인간 삶의 모든 영역 가운데 만유의 주재이신 그리스도께서 '나의 것이다'라고 외치지 않으시는 영역은 단 한 치도 없다"라는 말에서 가장 집약적으로 드러난다. 영역주권이란 모든 삶의 영역이 각각 하나님 앞에서 고유한 사명을 지니며, 그 어느 영역도 하나님의 주권 밖에 있지 않다는 사상이다. 즉 가정, 교

---

23 Kuyper, "Voorwoord," De Gemeene Gratie Vol. 1, 박태현, "아브라함 카이퍼의 일반은총론 소고,"「개혁논총」 31 (2014): 167에서 재인용.

회, 국가, 경제, 학문, 문화, 일터 등은 서로를 지배하거나 흡수해서는 안 되며, 각 영역은 하나님 앞에서 직접 책임을 지는 고유한 권한과 의무를 가진다. 국가는 교회를 통제할 수 없고, 교회 역시 국가나 경제를 대신해 지배할 수 없다. 교회와 정부는 하나님 아래서 동등한 권위를 가진 기관으로 상호 협조하에 공존해야 한다.[24] 그러나 모든 삶의 영역은 동일하게 그리스도의 주권 아래 있으므로, 영역주권은 세상을 하나님과 분리하거나 신앙을 사적 영역에만 가두는 이론이 아니다.

이러한 관점에서 카이퍼는 성도의 소명을 교회 안의 종교적 활동에 국한하지 않고, 일상의 삶 전반에서 하나님의 통치를 증언하는 것으로 이해했다. 그는 칼빈주의를 단순한 교리 체계가 아니라 삶 전체를 포괄하는 세계관으로 이해했으며,[25] 이 세계관은 성도들로 하여금 급변하는 사회와 문화 속에서도 하나님을 섬기는 삶의 의미를 새롭게 인식하도록 이끌었다. 카이퍼의 신학은 교회와 삶, 신앙과 공적 영역을 분리하지 않는 총체적 선교 개념이 형성되는 데 중요한 신학적 토대를 제공하였다.

(5) 로잔운동과 총체적 선교

'위대한 선교의 세기'인 19세기를 지나 20세기에 들어서며 보다 효과적인 세계 선교를 위해 교회들과 선교단체들의 연합 필요성이 제기되었다. 이에 따라 1910년 영국 에든버러에서 국제선교대회가 개최되었다. 이 대회의 선교적 비전은 매우 낙관적이어서 "이 세대 안에 전 세계를 복음화하자"(The World Evangelization in This Generation)를 선교의 목표로 정하였다. 그러나 연이은 세계 대전과 동서 냉전 시대는 많은 것들을 바꾸어 놓았다. 제

---

24 Craig G. Bartholomew, *Contours of the Kuyperian Tradition: A Systematic Introduction* (Downers Grove: IVP, 2017) 132

25 Mouw, *Abraham Kuyper*, 4-5.

1차 세계대전 이전까지만 해도 서구 교회의 선교는 이교도들에게 어떻게 복음을 전할 것인지에 관한 '어떻게 선교할 것인가'(How Mission)가 주된 주제였다. 그러나 전쟁은 서구 교회로 하여금 교회가 왜 존재하는지에 대한 질문을 던지게 하였고, 1928년 예루살렘대회(IMC)에서 마침내 '왜 선교하는가(Why Mission)'라는 질문이 본격적으로 등장하였다. 이를 기점으로 선교 개념은 복음 전도에서 사회적 책임으로 기울기 시작했다. 제2차 세계대전 후인 1948년 암스테르담에서 열린 세계교회협의회(WCC) 창립 총회에서는, 정치적·사회적 상황과 무관하게 교회가 사회적 책임을 감당해야 한다는 원칙이 공식적으로 선언되었다. 이후 WCC를 필두로 한 에큐메니컬 진영은 복음 전도와 사회적 책임 모두를 강조하였으나, 점차 사회적 책임을 더욱 우선시하는 방향으로 발전하였다.

이처럼 에큐메니컬 진영의 선교 개념이 급격히 세속화되면서 복음주의 진영은 강력한 연대를 모색하게 되었고, 1974년 제1차 로잔세계복음화대회를 개최하였다. 이 대회에서 선언된 로잔언약은 이후 복음주의 진영 선교 신학의 기준점이 되었다. 로잔신학은 특정 개인의 사상 체계라기보다 20세기 복음주의가 직면한 선교적·신학적 위기에 대한 공동의 응답 속에서 형성된 신학적 흐름이다.

> 우리는 복음 전도와 사회 정치적 참여가 우리 그리스도인의 의무의 두 부분임을 확언한다. 이 부분은 모두 하나님과 인간에 대한 우리의 교리, 이웃에 대한 우리의 사랑, 그리고 예수 그리스도에 대한 우리의 순종을 나타내는데 필수적이다… 우리가 선포하는 구원은 우리로 하여금 개인적 책임과 사회적 책임을 총체적으로 수행하도록 우리를 변화시켜야 한다. 행함이 없는 믿음

은 죽은 것이다.[26]

총체적 선교는 복음을 선포하는 것이며 드러내는 것이다. 이는
단순히 복음 전도와 사회 참여가 나란히 이루어져야 한다는 뜻
이 아니다… 우리가 예수 그리스도의 변화시키는 은혜를 증거하
기에 우리의 사회 참여가 복음 전도의 모습을 지니게 된다. 우리
가 세상을 무시한다면 세상을 섬기도록 우리를 보내시는 하나님
의 말씀을 거역하는 것이다. 우리가 하나님의 말씀을 무시한다
면 우리가 세상에 가져다줄 것은 아무것도 없다.[27]

로잔신학은 선교를 모든 크리스천의 삶과 연결하며, 복음 전도와 사회
적 책임이 통합된 총체적 선교를 추구한다. 이러한 방향성은 이후 지속된
로잔대회를 통해 거듭 확인되고 발전해 왔다.

하나님은 선교의 모든 차원을 총체적이고 역동적으로 실천하도
록 그분의 교회를 부르셨으며, 우리는 이에 헌신한다.
- 하나님은 우리에게 하나님의 계시의 진리와 예수 그리스도를
통한 하나님의 구원하시는 은혜의 복음을 모든 나라들에 전하
고, 모든 사람을 회개, 믿음, 세례(침례), 그리고 순종의 제자도로
부르도록 명령하신다.
- 하나님은 우리에게 가난한 자들을 긍휼의 마음으로 돌봄으로
써 그분 자신의 성품을 드러내고, 정의와 평화를 위해 분투하고

---

26 *The Lausanne Covenant*, adopted at the International Congress on World Evangelization, Lausanne,
Switzerland, 1974, §§4-5.
27 *The Micah Declaration*, adopted by the Micah Network in continuity with the Lausanne Movement,
2001.

하나님의 창조세계를 돌봄으로써 하나님 나라의 가치와 능력을
드러내라고 명령하신다.[28]

로잔신학은 복음 전도와 사회적 책임을 분리해 온 이분법을 극복하고,
교회의 선교를 성경적·총체적으로 재정립하려는 문제의식에서 출발하였
다. 그 형성 과정에는 여러 핵심 신학자와 선교 지도자들이 결정적 역할을
하였다.

로잔운동의 신학적 기초를 놓은 중심인물은 존 스토트(John Stott)이다.
스토트는 1974년 로잔대회의 핵심 문서인 로잔언약(Lausanne Covenant)의 주
저자로서, 복음 전도와 사회적 책임을 대립시키지 않고 '복음의 총체성'이
라는 개념으로 통합하였다.[29] 그는 구원을 개인의 내적 변화로 축소하지 않
고, 하나님의 통치가 인간의 삶과 사회 전반에 미친다는 성경적 세계관을
강조함으로써 로잔신학의 신학적 균형을 확립했다.

로잔신학의 선교학적 틀을 체계화한 인물은 르네 파딜라(René Padilla)와
사무엘 에스코바르(Samuel Escobar)이다. 특히 파딜라는 교회의 선교적 과제
에서 가장 중요한 것은 복음의 필요성에 관한 질문이 아니라 복음의 내용
자체라고 강조했다.[30] 이들은 라틴아메리카 복음주의 맥락에서 발전한 총
체적 선교 개념을 통해 가난, 불의, 억압의 현실 속에서 복음이 어떤 의미
를 갖는지를 신학적으로 해석했다. 이들은 로잔신학이 서구 중심의 복음주
의를 넘어 세계 교회의 경험과 고통을 신학적 자원으로 수용하도록 만드는
데 기여했다.

또한 로잔운동의 전략적·세계사적 비전을 형성한 인물로는 빌리 그래

---

28 *The Cape Town Commitment*, Part I, §10.B, adopted at the Third Lausanne Congress on World Evangelization, Cape Town, South Africa, 2010.
29 John Stott and Christopher J. H. Wright, *Christian Mission in the Modern World,* updated and expanded ed. (Downers Grove: IVP, 2015), 15-33.
30 Rene Padilla, *Mission Between the Times: Essays* (Grand Rapids: Eerdmans, 1985), 62-63.

함(Billy Graham)을 빼놓을 수 없다. 그는 로잔대회의 소집자이자 상징적 지도자로서, 복음 전도의 긴급성과 세계 복음화의 필요성을 강력하게 제시했다. 그래함은 사회 참여에 대한 신학적 논쟁을 직접 이끌기보다는 다양한 신학적 입장이 대화할 수 있는 장을 마련함으로써, 로잔신학이 단일 노선이 아닌 공동 합의의 신학으로 형성되는데 기여했다.

이후 로잔신학은 크리스토퍼 라이트(Christopher J. H. Wright)에 의해 성경신학적으로 더욱 심화되었다. 라이트는 '하나님의 선교'(Missio Dei) 개념을 성경 전체의 서사 속에서 정교하게 풀어내며, 선교를 교회의 선택적 활동이 아니라 성경 자체가 증언하는 하나님의 목적이라고 규정했다.[31]

결과적으로 로잔신학은 복음 전도와 사회적 책임, 개인 구원과 공적 증언, 교회와 세상, 신앙과 일상을 분리하지 않는 선교신학으로 자리 잡았다. 이러한 신학적 유산은 오늘날 일터선교와 공적 신앙, 그리고 복음의 사회적 책임을 논의하는 데 있어 여전히 중요한 기준점으로 기능하고 있다.

2. 복음의 총체성과 일터선교

복음의 총체성은 성도의 삶이 교회의 울타리 안에만 머무르지 않고, 일상과 일터 속에서도 복음의 가치가 드러나야 한다는 사실을 일깨운다. 구원은 인간의 전 존재와 삶의 모든 영역에서 하나님의 주권적 통치를 적용하고 성취하는 사건이므로, 복음은 개인의 내면적 변화에만 머물지 않는다.[32] 그것은 하나님께서 창조하신 세계 속에서 깨어진 질서를 회복하고 인간과 사회, 문화와 경제, 자연에 이르기까지 모든 영역에 하나님의 통치를

---

31 Stott and Wright, *Christian Mission in the Modern World*, 34-57.
32 김광열, 『총체적 복음』, 29.

다시 세우는 전면적 회복의 선언이다. 하나님은 목회자나 선교사뿐 아니라 모든 성도를 "왕 같은 제사장"(벧전 2:9)으로 부르셨으며, 각자가 서 있는 일터는 하나님 나라가 나타나는 선교의 장이 된다.

1) 복음의 총체성은 일터의 존재론적 가치를 회복시킨다.

창조 신학의 관점에서 볼 때 인간의 일은 타락 이전부터 하나님이 주신 소명이었으며, 하나님 나라의 유지와 발전을 이루는 기본 방식이었다(창 1:28). 복음의 총체성은 타락으로 인해 왜곡된 일을 예배적·선교적 행위로 회복시키며, 성도가 수행하는 모든 직업은 하나님 나라의 목적과 직접적으로 연결된다는 사실을 다시 확인시킨다. 따라서 일터선교는 단순히 일터에서 복음을 '말하는 것'이 아니라, 일의 본질 자체를 복음 안에서 재정의하는 과정이다. 성도는 일터에서 자신의 능력과 직업적 활동을 통해 창조 질서를 보존하고, 하나님이 본래 의도하신 세상의 목적을 드러내며 복음을 전파하는 자로 부름받는다.

2) 복음의 총체성은 일터를 '하나님 나라의 문화'를 형성하는 공간으로 전환시킨다.

하나님 나라에서는 정의와 평화, 진실과 사랑이 실질적으로 구현된다. 복음의 총체성은 이러한 하나님 나라의 가치가 일터라는 일상적 공간에서도 크리스천들에 의해 실천되어야 함을 강조한다. 정직한 회계, 공정한 인사 시스템, 약자에 대한 배려, 신뢰 기반의 리더십, 공동선을 향한 산업 전략 등은 윤리적 실천이 아니라 하나님 나라의 문화를 세우는 일이다. 이렇게 볼 때 일터선교는 복음의 사회적 함축성을 가장 일상적이고 구체적으로 드러내는 장이 된다. 성도는 직업 활동을 통해 하나님 나라의 문화를 만들어 내며, 이로써 공동체와 사회 전체 속에 하나님의 선한 통치가 확장된다.

3) 복음의 총체성은 일터선교를 '평신도의 사명'으로 재규정한다.

성경은 하나님이 모든 성도를 "왕 같은 제사장"(벧전 2:9)으로 부르셨다고 말한다. 이는 제사장적 사명이 '교회 직분자'에게 국한되지 않음을 의미한다. 복음의 총체성은 성도가 일상과 직업 세계 속에서 하나님을 대표하는 존재로 살아가도록 촉구한다. 이러한 관점에서 일터선교는 특정한 소수의 선교적 행동이 아니라, 모든 성도가 일상에서 감당해야 하는 하나님 나라 백성으로서의 기본 정체성이다. 성도는 자신의 일과 직업적 영향력 속에서 하나님의 성품을 드러내고, 그리스도의 주권이 일터에서도 실재함을 증거하는 삶을 살아가야 한다.

4) 복음의 총체성과 현대 일터선교 운동의 만남

20세기 이후 로잔운동을 비롯한 복음주의 선교신학은 복음이 사회적 책임과 분리될 수 없음을 천명하며, 일상과 직업 세계로 선교의 지평을 확대했다. 특히 '신앙과 일 통합 운동'(Faith and Work Movement)은 일을 크리스천 삶의 중심으로 보는 소명론, 그리고 하나님 나라를 강조하는 신학적 전통과 긴밀히 연결되어 있다.[33] 이 운동은 '일터는 새로운 선교지'라는 관점을 넘어서 '일터는 원래부터 하나님 나라가 드러나야 할 본래적 현장'이라는 성경적이고 총체적인 시각을 회복하는 중요한 전환점이 되었다.

---

33 David W. Miller, *God at Work* (New York: Oxford University Press, 2007), 12-13.

소결론: 분리될 수 없는 복음과 일터

복음의 총체성과 일터선교는 분리될 수 없다. 복음이 총체적이라면 그 복음을 따르는 성도의 삶 또한 총체적이어야 한다. 교회 안에서뿐 아니라 세상의 모든 영역에서 복음이 증거될 때 하나님 나라의 통치는 실제적으로 구현된다. 성도는 일터에 하나님 나라의 대사로 파송된 존재이며, 그들의 삶을 통해 세상은 복음을 보고, 듣고, 경험하게 된다. 일터선교는 바로 그 자리에서 하나님의 통치를 구체적으로 드러낸다.

4장 일터선교와 하나님의 섭리

"하나님의 영광의 무대에서 복음으로 살아내다"

일터선교는 시대적 흐름이나 특정 운동의 산물이 아니다. 앞선 장에서 살펴본 바와 같이 일터선교는 성경이 제시하는 인간의 소명과 교회 역사 속에서 지속적으로 드러난 복음의 총체성에 기초한 견고한 선교 개념이다. 그럼에도 한국 교회 안에서 일터선교는 여전히 낯설게 인식되고, 심지어 선교학을 전공한 이들조차 그 본질적 의미를 충분히 이해하지 못하는 경우가 많다. 이러한 인식 부족에는 몇 가지 이유들이 존재한다.

1) 일터선교가 외면되어 온 구조적 이유

성도의 일터는 세상이지만, 목회자의 일터는 교회이다. 일터선교는 주로 세상 속의 현장을 다루는 특성을 지니기에, 이 주제는 많은 목회자에게 자연스럽게 거리감이 있는 분야가 된다. 성도는 예배하기 위해 교회로 가지만, 목회자는 일하기 위해 교회로 간다. 이러한 차이 속에서 성도와 목회자 모두 자신의 일터에서 거둘 성공과 전문성을 갖추려 분투한다. 그러나 두 영역 사이에는 교집합이 거의 존재하지 않는다. 목회자의 중요한 소명 중 하나는 성도가 세속 사회 속에서도 하나님의 자녀로 굳건히 서도록 돕는 일이다. 성도가 일상에서 예수 그리스도의 제자로 살아가기 위해서는 세상을 성경적으로 해석하고 신학적으로 적용하는 능력을 갖추어야 하며, 목회자는 이를 안내해야 한다. 이는 일상적인 '삶의 조언'을 넘어서는 본질적인 신학 교육의 영역이다. 평신도는 교회가 가진 최대의 잠재력(the greatest potential)이다.[34] 그럼에도 성도들은 이러한 교육을 적극적으로 요청하지 않고, 목회자들은 일터에 관한 교육을 충분히 제공하지 못하고 있다. 이처럼 상호 침묵이 지속되는 구조는 지난 70여 년 동안 일터선교가 한국교회 안에 깊이 뿌리내리지 못한 중요한 원인이 되었다.

2) 평신도에게 일터신학은 선택이 아닌 필수

예수 그리스도께 인생을 걸고 그 분의 길을 따라가고자 하는 성도라면 자신의 일과 일터에 대한 신학적 이해는 선택이 아니라 필수이다. 필자 역시 대부분의 크리스천처럼 직장 생활을 하던 시절, 일터에 대한 신학적 지도를 받은 적이 없고 그것을 요청한 적도 없었다. 이후 사목(Marketplace Chaplain)으로 섬기며 기업 안에서 직원들이 누리는 신앙적 양육과 지원을 목격했을 때 커다란 아쉬움이 밀려왔다. "나도 일에 대한 신학적 가르침을 일찍 받았다면 얼마나 좋았을까? 더 지혜롭게 선택하고 더 행복한 직장인이 될 수 있지 않았을까?"라는 회한이었다. 필자가 강조하고 싶은 것은 모든 기업이 사목을 채용해야 한다는 주장이 아니다. 일터의 성도들에게는 일터신학이 절실히 필요하며, 한국 교회와 일터 사역자들은 이를 제공할 책임이 있다고 주장하는 것이다. 현실적으로 이러한 교육이 충분히 제공되지 않는 상황에서 일터의 성도들은 스스로 일터선교관을 정립하고 자신의 신앙과 직업 세계를 통합하는 훈련을 의식적으로 이어가야 한다.

---

34 Hendrik Kraemer, *A Theology of the Laity* (Vancouver: Regent College Publishing, 2005), 136.

3) 하나님 없는 일터의 삶과 그 위험성

하나님을 의식하지 않는 직장인의 삶은 바람에 흔들리는 갈대와 같고, 불면 날아가는 겨와 같다. 억울한 일을 당하거나 예상치 못한 퇴사를 겪을 때, 혹은 직장 내 인간관계로 심한 갈등을 겪을 때 이러한 삶은 중심을 잡지 못하고 무너지기 쉽다. 그러나 하나님과 동행하는 직장인은 흔들림 속에서도 완전히 무너지지 않는다. 한 직장에서의 실패가 인생 전체를 좌우하지 않음을 알기 때문이다. 성경은 인간이 진정으로 두려워해야 할 것은 하나님 없는 성공이라고 경고한다. "사람의 마음에는 많은 계획이 있어도 오직 여호와의 뜻만이 완전히 서리라"(잠 19:21). "속임수로 재물을 모으는 것은 죽음을 구하는 것이다"(잠 21:6). "자기 소유 아닌 것을 모으는 자여… 너를 억누를 자들이 갑자기 일어나지 않겠느냐"(합 2:6-7). "그들이 바람을 심고 광풍을 거둘 것이요"(호 8:7). 정의롭지 못한 삶, 억압과 부정, 재정 유용과 권력 남용이 때로는 성공처럼 보일 수 있다. 그러나 성경은 그러한 성공이 결국 수치와 심판으로 귀결되며, 하나님 앞에서 반드시 정산할 날이 올 것임을 반복하여 선언한다.

4) 일터에서 하나님의 섭리를 신뢰한다는 것

신학에는 '섭리'라는 중요한 개념이 있다. 이는 하나님께서 창조 이후에도 세상을 보존하고 다스리시는 계속적인 행위이다. 곧 그분의 지혜와 선하신 뜻에 따라 만물과 역사를 이끄시는 주권적 통치를 의미한다. 하나님께서는 이 땅에서 일어나는 일들을 하늘에서 한가롭게 쳐다보고 계시는 것이 아니라, 마치 배의 키를 잡고 있는 선장처럼 모든 사건을 주관하신다.[35]

---

35 *Inst.* I.16.3.

이러한 하나님의 섭리는 하나님의 눈길뿐만 아니라 손길과도 관계된다. 하나님의 명령에 따라 아브라함이 이삭을 번제로 바치기 위해 모리아 산으로 가던 중, 이삭은 "불과 나무는 있거니와 번제할 어린 양은 어디 있나이까"라고 물었다. 그때 아브라함은 "내 아들아 번제할 어린 양은 하나님이 자기를 위하여 친히 준비하시리라"(창 22:8)고 대답했다. 하나님의 눈길은 모리아 산으로 향하는 부자를 지켜보고 있었고, 하나님의 손길은 번제할 양을 이미 준비하고 있었다. 그러나 아브라함이 하나님이 준비하신 양을 발견한 것은 온전한 순종의 행위가 있은 후였다.

교부 어거스틴은 '허용'이라는 용어를 자주 사용했는데, 이는 어떤 일도 하나님의 명령이나 허락 없이는 일어나지 않기 때문이었다. 허용에 대해 어거스틴은 "하나님은 인간의 의지가 개입할 때 허락은 하시지만, 한가하게 망대 위에 앉아 쉬는 분이 아니시다"[36]라고 말했다. 인간의 삶에서 일어나는 모든 사건의 이유, 목적, 필연성은 대부분 하나님의 계획 속에 감추어져 있다. 신앙이 깊은 크리스천이라도 하나님의 목적을 밝히 알기는 쉽지 않다. 그러나 하나님의 뜻을 분별하고 그 뜻에 자신의 삶을 맡길 때, 우리는 하나님의 뜻이 이 땅에서 이루어짐을 경험하게 된다.

5) 일터는 하나님의 영광의 무대다

세상에서 가장 높은 곳과 가장 깊은 곳을 지으신 분이 하나님이시며, 그 사이에 존재하는 모든 공간은 하나님의 영광을 드러내기 위해 마련된 자리이다. 일터가 하나님의 영광의 무대가 될 수 있는 이유는 그곳에서 일하는 성도들이 하나님 앞에 거룩하게 서기 때문이다. 바로 그 자리에서 하나님과 동행하는 삶은 평범한 하루를 영원의 차원으로 확장시키는 놀라운 삶이 된다.

---

36 *Inst.* 1.16.8.

제2부

일터선교의 실천적 주체들

1장 교회: 일터선교의 신학적 공급처

한스 퀑(Hans Küng)은 "교회는 싫든 좋든 간에 새 시대의 범세계적 질서로부터 달아날 수 없으며, 다른 세계가 아닌 바로 이 세계 속에 살고 있음을 분명히 인식해야 한다"[37]고 강조하며 교회의 변화 필요성을 역설했다. 교회는 구성원이 아니라 비구성원을 위해 존재하는 유일한 공동체이다. 교회는 세상 안에 있으나 세상의 소유가 아니다. 다만 세상 속에 존재하기 때문에 필연적으로 그 영향을 받는다. 한국 교회는 오랜 세월 '모이는 교회' 중심의 구조로 견고히 세워져 왔다. 그러나 '흩어지는 교회'로서의 정체성은 부족하다. 일터는 세속 사회 한가운데서 이루어지는 선교의 현장이며, 이러한 선교는 흩어지는 교회의 사역을 통해 구체화된다. 방선기 목사는 "흩어지는 교회의 신학이 정립될 때, 일터의 삶은 곧 교회 사역의 연장이 된다"[38]고 하였다.

일터선교는 교회와 세속 기관, 개인과 공동체, 목회자와 성도가 함께 실천하는 다양한 차원의 사역이다. 사역 주체에 따라 목표와 접근 방식은 달라질 수 있다. 교회는 복음의 담지자로서 복음 전파를 중심 사명으로 삼지만,

---

37 Hans Küng, *Die Kirche*, 정지련 역, 『교회』 (서울: 한들출판사, 2011), 4.
38 방선기, "한국교회 일터사역의 어제와 오늘, 그리고 내일," 「통합연구」 22/2 (2020): 43.

그그 구조와 기능의 특성상 일터선교에 대한 관심과 참여는 상대적으로 제한될 수 있다. 그러나 교회의 본질적 사명은 성도들을 겸비시켜 세상 속에서 대위임령과 문화명령을 감당하게 하며, 그들의 삶을 통해 하나님의 영광이 드러나도록 하는 데 있다. 닐 콜(Neil Cole)은 "교회는 사역을 통해 불성도를 전도하는 곳이 아니라, 하나님 나라를 세상 사람들에게 보여 주는 곳이 되어야 한다"[39]고 말했다. 폴 스티븐스(Paul Stevens) 역시 교회의 역할은 성도들이 세상 속에서 하나님의 백성으로서의 삶을 온전히 살아가도록 준비시키는 것이라고 강조했다.[40] 바로 이 지점에서 교회와 일터선교가 만난다.

교회의 목회자들은 직접 일터에 뛰어드는 방식이 아니라, 성도들을 영적으로 겸비시키는 과정을 통해 일터선교에 참여한다. 일부 지역 교회의 목회자들은 이중직 혹은 겸직 형태로 일터에 참여하기도 하지만, 주된 사역의 터전이 교회인 이상 그들의 정체성은 '교회 목회자'에 머문다. 교회가 공익적 사업을 수행하거나 선교적 교회로서 일터선교를 시도하는 경우도 결국 교회의 사역으로 간주된다. 교회와 목회자가 일터선교에 참여하는 이유는 본질적으로 '복음 전파'를 위한 것이다. 목회자는 복음을 선포하기 위해 설교하고, 성도를 양육하며, 자신의 삶을 통해 복음 전파를 실천한다. 목회자의 직무 정의(Job Description)는 복음 전도의 사명을 중심으로 구성되어 있다.

반면 성도의 일터는 성격이 다르다. 성도는 전도를 위해 출근하는 것이 아니며, 그렇게 강요당해서도 안 된다. 스티븐스는 자신이 목수로 일했던 경험을 바탕으로 크리스천 목수는 직장에서 전도할 방법을 고민하기보다 못을 어떻게 더 정확히 박을 것인가에 집중해야 한다고 주장한다. 성도의

---

39 Neil Cole, *Church 3.0: Upgrades for the Future of the Church*, 안정임 역, 『교회 3.0:본질과 사명을 되찾는 교회의 재탄생』 (고양: 진한엠앤비, 2012), 42.
40 Paul Stevens, *Liberating the Laity: Equipping All the Saint for Ministry* (Downers Grove: IVP, 1985), 25.

직무는 '사회적 일'로 채워진다. 이는 전도의 책임이 목회자에게만 있다는 뜻이 아니라, 성도가 복음을 드러내는 방식이 목회자와 다르다는 사실을 의미한다. 성도에게는 창조 세계의 선한 청지기 살아가야하는 막중한 책임이 부여되어 있다.

청지기의 소명과 사회적 책임을 되새기게 하는 대표적 사례가 미국의 오피오이드(Opioid) 사태이다. 마약성 진통제 오피오이드는 강력한 중독성을 지니고 있었음에도 불구하고, 대형 제약회사들은 이윤을 위해 부작용을 은폐하며 처방을 유도했다. 그 결과 1999년부터 2019년까지 50만 명 이상이 중독으로 사망했고, 미국 사회는 심각한 도덕적 붕괴와 인간적 상실을 경험했다. 이에 미국 전역의 주 정부와 지방 자치 단체는 제약사들과 유통업체, 대형 약국 체인을 상대로 소송을 제기하였다. 그 중 주요 유통 3사와 존슨앤드존슨(J&J)은 2022년 약 260억 달러(약 30조 원 이상)의 합의안에 서명했다. 이 자금은 약물 중독 치료와 예방 프로그램에 투입되었으나, 필라델피아 켄싱턴과 같은 지역은 여전히 수많은 중독자가 고통받는 처참한 환경에 처해 있다. 이러한 현실 속에서 지역 교회와 목회자들은 마약 퇴치 운동과 중독자 돌봄 사역을 전개하고 있다. 복음이 수용될 수 있는 사회를 세우지 못한다면, 복음 전도는 지체되고 사회 윤리와 경제적 토대는 무너질 수밖에 없다. 그런 의미에서 성도들은 복음 전도의 최전선에서 진리의 방어선을 지키는 '영적 전사들'이라 할 수 있다.

그럼에도 여전히 교회와 일터선교를 대립되는 구조로 인식하는 경향이 존재한다. 도로시 세이어즈(Dorothy L. Sayers)는 세속 직업을 올바로 이해하지 못한 것은 교회가 저지른 심각한 실책이라고 지적하며, 이는 진리가 일을 통해 표출된다는 사실을 망각했기 때문이라고 비판했다.[41] 스티븐스 또

---

41 Sayers는 교회가 세속 직업을 가진 성도들에게 교회 봉사를 위해 직업적인 일을 소홀히 해야 한다고 요구하며 교회가 본질적인 역할에서 벗어나 있음을 지적한다. 참조. Dorothy L. Sayers, *Letters to a Diminished Church: Passionate Arguments for the Relevance of Christian Doctrine*, 홍병룡 역, 『기독교 교리를 다시 생각한다』(서울: IVP, 2009), 137-139.

한 "성도들을 하나님 나라의 백성으로 준비시키는 것은 목회자의 사명이 아니라 하나님께서 그들의 삶 속에서 행하시는 고유한 사역이며, 교회가 그들을 구비시키지 못한다면 기독교는 껍데기만 남은 종교로 전락할 것"[42]이라고 경고했다. 크레머(Hendrik Kraemer) 역시 많은 성도가 전략적으로 중요한 생활 현장에서는 영적 무기력과 무지를 느끼지만, 이는 교회 안의 다양한 활동으로 감춰져 있다고 지적했다. 그는 "현대 교회의 적실성은 이러한 성도들을 능력과 영으로 충만한 존재가 되도록 변화시키는 데 달려 있다"[43]고 주장했다.

교회는 일터선교의 핵심적인 신학적·영적 공급처이다. 교회는 평일에 세상 속으로 흩어지는 성도들에게 말씀과 성례, 공동체를 통해 영성을 공급하고, 일터의 현실을 신학적으로 조명할 수 있는 기준을 제공한다. 일터에서 이루어지는 선교는 교회의 신학적 토대 위에서만 정당성과 방향성을 확보할 수 있다. 교회의 강단에서 흘러나오는 복음이 성도의 일상에서 구체적으로 실천되고, 그 일상이 다시 세상으로 확장될 때 일터선교는 비로소 온전히 작동한다. 만약 교회가 이 역할을 감당하지 못한다면 성도들은 세상 속에서 무기력해질 뿐 아니라, 자신의 영적 필요를 다른 곳에서 채우게 될 것이다. 아직 복음을 듣지 못한 20억 인구에게 복음을 전하기 위해서는 모든 크리스천이 동원되어야 한다. 그러므로 교회와 성도는 그리스도를 머리로 삼은 한 몸으로서 각자의 자리에서 최선을 다해야 하며, 동시에 상호 협력하여 세상 속에서 하나님의 나라를 확장해 가야 한다. 결국 일터선교의 지속성과 정체성은 교회의 신학에서 비롯되며, 교회의 영적 생명력이 일터로 흘러간다.

---

42 Stevens, *Liberating the Laity*, 24.
43 Kraemer, *A Theology of the Laity*, 36-38.

2장 세상 속 목회자: 채플린

'채플린'(Chaplain)이라는 용어는 4세기 프랑스 투르의 성 마틴(Saint Martin of Tours)에 관한 전승에서 유래한다. 전승에 따르면 어느 추운 겨울날, 성문 곁에서 떨고 있던 거지를 본 마틴은 자신의 겉옷을 반으로 잘라 나누어 주었다. 그 밤 그는 꿈속에서 예수님이 자신이 나누어 준 외투의 절반을 입고 기뻐하시는 모습을 보았다. 이 사건 이후 마틴의 외투는 성물로 보관되었고, 이를 관리하는 사제를 '카펠라누스'(Capellanus)라 부르게 되었다. '짧은 겉옷'을 의미하는 라틴어 '카파'(Cappa)에서 파생된 '카펠라'(Capella)는 성물이 보관된 공간을 가리키는 말이 되었고, 훗날 영어의 '채플'(Chapel)로 발전하였다. 성물을 돌보던 사제를 뜻하던 카펠라누스는 여러 언어적 변천을 거쳐 오늘날의 '채플린'이라는 용어로 정착하게 되었다. 채플린 전통은 메로빙거 왕조와 카롤링거 왕조 시대에 제도적으로 공고해졌다. 당시 왕들은 성 마틴의 외투를 군사들에게 보여 하나님의 보호하심을 상기시키며 군의 사기를 높이고자 했다. 사제들인 채플린은 성물을 지키는 일 이외에 축일에 왕을 위해 미사를 드리고 다른 업무도 관장하며, 교회 문제와 세속 문제에 관해 군주에게 직접 조언할 수 있는 봉사자로 인정받았다.

채플린 사역의 뿌리는 오랜 전통을 지닌 군목과 원목, 교목에서 찾을 수 있다. 군목은 초기 교회가 국교화된 이후 군대 내 영적 돌봄이 제도화되면서 자연스럽게 자리 잡았다. 원목과 교목 역시 병원과 학교라는 제도적 공간 안에서 긴 세월에 걸쳐 정착되었다. 역사적으로 채플린은 군대, 병원, 감옥, 학교 등 주요 제도권 기관에서 사역하며 교회가 직접 접근하기 어려운 공간에서 복음을 전했다. 현대에 이르러 채플린 사역은 교단을 초월하여 사회 전 영역으로 그 지평을 넓히고 있다. 그중에는 승패의 압박과 부상의 두려움 속에 있는 운동선수들을 돕는 스포츠 채플린(Sports Chaplain)도 있다. 또한 소방관의 트라우마를 돌보는 소방 채플린(Fire Chaplain)이나 의회 채플린(Parliamentary Chaplain) 등 공공 영역에서의 활동도 활발히 전개되고 있다.

일터선교의 또 하나의 주체인 '사목'은 기업 현장에서 영적 돌봄과 상담, 전도를 담당하는 채플린이다. 영어권에서는 사역의 강조점에 따라 '마켓플레이스 채플린'(Marketplace Chaplain), '코퍼레이트 채플린'(Corporate Chaplain), '워크플레이스 채플린'(Workplace Chaplain), 또는 '인더스트리얼 채플린'(Industrial Chaplain) 등으로 불린다. 사역의 명칭은 다르나 이들은 모두 일터를 하나님 나라의 선교현장으로 인식하는 공통점을 가지고 있다. 한국어 표현인 '사목'은 기업에서 사역하는 채플린을 일컫는 용어로, 이랜드그룹에서 직장 사역을 개척한 방선기 목사에 의해 처음 도입되었다. 대부분의 사목은 안수받은 목회자이지만, 전문성을 갖춘 평신도 사역자도 사목으로 활동하고 있다. 이러한 역사적 유산과 현대적 확장을 배경으로, 일터의 성도들을 섬기는 사목의 역사와 발전 과정을 구체적으로 살펴본다.

1) 사목(marketplace chaplain)의 역사적 기원

사목은 오랜 역사적 전통을 가지고 있다. 서구 사회에서 사목은 군목과 원목 제도의 전통 속에서 발전해 왔으며, 특히 거대한 조직과 함께 움직이는 선교적 형태로 그 모습을 드러냈다. 일부 학자들은 16세기 세계 일주에 나선 프랜시스 드레이크(Francis Drake) 경의 선상 목사였던 프랜시스 플레처(Francis Fletcher)를 사목의 원형으로 보기도 한다. 선상 목사는 한정된 공간 안에서 생사를 함께하는 구성원들을 영적으로 돌본다는 점에서 사목이 형성되던 초기 단계의 특징을 잘 보여준다.

그러나 사목이 제도적 형태로 등장한 것은 17세기 초 영국 동인도회사(The East India Company, 1600)와 네덜란드 동인도회사(Vereenigde Oostindische Compagnie, 1602)를 통해서이다. 1607년부터 1612년까지 무굴 제국의 초대 대사로 파견된 토머스 로(Sir Thomas Roe) 경은 헌신된 크리스천으로서 현지 피고용인들을 위해 사목을 적극적으로 채용했다. 그는 현지 언어 학습을 사역 규정에 포함할 정도로 선교적 열정 또한 지니고 있었다. 그러나 동인도회사의 사목 활동은 순탄치만은 않았다. 자국 상인들의 경제적 이해관계와 충돌하면서 선교 활동은 자주 제한되거나 반대에 부딪혔다.[44] 실제로 사목의 사역 대상이 현지에 파견된 본국 주재원으로 제한되기도 했으나, 그러한 제약 속에서도 현지인 회심자가 나오는 등 분명한 선교적 열매를 거두었다.

이후 사목의 흐름은 근대 산업혁명 시기 '산업선교사(Industrial Chaplain)'의 등장으로 이어진다. 19세기 영국과 미국 등지에서 급격한 산업화가 진행되자, 교회는 공장과 탄광 등 일 현장으로 사역자들을 파송하기 시작했다. 초기 산업선교사들은 열악한 일 환경에 처한 이들의 영혼을 돌보는 한편, 노사 간의 갈등 속에서 화해자의 역할을 수행했다.

현대에 이르러 사목 사역은 미국을 중심으로 전문적인 사목 파송 단체들이 설립되면서 체계화되었다. 대표적인 예로 1984년 길 스트릭린(Gil Stricklin)에 의해 설립된 '마켓플레이스 채플린'(Marketplace Chaplains USA)이 있

---

44 Stephen Neill, *A History of Christian Missions* (New York: Penguin Books, 1964), 232.

다. 이러한 단체들은 기업과 계약을 맺고 훈련된 사목들을 파송하여 임직원들에게 24시간 상담과 영적 돌봄을 제공한다. 현대 사회에서 사목은 종교적 활동뿐 아니라 직원의 복지와 조직의 건강성을 돕는 전문적인 서비스로 정착했다. 이처럼 사목의 역사는 시대에 따라 형태를 달리하며 일터의 성도와 이웃들을 섬기며 기업과 동행하고 있다.

2) 동인도회사와 초기 사목들의 영향

동인도회사 초기 사목들은 회사 임직원과 가족들을 영적으로 돌보고, 현지인 선교와 성경 번역에 힘썼다. 그들은 선상과 거점 기지에서 정기적인 예배를 주관하고, 회사의 공식 문서 기록과 교육, 그리고 현지와의 외교적 소통을 돕는 전문적인 행정가로서의 면모도 지니고 있었다.

동인도회사의 초기 사목들 중 대표적 인물로 프리드리히 슈바르츠(Friedrich Schwartz, 1726-1798)가 있다. 그는 독일 할레(Halle) 대학에서 경건주의의 영향을 받고 선교사로 인도에 파송되었다. 이후 영국 동인도회사 소속으로 48년 동안 남인도에서 사역하며, 탄조레(Tanjore)에 세운 교회에서 2,000명의 성도들과 함께 예배했다. 슈바르츠는 탁월한 언어적 재능을 발휘해 성경을 타밀어로 번역하고 학교와 고아원을 세웠으며, 때로는 동인도회사와 현지인 간 분쟁의 중재자 역할까지 담당했다. 자신을 위해 비용을 거의 쓰지 않는 지극히 소박한 삶을 살았던 슈발츠는 그의 사역 후반기에 인도에 도착한 윌리엄 캐리(William Carey)에게 영향을 미쳤다.[45] 그의 삶은 초기 사목들이 교육자, 번역가, 평화 중재자로 활동하며 복음의 적실성을 증명했던 특징을 잘 보여준다.

영국 동인도회사의 대표적인 사목으로는 윌리엄 캐리와 헨리 마틴

---

45 Neill, *A History of Christian Missions*, 233-235.

(Henry Martyn)이 있다. 윌리엄 캐리는 인도의 언어와 문화를 깊이 연구하여 성경을 40여개의 언어와 방언으로 번역하고 학교들을 설립했다. 또한 힌두교의 악습인 '사티'(과부를 남편의 시신과 함께 태우는 관습) 폐지에 중요한 역할을 하였으며, 신문을 발행하고 농업 발전에 힘쓰며 인도의 근대화에 기여했다. 헨리 마틴은 열정적인 헌신과 뛰어난 학문적 역량을 바탕으로 힌두스탄어(Hindustani)와 페르시아어(Persian)로 신약성경을 번역했으며, 아랍어(Arabic) 신약 번역의 교정 작업에도 참여했다.[46] 캐리는 '선교의 위대한 세기'를 열었으며, 마틴은 개신교 초기 무슬림 선교에 새로운 길을 연 '무슬림 선교의 선구자'가 되었다.

한편 네덜란드 동인도회사 소속 사목들은 인도네시아 바타비아(Batavia, 현 자카르타)에 교회를 세우고 현지인들과 함께 신앙 공동체를 조직했다. 유스투스 흐르니우스(Justus Heurnius), 다니엘 브라우에리우스(Daniël Brouwerius), 멜키오르 라이데커(Melchior Leijdecker) 등 여러 사목의 노력은 말레이어 성경전서의 번역과 출판으로 이어졌다. 이는 동남아시아 지역에서 성경 번역과 목회적 돌봄이 결합된 초기 사목 활동의 중요한 사례로 평가받는다.

3) 근현대 사목제도의 발전

미국에서는 19세기 이후 공장 노동자를 돌보던 목회자들의 활동이 사목 제도의 기원으로 간주된다. 초기 기업들은 노동자의 사기와 생산성을 높이고 갈등을 예방하기 위해 사목을 고용하기 시작했다. 또한, 군목 제도의 성공 사례는 기업 사목 도입을 촉진하는 중요한 계기가 되었다. 이러한

---

46 Christy Wilson Jr., *Today's Tentmakers: Self-Support: An Alternative Model for Worldwide Witness* (Eugene: Wipf and Stock Publishers, 2002), 28-29.

흐름은 주로 미국 남부 지역을 중심으로 확산되었고, 1940년대에는 로버트 르투르노(Robert G. LeTourneau)[47]가 자신의 공장에서 사목 프로그램을 운영하며 사목사역이 본격화되었다. 이를 통해 사목사역은 신앙 문화를 조성하고 조직 문화와 직원 복지에 기여하는 특수 목회영역으로 인식되기 시작했다.

유럽에서는 프랑스의 일사제 운동(le mouvement des prêtres ouvriers), 영국의 산업 선교(Industrial Mission), 독일과 오스트리아의 산업사역(Industrie- und Betriebsseelsorge)과 같이 산업 현장을 중심으로 한 다양한 형태의 채플린 사역이 전개되었다.[48] 2차 세계대전 직후 프랑스 가톨릭교회를 중심으로 전개된 이 운동은 사제들이 교회 성벽을 넘어 공장과 탄광이라는 척박한 일의 현장으로 직접 뛰어든 사건이었다. 이들은 단순히 노동자를 방문하는 데 그치지 않고, 그들과 똑같은 작업복을 입고 고된 일을 수함께 하며 복음을 실천했다. 이러한 일사제의 정신은 이후 개신교의 '산업선교사'(Industrial Chaplain) 활동에 깊은 영감을 주었다. 19세기 영국과 미국에서 시작된 초기 산업선교가 주로 노동자들의 영혼 구원과 복지에 집중했다면, 일사제의 영향을 받은 현대적 산업선교사들은 일터의 구조적 모순과 노사 갈등 속에서 화해자이자 중재자의 역할을 강화했다.

한국의 일터선교는 한국전쟁 중 시작된 크리스천 기업가 모임인 CBMC(한국기독교실업인회)를 통해 최초로 조직되었다. 이후 1960년대 초 급격한 산업화의 부작용으로 소외된 노동자들을 돌보기 위해 설립된 산업선교가 등장했다. 1980년대에 들어서는 직장 내 신우회를 중심으로 직장 선교 운동이 폭발적으로 일어났다. 대표적으로 1981년 창립된 한국기독교직장선

47　Rober G. LeTourneau는 LeTourneau Technologies, Inc.의 창립자이며 미국 텍사스 주에 있는 복음주의 기독대학교 LeTourneau University의 설립자이다.

48　Tanja Wolf and Birgit Feldbauer-Durstmüller, "New Insights into Workplace Chaplaincy," *Review of Managerial Science* 17 (2023): 1151.

교연합회(한직선)가 있다. 1990년대 이후에는 이랜드와 신원, 벽산 등 기독교 경영을 표방한 기업들이 내부 경영 시스템의 일부로 상근 사목 제도를 도입하면서 사목 활동이 본격화되었다. 이처럼 한국의 일터선교는 경영자, 일 현장, 일반 직장인, 그리고 기업 조직 전체를 아우르는 다양한 경로를 통해 발전해 왔다.

4) 국가별 사목 제도

사목 제도의 운영 방식은 국가의 문화적 배경과 종교적 전통에 따라 다양한 모델로 존재한다. 이는 크게 유럽형, 영미형, 그리고 한국형으로 구분할 수 있다. 독일과 오스트리아를 중심으로 하는 유럽 모델은 교회가 국가 제도 안에서 직접 사목 사역을 제공하는 공적인 구조를 지닌다. 영국 역시 교회의 승인을 받은 사목이 각 기관에 소속되어 활동하는 전통을 유지하고 있다. 영국의 경우 군대, 병원, 학교 등 전통적인 채플린 영역에서의 사역은 매우 활발하나, 기업 사목은 상대적으로 정착 속도가 더딘 편이다. 이는 영국의 기업 환경이 종교적 개입에 대해 보수적이며 조심스러워하는 문화적 요인에 기인한다.

반면 미국과 호주는 전문 사목 협회가 사목 도입을 원하는 기업에 사역자를 파견하는 형태가 일반적이다. 특히 미국의 사목 사역은 기업의 '직원 복지 프로그램'의 일환으로 접근하는 경향이 강하다. 따라서 개별 교회와의 공식적인 연계성보다는 사목 전문가로서의 독립적 구조를 지닌다. 이러한 특징은 종교적 다양성이 중요한 사회적 환경에서 사목의 전문성과 중립성을 확보하고, 종교와 관계없이 모든 임직원에게 개방적으로 접근하기 위한 전략적 선택의 결과다

한국의 사목 사역은 기업 경영자의 강력한 의지에 기반한 '기업가 중심

적' 모델이며 종교적 정체성이 매우 뚜렷하다. 사목들은 예배와 성경 공부, 제자 훈련을 통해 사내 성도들의 영적 성장을 돕는 동시에, 상담과 교제를 통해 직·간접적으로 복음을 전한다. 한국 역시 미국과 마찬가지로 지역 교회와의 조직적 연관성은 낮은 편이지만, 기업 문화와 신앙적 정체성이 강력하게 결합된 독특한 형태로 발전해 왔다. 다만 현재 한국에서 사목 제도를 채택하는 곳은 매우 소수에 불과하다. 이는 한국 사회의 다종교적 지형과 기업 내 종교 자유에 대한 사회적 통념, 그리고 사목을 상근직으로 운용할 때 발생하는 현실적인 비용 문제 때문이다. 이러한 제약 사항들은 사목 제도가 대중적으로 확산되는 데 높은 문턱으로 작용하고 있다. 그럼에도 불구하고 이 소수의 사례들은 일터를 하나님 나라의 통치가 구현되는 현장으로 인식하는 크리스천 경영자들에게 중요한 이정표가 된다.

3장 평신도: 세속의 십자가 군병

앞선 장에서는 일터선교를 가능하게 하는 두 가지 핵심 주체, 곧 신학적·영적 공급처로서의 교회와 세상 속에서 경계적 역할을 수행하는 사목의 사명을 살펴보았다. 그러나 일터선교는 이 두 주체만으로 완성되지 않는다. 교회 목회자의 설교와 채플린 사역을 통해 선포된 복음은 성도들의 일상을 통해 실천되어야 한다. 그 실천의 최전선에 서 있는 이들이 바로 평신도이다. 이러한 관점에서 본 장은 구약과 신약성경 속에 나타난 평신도의 모습과 역할을 살펴보고, 더 나아가 교회사 속에서 평신도의 지위가 어떻게 형성되고 변화해 왔는지를 고찰한다.

1. 구약에 나타난 평신도

구약 성경에서 성도의 성경적 의미는 '하나님의 백성'이라는 개념에서 분명하게 드러난다. 이 표현은 성도 이해의 기초를 이루며, 일터선교의 신학을 전개하는 데 중요한 토대가 된다. 구약 성경에서 '백성'을 가리키는 히브리어에는 '고임'(גּוֹיִם)과 '암'(עַם)이 사용된다.

먼저 '고임'은 정치적·종족적·지역적 집단으로서의 백성을 의미하며, 그 자체에 종교적이거나 윤리적인 함의를 포함하지 않는다.[49] 이 단어는 이방인, 국가, 민족, 또는 일반적인 의미의 백성을 지칭하는 데 폭넓게 사용된다.[50] '고임'은 신앙적 구별보다는 세속적이고 일반적인 공동체의 성격이 강한 표현이다. 반면 '암'은 성도의 정체성을 규정하는 핵심 단어이다. 이 표현은 인구의 집합이라는 의미를 넘어 하나님과 언약으로 맺어진 특별한 관계를 전제로 한다. 구약의 성도들은 세상이라는 '고임' 속에 살아가면서도, 하나님의 소유된 백성인 '암'으로서의 정체성을 지켜야 하는 존재들이었다.

이는 오늘날 일터라는 세속적 공간(고임) 안에서 살아가지만, 동시에 하나님의 언약 백성(암)으로서 거룩함을 지켜내야 하는 크리스천들의 이중적 위치와 맥을 같이한다. 이러한 어원적 토대 위에 구약은 요셉, 다니엘, 느헤미야와 같이 일터의 현장에서 하나님의 백성 됨을 증명한 구체적인 인물들의 삶을 제시한다. 이들은 성전 안에 머물지 않고 세속의 중심부에서 하나님의 통치를 드러낸 전형적인 성도의 모델이라 할 수 있다.

히브리어 성경이 헬라어로 번역된 칠십인역(Septuagint, LXX)에서 히브리어 '고임'(גּוֹיִם)은 헬라어 '에트노스'(ἔθνος)로, '암'(עַם)은 '라오스'(λαός)로 번역되었다. 이는 하나님의 백성이 세상의 다른 민족들과 구별된 존재임을 언어적으로 분명하게 드러낸다. 특히 '라오스'는 훗날 '평신도'를 뜻하는 헬라어 '라이코스'(λαϊκός)의 어원이 된다. '라이코스'는 본래 '백성에게 속한 자'라는 의미를 지닌다. 이이는 성도가 수동적 군중이 아니라 하나님과 언약을 맺은 '라오스'로서 세상에 파송된 존재임을 확증한다. 따라서 성도는 일터라는 세속의 현장에서 하나님의 백성이라는 정체성을 증명하며 살아가는 '세상 속의 라오스'이다.

---

49 John D. W. Watts, "The People of God: A Study of the Doctrine in the Pentateuch," *The Expository Times* 67/8 (1956): 232.

50 Laird Harris & Gleason J. Archer Jr. & Bruce K. Waltke, eds., *Theological Wordbook of the Old Testament* (Chicago: Moody Press, 1980), 316-317.

이처럼 구약은 하나님의 백성을 지칭할 때 구별된 용어를 사용한다. 이는 이스라엘의 정체성이 혈통이나 문화적 공통점에 근거하지 않고, 하나님과의 언약적 관계에 기초함을 분명히 한다. 이스라엘은 고대 근동의 다른 민족처럼 출생이나 관습에 의해 형성된 공동체가 아니다. 오직 하나님과의 특별한 관계 안에서 정체성이 규정되며, 이 관계는 다음의 언약들을 통해 구체화된다.[51]

첫째, 아브라함 언약은 하나님의 백성, 곧 평신도의 위치와 역할을 가장 분명하게 제시한다. 창세기 12장 1-3절에서 하나님의 백성은 아브라함의 후손으로서 하나님과 언약을 맺은 공동체로 등장한다. 이 언약은 상호 의무에 근거한 계약이라기보다는 하나님께서 선택하신 백성을 통해 이루실 목적을 선포하는 선언이다. 윌렘 반게메렌(Willem VanGemeren)은 이를 '하나님께서 그의 백성에게 베푸시는 은혜와 약속의 주권적 통치가 드러나는 언약'으로 정의한다.[52] 이러한 언약은 구약 전체를 통해 반복적으로 재확인되며 새 언약으로 확장된다. 그 안에는 하나님의 은혜에 기초한 백성의 정체성과 그들을 통해 온 땅을 복 주시려는 하나님의 계획이 담겨 있다. 이런 점에서 아브라함 언약은 이 세상 속에서 평신도가 부름받은 선교적 소명의 중요한 근거가 된다.[53]

둘째, 모세 언약은 평신도의 의미와 선교적 역할을 더욱 풍성하게 드러낸다. 출애굽기 19장 5-6절에서 하나님은 이스라엘을 '하나님의 소유', '제사장 나라', '거룩한 백성'으로 선언하신다. 하나님의 소유인 이스라엘은 열방을 향해 하나님의 구원 계획을 드러내는 공동체로 부름받았고, 제사장 나라로서 세계를 향한 축복의 통로가 되었다. 또한 거룩한 백성으로서 하나

---

51 Laurence O. Richards and Gilbert R. Martin, *Lay Ministry : Empowering the People of God* (Grand Rapids: Zondervan, 1981), 14-17.
52 Willem VanGemeren, *The Progress of Redemption: The Story of Salvation from Creation to the New Jerusalem* (Grand Rapids: Zondervan, 1988), 129.
53 Johannes Blauw, *The Missionary Nature of the Church* (Grand Rapids: Eerdmans, 1974), 19-21.

님의 목적에 합당한 삶으로 구별되어 살아가도록 부름받았다. 이 세 가지 명칭은 하나님의 백성에게 주어진 정체성과 사명을 집약하며, 평신도를 향한 하나님의 계획이 공동체 전체를 포괄하고 있음을 보여준다.

셋째, 선지서들은 언약에 신실하신 하나님과 하나님의 백성에게 주어진 소명을 반복적으로 상기시킨다(렘 7:23). 이스라엘이 언약을 저버린 시기에도 하나님은 선지자들을 통해 백성을 '내가 택한 자', '내 백성'으로 다시 부르셨다(사 43:20-21). 이러한 표현은 하나님의 주권적 선택과 언약에 대한 변함없는 신실함을 드러내며, 장차 이루어질 구원에 대한 약속을 내포한다. 특히 "이 백성은 내가 나를 위해 지었나니"(사 43:21)에서 '지었나니'로 번역된 히브리어 야차르(יצר)는 '분명한 목적을 가지고 빚다'라는 의미다. 이는 하나님의 백성이 우연히 형성된 존재가 아니라 하나님의 의도 안에서 창조된 존재임을 분명히 한다.[54] 이사야서가 밝히는 바와 같이, 하나님의 백성은 하나님을 찬송하도록 지음을 받은 존재이며, 이러한 정체성은 그들에게 부여된 선교적 소명을 명확히 드러낸다.

언약 관계를 새롭게 하는 과정에는 언제나 하나님의 부르심에 대한 백성의 응답이 요구된다. 언약을 갱신한 지도자들은 백성들이 하나님의 백성이라는 정체성을 자각하고, 순종을 통해 언약 관계에 응답하도록 촉구했다. 모세는 이스라엘에게 하나님과의 관계를 기억하며 율례와 명령에 순종할 것을 권면했고(신 4:39-40; 26:18-19), 여호수아는 오직 여호와만을 섬기기로 결단하게 했으며(수 24:14-25), 요시야 왕은 언약책을 낭독해 백성이 다시 언약에 헌신하도록 이끌었다(왕하 23:1-3). 이처럼 평신도, 곧 이스라엘 백성은 언약을 믿고 순종함으로써 하나님의 백성이라는 정체성을 유지했다.

---

54 Edward Young, *The Book of Isaiah* (Grand Rapids: Eerdmans, 1969), 158.

2. 신약에 나타난 평신도

신약성경에 나타난 평신도 개념은 구약에 비해 더욱 광범위하고 명확하다. 신약에서 하나님의 백성은 언약의 백성으로 이해되며, 그리스도 안에서 유대인과 이방인은 함께 '하나님의 이름을 위할 백성'(행 15:14)으로 부르심을 받는다. 이는 하나님의 백성 개념이 특정 민족에 한정되지 않고, 그리스도를 믿는 모든 민족의 공동체로 확장되었음을 보여 준다.

성경 기자들은 기존 헬라어 용어 중 의미가 약하거나 제한적으로 사용되던 단어들을 선택해 새로운 신학적 의미를 부여했다. 이러한 의미 변형은 '라오스'(λαός)라는 단어에서 분명히 확인된다. 당시 헬라어에는 '백성'을 가리키는 단어가 여러 단어가 존재했다. '에트노스(ἔθνος)'는 공통의 혈통과 관습을 공유하는 민족적 집단을 묘사하는 용어였고, '데모스'(δῆμος)는 왕이나 귀족과 구별되는 일반 시민을 지칭했으며, '오클로스(ὄχλος)'는 무질서한 군중을 가리키는 말이었다.

그리스-로마 시대에 사람들은 주로 '클레로스'(κλῆρος)와 '라오스'(λαός)라는 두 계층으로 구분되었다. '클레로스'는 행정과 통치를 담당하는 계층을 지칭한 반면, '라오스'는 교육이나 정치 권력에서 배제된 일반 시민들을 가리키는 용어였다. 그러나 칠십인역 번역 과정에서 '라오스'는 일상적 용례를 넘어 이스라엘과 여호와 사이의 독특한 언약 관계를 표현하는 신학적 용어로 자리 잡게 되었다.[55] 번역자들은 하나님께서 이스라엘을 '내 백성'으로 선언하시는 본문(출 3:10)과, 창조주를 '이스라엘의 하나님'으로 부르는 표현(시 69:6; 삼상 2:30)에서 일관되게 '라오스'를 사용함으로써 이 단어에 언약적 의미를 부여했다.

칠십인역과 신약성경 모두에서 '라오스'는 하나님의 선택된 백성을 가

---

55 Richards and Martin, *Lay Ministry*, 14-15.

리키는 용어로 사용되지만, 그 의미에는 분명한 차이가 존재한다. 칠십인 역에서 '라오스'가 주로 이스라엘을 지칭하는 개념이었다면, 신약성경에서는 유대 그리스도인과 이방 그리스도인을 모두 포함하는 공동체를 가리키는 용어로 그 의미가 확장된다. 즉 신약에서의 '라오스'는 유대인이든 이방인이든 예수를 믿는 모든 사람을 의미하는 그리스도인 공동체를 지칭하며(행 15:14; 18:10; 롬 9:25; 고후 6:16; 딛 2:14; 벧전 2:9; 히 4:9; 8:10; 10:31; 계 18:4; 21:3), 공동체 구성원들의 직분이나 역할과 무관하게 구원받은 모든 남녀 그리스도인을 포함하는 개념으로 사용된다(갈 3:28-29; 고전 12:13; 골 3:11). 이러한 의미의 확장으로 인해 구약과 신약에서 일반적으로 '민족'을 의미하던 '에트노스'는 신약에 이르러 점차 '이방인'을 지칭하는 용어로 사용되었다.[56] 이는 하나님의 백성 개념이 혈통과 민족 중심에서 신앙과 언약에 근거한 공동체 중심으로 전환되었음을 언어적으로 보여주는 중요한 변화라 할 수 있다.

또한 신약성경에는 평신도의 소명과 사역에 관한 본문들이 분명하게 제시되어 있다.

첫째, 에베소서 4장 7-16절은 평신도 사역의 구조와 목적을 가장 체계적으로 보여 주는 본문이다. 사도 바울은 그리스도께서 교회를 세우기 위해 각 사람에게 은사를 나누어 주셨음을 밝히며, 성도들이 그 은사를 사용해 그리스도의 몸을 세우는 사역자로 준비되어야 함을 강조한다. 여기서 말하는 '은사'와 '사역'은 특정 소수에게만 주어진 특별한 능력을 가리키기보다, 그리스도께서 교회를 세우기 위해 모든 성도에게 은혜로 나누어 주신 선물과 그 선물을 통해 감당하게 되는 봉사의 일을 의미한다. 본문에서 강조되는 것은 은사 자체보다 그 은사가 사용되어 그리스도의 몸이 자라고 성숙에 이르도록 하는 공동체적 목적이다. 바울은 이러한 사역의 목적을 "성도를 온전하게 하여 봉사의 일을 하게 하며 그리스도의 몸을 세워 우리가 다

---

56 Richards and Martin, *Lay Ministry*, 14-15.

하나님의 아들을 믿는 것과 아는 일에 하나가 되어 온전한 사람을 이루어 그리스도의 장성한 분량이 충만한 데까지 이르게 하려 함"(엡 4:12-13)이라고 밝힌다. 또한 몸의 각 지체가 분량대로 사역할 때, 그리스도의 몸은 성장하며 사랑 안에서 세워진다고 설명한다(엡 4:16). 이는 교회의 성숙과 성장이 특정 직분자에게만 의존하는 것이 아니라 평신도를 포함한 모든 성도의 참여를 통해 이루어진다는 사실을 분명하게 보여 준다. 이에 대해 칼빈은 모든 은사는 교회 평신도들이 자신에게 맡겨진 사역을 수행하도록 돕기 위해 주어진 것이라고 설명하며,[57] 믿는 자들에게 은사를 주신 이유를 다음과 같이 상술한다.

> 우리가 받은 은사는 교회의 덕을 세우기 위해 사용되어야 하며, 하나님께서 더욱 높임을 받으시고, 우리 주 예수 그리스도의 왕국이 확장되는데 유용한 것이 되어야한다. 주께서 본래 당신께 속 하고, 당신 자신의 것이며, 당신 혼자서만 가지고 계실 수도 있는 것들을 우리에게 나누어 주시는 하나의 조건이 있다면, 우리가 받은 은사를 통해 하나님께 영광을 돌려야만 한다는 것이다.[58]

둘째, 베드로전서 2장 9-10절은 평신도의 정체성과 선교적 소명을 집약적으로 제시하는 본문이다. 이 본문에서 평신도는 "택하신 족속, 왕 같은 제사장, 거룩한 나라, 하나님의 소유된 백성"으로 불린다. 이러한 표현들은 평신도의 위치와 정체성뿐 아니라 그들에게 맡겨진 역할과 책임을 동시에 드러낸다. 베드로는 구약의 언약 백성을 지칭하던 언어를 신약의 그리스도인 공동체에 적용함으로써, 하나님의 백성이 세상 가운데 감당해야 할 지속적

---

57 John Calvin, *Commentaries on the Epistles of Paul to the Galatians and Ephesians* (Grand Rapids: Baker, 1979), 287-288.
58 Calvin, *Sermons on the Epistle to the Ephesians* (Carlisle: The Banner of Truth Trust, 1987), 350.

인 사명을 강조한다. 특히 베드로는 하나님의 백성이 선택된 목적을 "어두운 데서 불러내어 그의 기이한 빛에 들어가게 하신 이의 덕을 선포하게 하려 함"(벧전 2:9)이라고 명확히 밝힌다. 이는 평신도의 정체성이 곧 사명과 분리될 수 없음을 보여 주며, 그들의 삶 자체가 하나님의 구원 행위를 드러내는 증언의 장이 되어야 함을 뜻한다. 따라서 평신도는 교회 안에 머무는 내부 구성원에 그치지 않고, 세상 속에서 하나님의 행하심을 나타내도록 부름받은 선교적 주체로 이해되어야 한다.

신약성경은 평신도를 교회의 주변부에 위치한 보조적 존재로 묘사하지 않는다. 오히려 모든 성도를 그리스도의 몸을 세우는 사역에 참여하도록 부르며, 하나님의 구원과 영광을 삶의 현장에서 드러내야 할 책임 있는 주체로 제시한다. 새 언약 아래에서 성도의 정체성과 사역은 특정 직분이나 계층에 제한되지 않고 예수를 믿는 모든 사람에게 동일하게 주어진 부르심이다. 그 결과 신약성경은 성도의 직분 자체보다 그들이 어떻게 공동체의 삶과 증언에 참여하며 복음을 전하는지를 더 중요하게 다룬다. 교회의 확장과 선교는 제도나 구조에 의해 이루어지는 것이 아니라 평신도의 일상적 삶과 적극적인 참여를 통해 구체화된다. 이러한 점에서 신약성경은 교회의 생명력과 증언이 평신도의 삶과 긴밀하게 연결되어 있음을 일관되게 보여 준다.

3. 역사 속 평신도의 지위

신약성경은 평신도의 존재와 사역을 교회의 본질과 분리된 부차적 요소로 다루지 않는다. 사도행전 4장 13절에서 제사장들과 서기관들은 베드로와 요한을 "본래 학문 없는 범인"이라고 평가하는데, 여기서 '학문 없는'으로 번역된 '아그람마토이'(ἀγράμματοι)는 정규 교육을 받지 못한 사람을 의미하고, '범인'으로 번역된 사회적으로 평범한 사람을 가리킨다. 이 표현은 초대교회의 주요 사역자들이 종교적·학문적 엘리트가 아니라 하나님의 부르심을 받은 평범한 성도들이었음을 뜻한다. 더 나아가 고린도전서 12장에서 '직분'(διακονία, 디아코니아)과 '사역'(ἐνέργημα, 에네르게마)이 은사와 긴밀히 연결되어 언급되는 점은 교회의 사역이 특정 성직 계층에 독점되지 않았음을 시사한다.

핸드릭 크래머(Hendrik Kraemer)는 바울을 제외한 대부분의 사도들이 평신도의 성격을 지니고 있었으며, 바울의 동역자들 또한 다수가 헌신적인 남녀 평신도 사역자들이었다고 지적한다(행 18:26, 21:9; 롬 16장).[59] 그는 로널드 알렌(Roland Allen)의 연구를 인용하며 3세기까지 초대교회의 주요 교부들과 신학자들 가운데 상당수가 평신도였다는 점을 강조한다.[60] 대표적인 인물로는 터툴리안(Tertullianus), 키프리안(Cyprianus), 어거스틴(Augustinus)을 들 수 있다. 이 가운데 키프리안과 어거스틴은 후에 주교가 되었지만, '삼위일체'(Trinitas)라는 용어를 가장 먼저 사용한 것으로 알려진 터툴리안은 평생 평신도 신학자로 활동했다.

4세기 이후 중세에 이르러 평신도의 활동은 주로 수도원 운동을 중심으로 전개되었다. 수도사들은 성직자가 될 수 있었지만 그것이 필수 조건은 아니었으며, 성직자의 직분 없이도 복음적 삶을 실천하며 중세 사회의 문화, 교육, 구제 영역에서 중요한 역할을 감당할 수 있었다. 중세 프랑스에서 활동한 방랑 전도자들(Vagrant Monks), 1215년 제4차 라테란 공의회(Fourth Lateran Council) 이전까지 주교의 공식 승인 없이 주로 평신도들이 수행했던 탁발 수도회, 수도회 소속으로 일정한 금욕 규율을 지키면서도 세속 직업

---

59 Kraemer, *A Theology of the Laity*, 18-19.
60 Kraemer, *A Theology of the Laity*, 21.

을 통해 신앙 활동과 자선 사업에 헌신한 수사들과 수녀들, 그리고 기사회(knightly orders)는 평신도 사역의 다양한 형태를 보여 주는 사례들이다.[61] 특히 이들은 13세기 급격한 도시 인구 증가로 인해 성직자가 감당할 수 없었던 사역의 공백을 효과적으로 보완했다.

한편 중세의 제도화된 교회에 대한 비판 속에서 등장한 카타리파(Cathars), 왈도파(Waldensians), 롤라드파(Lollards)와 같은 운동들도 평신도가 주도한 신앙 운동이다. 이들 운동에는 신학적 한계와 이단적 요소가 존재하기도 했지만, 성경 중심의 신앙과 청빈한 삶을 추구한 모습은 당시 교회 현실에 대한 문제의식을 반영한다. 중세 평신도는 전반적으로 순종적이고 수동적인 위치에 머물렀으나, 피터 왈도(Peter Waldo), 단테 알리기에리(Dante Alighieri), 아시시의 프란체스코(Francis of Assisi)와 같은 인물들을 통해 카리스마적 평신도 지도자가 등장하기도 했다.

평신도의 지위와 역할에 결정적인 전환점을 가져온 사건은 종교개혁이었다. 종교개혁자들이 제시한 만인제사장론은 모든 성도가 교회와 성직자의 통제 아래 머무는 수동적 존재가 아니라, 하나님 앞에서 직접 책임을 지는 신앙의 주체임을 선언했다. 칼빈은 만인제사장직을 성도의 특권이자 도덕적 의무로 이해했으며, 이 사명이 일상의 직업과 삶의 자리에서 실현되어야 한다고 보았다.[62] 이로써 교회 안에서 이류 계층으로 인식되던 평신도의 위치는 재정립되었고, 평신도 사역은 새로운 가능성을 얻게 되었다. 종교개혁은 수많은 평신도의 참여와 헌신을 통해 유럽 전역으로 확산되었으며, 정치·경제·문화 전반에 깊은 변화를 가져왔다. 그러나 종교개혁 체제가 제도적으로 공고해지면서 교회를 대표하는 직분으로서의 성직이 다시 중심에 서게 되었고, 평신도의 활동은 교회 구조 안에서 부차적 위치로 재편

---

61 Kraemer, *A Theology of the Laity*, 22.
62 *Inst.* II.7.1.

되었다.[63]

근대에 들어 평신도들은 선교 운동의 형성과 확산 과정에서 핵심적 역할을 감당하기 시작했다. 미국의 대각성 운동(Great Awakening), 영국의 부흥운동(Revival Movement), 유럽 대륙의 경건주의(Pietism)는 세계 선교 운동의 중요한 영적 토양이 되었다.

18세기 니콜라우스 진젠도르프(Nicolaus Zinzendorf)가 이끈 모라비아 형제단(Moravian Brethren), 19세기의 학생자원선교운동(Student Volunteer Movement), YMCA와 YWCA, 세계기독교학생연맹(World Student Christian Federation), 그리고 D. L. 무디(D. L. Moody)가 주도한 복음 전도 운동은 평신도 주도의 대표적인 선교·복음 운동이다. 이들의 활동은 복음 전도에 국한되지 않고, 교육 및 사회봉사를 병행함으로써 시대적 필요에 적극적으로 대응하였다.

기독교의 확장과 정착 과정에서 평신도의 기여는 결코 축소될 수 없다. 오늘날 '평신도'라는 용어가 여전히 교회의 이류 계층을 의미하는 표현으로 사용되는 현실과 달리 역사 속 평신도는 복음 전파와 교회 형성의 중요한 주체로 활동해 왔다. 특히 19세기 후반부터 축적된 평신도의 사역적 역량은 로잔운동과 20세기 중후반의 신앙과 일 통합 운동으로 연결되며 일터선교 영역에서 두각을 나타내고 있다. 전통적인 교회 구조 안에서는 성도 수 감소라는 위기가 나타나고 있지만, 교회 밖의 다양한 영역에서는 평신도들이 각자의 자리에서 사역에 헌신하며 영향력 있는 크리스천 리더로 성장하고 있다. 선교의 역사는 교회와 평신도가 유기적으로 협력할 때 세상 속에서 강력한 영향력을 발휘했음을 일관되게 증언한다. 비록 목회자나 선교사 중심의 역사 서술로 인해 이름 없이 일터의 현장에서 복음을 살아내며 증언해 온 수많은 평신도의 헌신이 충분히 조명되지 못했을지라도 그들의 공

---

63 Kraemer, *A Theology of the Laity*, 25.

헌은 역사 속에서 결코 퇴색되지 않는다. 너무나 평범해서 이름조차 기록되지 않은 수많은 평신도들의 헌신은 시대를 이어 오늘날에도 일터선교의 중요한 동력이 되며 교회와 함께 복음 전도의 두 축을 이룬다.

제3부

역사로 읽는 일터선교의 발자취

1장 모라비안 : 멈추지 않는 선교 엔진

17세기에 일어난 경건주의 운동의 영향을 크게 받은 모라비안 선교사들은 이교도들을 향한 전도가 교회의 의무임을 삶의 실천으로 보여 준 그리스도인들이었다. 모라비안의 선교적 삶에 대해 윌리엄 댕커(William J. Danker)는 지금까지 교회에 대한 사도들의 모범을 이처럼 잘 보여준 예가 없다고 평가했다.[64] 또한 존 모트(John R. Mott)는 본국의 해외 선교사역에서 성취한 가장 놀라운 사례로 모라비안을 들며 "그들은 자신들의 능력에 비해 다른 어떤 기독교 단체들보다 더 많은 일을 했다"[65]고 주장했다. 모라비안의 선교 표어는 "직업의 도구를 어깨에 메고 어린 양을 따라 세계 선교지로 가자"였다. 그들은 직업을 통해 생계를 유지하면서 선교를 수행하는 자비량 선교 전략을 채택하였다.[66] 모라비안 선교사들은 복음을 전하기 위해 스스로 노예가 되기도 했고, 목수, 상인, 요리사, 농장 경영인 등 직업의 귀천에 상관없이 각자의 일터에서 일하며 선교사의 삶을 살았다. 또한 그들은 복음 전도뿐 아니라 노예들을 위한 각종 제도를 만들었다.

---

64 William J. Danker, *Profit for the Lord: Economic Activities in Moravian Missions and the Basel Mission* (Grand Rapids: Eerdmans, 2002), 16.

65 Ecumenical Conference on Foreign Missions, *Report of the Ecumenical Conference on Foreign Missions* (New York: American Tract Society, 1900), 97.

66 Ruth Tucker, *From Jerusalem to Irian Jaya* (Grand Rapids: Zondervans, 1983), 69.

모라비안의 사역은 '모라비안 선교 기계(The Moravian Mission Machine)'라는 명칭이 붙을 만큼 정교한 기계처럼 체계적이고 중단 없이 그리고 역동적으로 가동되었다. 이들에게 일은 생계를 위한 수단이 아니라 하나님께서 부르신 자리에서 수행하는 신앙의 실천이었고, 직업은 선교를 가능하게 하는 가장 현실적이고 안정적인 통로였다. 교회 중심의 일회적 파송이 아니라 공동체 전체가 기도와 일, 경제 활동을 통해 선교를 지속적으로 떠받치는 구조를 갖추고 있었다. 그 결과 모라비안 선교는 특정 개인의 열정에 의존하지 않고 반복 가능하며 장기적으로 확장될 수 있었다.

1. 모라비안 공동체의 형성

18세기 유럽 기독교 지형에서 모라비안 공동체(Moravian Brethren, Unitas Fratrum)의 재등장은 근대 개신교 선교의 전개 방식에 중요한 전환을 가져온 사건이었다. 이 공동체는 니콜라우스 루트비히 폰 진젠도르프(Nikolaus Ludwig von Zinzendorf, 1700-1760) 백작의 보호와 지도 아래 재건되었으며 신앙, 일, 세계 선교를 삶의 질서로 통합한 공동체적 실천을 발전시켰다. 국가 교회 체제와 성직자 중심 구조가 지배적이던 시대에 모라비안들은 모든 성도를 선교의 주체로 이해하고, 직업과 기술을 매개로 복음을 전하는 자비량 선교를 실현하였다.[67]

이 공동체의 기원은 15세기 보헤미아 종교개혁 전통에 놓여 있다. 얀 후스(Jan Hus, 1370-1415)의 개혁 사상을 계승한 보헤미아 형제단(Jednota bratrská, Unitas Fratrum, Bohemian Brethren)은 1457년 보헤미아 쿤발트(Kunwald)에서 조

---

67 Danker, *Profit for the Lord*, 17.

직되었고,[68] 초기부터 성경 중심 신앙, 공동체적 경건, 평신도의 적극적 참여를 강조했다. 이들은 자체 찬송 전통과 성경 번역, 인쇄 활동을 통해 복음주의 신앙을 전개했으나, 16-17세기 가톨릭 반종교개혁과 합스부르크 왕가의 박해로 인해 위기를 맞았다. 보헤미아·모라비아 성도들은 1722년 박해를 피해 작센의 헤른후트(Hermhut)에 이주하여 정착했다.[69] 헤른후트는 '주님의 피난처'라는 의미이다. 1727년 영적 각성과 '형제규약'의 채택을 통해 재조직된 헤른후트 공동체는 예배와 일, 공동생활을 분리하지 않는 생활 질서를 확립했다. 소그룹 중심의 돌봄 구조, 찬송과 기도를 통한 경건 훈련, 신분과 직업을 넘어선 형제애는 공동체 운영의 핵심 원리가 되었다. 이는 이후 유럽과 북미로 확장된 모라비안 정착지의 특성으로 이어졌다.

모라비안 선교의 특징은 선교를 특정 직무나 전문 영역으로 한정하지 않고 공동체 전체의 삶 속에 위치시켰다는 점이다. 1732년 서인도제도로 파송된 평신도 선교사들은 임금을 받지 않고 자급자족하며 노예 공동체에 들어가 복음을 전했다. 이러한 선교 방식은 이후 개신교 선교 모델 중 하나가 되었다. 이후 그린란드, 아프리카, 북미 원주민 지역 등으로 선교가 확장되었는데 파송 선교사의 대부분은 직업을 가진 평신도들이었다.

19세기에 이르러 모라비안 공동체는 자급적 경제 구조와 교육 기관을 기반으로 선교 활동을 지속하며 국제적 연결망을 형성했다. 공동체의 규모는 제한적이었지만 기도·일·선교가 결합된 구조는 장기간 유지되었고, 선교지의 불안정한 환경 속에서도 일관된 형태로 지속되었다. 오늘날 모라비안 교회는 유럽, 북미, 아프리카, 카리브해 지역에 분포한 소규모 공동체로 존재하며, 일터와 선교를 통합한 그들의 실천은 현대 일터선교와 비즈니스

---

68 Evald Rucký, ed, , *555 Let Jednoty Bratrské V Datech*, 이종실 역, 『체코 형제단의 역사 : 모라비안 선교 연대기』 (서울: 동연, 2023), 26.

69 J. Herbert Kane, *A Concise history of the Christian World Mission : A Panoramic View of Missions from Pentecost to the Present* (Grand Rapids : Baker Book House, 1982), 78-79.

선교를 역사적으로 이해하는 데 중요한 사례로 인용되고 있다.

2. 모라비안 직업관

모라비안의 직업관은 모라비안 선교가 어떻게 일터를 선교의 중심 무대로 전환했는지를 보여주는 핵심 단서다. 이들은 일을 신앙과 분리된 생계 수단으로 보지 않고, 하나님께서 각 사람을 세상 속으로 보내시는 구체적인 방식으로 이해했다. 이러한 직업관은 여러 종류의 공동 경제 기업들을 탄생시켰다.[70] 여기에서는 모라비안 공동체가 형성한 직업 이해의 신학적 배경과, 만인제사장론이 일터와 선교의 영역에서 어떻게 실천되었는지를 살펴본다.

1) 루터교 경건주의와 일의 신학적 재해석

모라비안 공동체의 직업관은 진젠도르프에게 깊은 영향을 미친 루터교 경건주의 전통에 뿌리를 둔다. 진젠도르프는 슈페너와 프랑케로 대표되는 경건주의 신앙 운동의 영향 아래 개인적 회심, 성경 중심의 삶, 일상 속 경건을 강조하는 환경에서 성장했다. 특히 할레 대학에서의 경험은 그가 평생 견지한 그리스도 중심성과 선교적 열정을 확립하는 중요한 계기가 되었다. 진젠도르프가 말한 '마음의 종교'는 신앙을 교리의 정확성이나 제도적 참여에 한정하지 않고, 그리스도와의 인격적·정서적 연합에 기초한 신앙을 의미했다. 이러한 신학적 전제 위에서 일은 저주나 세속적 의무가 아니라 구원받은 성도가 하나님께 드리는 일상의 예배로 재정의되었다. 직업은

---

70 Danker, *Profit for the Lord*, 20-24.

신앙과 분리된 영역이 아니었으며, 하나님께서 각 사람을 부르신 자리에서 수행하는 소명으로 이해되었다. 그 결과 모라비안 공동체에서는 성직과 비성직, 거룩한 사역과 세속 직업사이의 경계가 약화되었고, 일터는 신앙이 구현되는 가장 현실적인 공간으로 자리 잡았다.

2) 만인제사장론과 직업 선교

모라비안 공동체는 루터의 만인제사장론을 선교적 차원에서 가장 급진적으로 확장한 집단 가운데 하나였다. 선교는 특정한 성직자나 전문 선교사의 과제가 아니라 공동체 전체의 책임으로 이해되었고, 모든 성도는 자신의 삶의 자리에서 선교적 존재로 부름받았다고 여겨졌다. 이러한 인식은 선교 파송의 방식에서도 분명하게 드러났다. 모라비안 선교사들의 대부분은 목수, 대장장이, 도예가, 제분업자, 재단사 등 다양한 직업적 기술을 지닌 평신도들이었다. 이들은 설교나 조직 활동보다 먼저 현지 문화 속에서 직업인으로 정착했고, 현지인과 같은 일을 하며 신뢰를 쌓는 과정에서 복음을 전했다. 직업은 선교의 부차적 수단이 아니라 복음을 전하기 위한 효과적인 접점을 제공했다. 모라비안 공동체는 숙련된 기술을 특히 중시했는데 이는 선교를 위한 기동성을 높여 주었기 때문이다. 토지에 고정되기 쉬운 농업과 달리 기술직은 언제든지 어디로든 옮겨 갈 수 있었고, 이러한 특성은 선교적 요청에 신속하게 응답할 수 있는 구조를 만들었다.

3) '어린 양의 보상'과 공동체 경제 구조

모라비안 일 윤리의 중심에는 "죽임 당하신 어린 양이 그분의 고난에 대한 보상을 받으시게 하라"는 신조가 자리 잡고 있다. 이 신조는 선교를 개인적 성취나 조직 확장의 문제로 이해하지 않고, 그리스도의 구속 사역에 응답하는 예배적 헌신으로 받아들이게 했다. 일 역시 이 헌신의 일부였으며, 성실한 작업과 탁월한 기술은 하나님께 드리는 영광의 표현으로 간주되었다. 진젠도르프는 "자신의 일을 찾은 사람이 축복받은 사람이라면 헤른후트의 사람들은 축복받은 사람들이다. 우리는 살기 위해 일하지 않는다. 우리는 일하기 위해 산다"[71]라고 설교했다. 또한 "사람은 살기 위해서 일할 뿐 아니라 일을 위해서도 산다. 만약 사람이 일을 하지 못한다면 병들어 죽고 말 것이다"[72]라고도 말했다. 그 자신이 지치지 않는 노동자였던 진젠도르프는 사도 바울의 자비량 모델을 본받아 타인에게 의존하기보다 스스로 필요를 채우며 복음의 본을 보이는 삶을 살았다.

그의 신학은 헤른후트와 북미 베들레헴 공동체에서 실질적인 경제 구조로 구현되었다. 이른바 '경제 특구(General Economy)'로 불린 공동체 운영 체제 아래에서 토지와 주요 생산 수단은 공동체가 관리했고, 구성원들은 개인 임금 대신 공동체를 위한 일을 제공했다. 공동체는 그 대가로 의식주와 의료, 교육을 책임졌으며, 이는 외부의 경제적 의존을 최소화하고 선교에 집중하기 위한 전략적 결정이었다.[73] 모라비안 공동체에서 직업과 일은 선교의 기반이었고, 공동체의 경제 질서는 선교 지속의 핵심 동력이었다. 일은 곧 예배였고, 직업은 곧 파송의 통로였다.

---

71 J. E. Hutton, *A History of the Moravian Church* (London: Moravian Publication Office, 1909), 214.
72 Nikolaus Ludwig von Zinzendorf, "Zurückgelassenes Eventual-Testament an die Gemeine, bei des Herrn Grafen v. Z. erster Reise nach Amerika, Anno 1738," *Büdingsche Sammlung* Bd. II, 266; Danker, *Profit for the Lord*, 32에서 재인용.
73 Danker, *Profit for the Lord*, 20-24.

3. 모라비안의 세계 선교

18세기 초 헤른후트 부흥을 기점으로 시작된 모라비안 공동체의 세계 선교는 근대 개신교 선교의 선구적 모델이 되었다. 모라비안 공동체는 선교를 위해 특정 기술을 연마하는 것을 신학교 교육에 준하는 중요 과정으로 보았다. 헤른후트와 펜실베이니아 베들레헴의 기록에 따르면, 이들은 목수와 도기 제조공, 대장장이, 시계 수리공, 악기 제작자, 제빵사, 제화공, 직조공 등 다양한 수공업·제조 분야를 포함해 의사와 약사, 교사, 간호사, 서기, 건축가와 같은 전문 서비스 영역, 그리고 오일 압착공, 무두질공, 원예가, 축산 전문가에 이르기까지 60가지가 넘는 전문 직업인들로 구성되어 있었다. 이러한 직업적 다양성은 선교사들이 현지에서 종교적 역할에 머물지 않고 지역 사회에 필수적인 인력으로 안착하게 하는 핵심 요인이 되었다.

이들의 직업적 역량은 대륙을 넘나드는 선교의 지속성을 담보하는 동력이었다. 펜실베이니아의 '베들레헴'이나 '살렘' 같은 공동체에서 모라비안들은 직업적 전문성을 바탕으로 자급자족 경제 체제를 구축했다. 이는 현지 경제에 부담을 주지 않으면서도 선교사가 장기 체류할 수 있는 '자비량 모델'을 확립시켰다.[74] 이러한 경제적 토대 덕분에 모라비안 공동체는 1732년부터 28년간 226명, 이후 100년간 2,000명 이상의 선교사를 파송하는 경이로운 선교사역을 펼쳤다.

1) 자비량 선교 모델

모라비안 공동체의 세계 선교는 일터와 선교를 분리하지 않는 실천에서

---

74 Danker, *Profit for the Lord*, 31-37.

출발하였다. 이들은 선교지를 향한 파송을 교회 제도나 재정 지원에 의존하지 않고, 직업적 기술을 통해 스스로 생계를 유지하며 복음을 전하는 자비량 선교사들이었다. 이러한 접근은 선교사를 종교 지도자가 아닌 일터의 동료로 위치시키는 효과적인 선교전략이었다.

(1) 서인도 제도 : 노예와 함께하는 일터선교

모라비안 해외 선교의 시발점인 1732년 세인트 토마스(St. Thomas) 선교는 당시 직업을 통한 선교의 전형을 보여준다. 최초의 선교사 레오나르드 도버(Leonhard Dober)와 다비트 니치만(David Nitschmann)은 흑인 노예들에게 복음을 전하기 위해 파송되었으나 선교 기금이 전무한 상태에서 스스로 생계를 책임져야 했다. 도버와 니치만은 설탕 농장의 노예들을 전도하기 위해 그들과 동일한 환경에서 생활하며 직접 일의 현장에 뛰어들었다. 니치만은 목수로서 자신의 기술을 활용해 거처를 마련하고 현지인들에게 도움을 주었으며, 도버는 도공으로 일하며 복음을 전했다. 두 선교사는 노예들에게 복음을 전하기 위해서라면 스스로 노예가 될 각오까지 되어 있었다. 이러한 낮은 자세는 당대 제국주의적 선교사들이 보여준 군림하는 태도와는 정반대되는 행보였다. 그들의 진정성 있는 선교 활동은 흑인 노예들에게 큰 감동을 주어 강력한 회심 운동으로 이어졌다.

(2) 수리남: 선교적 상업(Missionary Commerce) 활동

수리남은 남미 대륙에서 로마 가톨릭교회의 지배로부터 유일하게 자유로운 국가였다. 당시 수리남은 네덜란드 식민지였기 때문에 진젠도르프의 핵심 동역자이자 모라비안 교회의 주교 아우구스트 고틀리프 슈팡겐베르

크(August Gottlieb Spangenberg)는 선교사들의 안전한 정착을 위해 직접 암스테르담에서 사전 협상을 진행했다.[75] 그 결과 1735년 첫 모라비안 선교사들이 파송되어 인디언과 흑인 노예들을 대상으로 복음을 전할 수 있었다.

1754년 파송된 게오르크 루이스 데네(Georg Lewis Dehne)와 요한 랄프(Johann Ralfs)는 재단사로 일하며 자비량 선교의 기초를 닦았다. 그들은 사업이 번창함에 따라 부지를 매입하고 제과와 시계 제조 등으로 영역을 넓혔으며, 현지인들을 고용하는 과정에서 깊은 신뢰를 쌓았다. 데네와 랄프는 주로 내륙 오지에서 사역했으나 이들이 보여준 선교의 모델은 훗날 수리남의 중심지인 파라마리보(Paramaribo)에서 비즈니스 선교가 만개하는 결정적인 밑거름이 되었다. 1758년 옌스 바이스(Jens Weiss)를 비롯한 30명의 선교사들은 재정적 한계를 타개하고자 파라마리보에서 본격적인 상업 활동을 전개했다. 1768년에는 바이스의 제안에 따라 'Christoph Kersten & Co.(C. K.C.)'라는 기업이 설립되어 수세대 동안 선교 재정의 든든한 기둥이 되었다. '그리스도를 품은 크리스천과 회사'라는 뜻을 지닌 이 회사는 백화점, 서점, 건설업 등 다양한 업종을 운영하며 복음 전파의 전초기지 역할을 수행했다.

바이스는 설교 못지않게 실천적인 삶의 증거를 강조했다. 그는 정직한 상거래와 탁월한 품질을 통해 성경적 가치를 따르는 상인이 되고자 했다. 양복점의 작업대(tailor's bench)는 선교사들이 현지인들과 나란히 앉아 바느질하며 자연스럽게 인생과 신앙을 나누는 최적의 선교 장소가 되었다. 이러한 노력이 결실을 맺어 1776년 첫 흑인 자유인의 세례를 시작으로 성도 수가 급증했다. 그 결과 1926년까지 7개의 교회가 세워졌고, 1만 3천 명이 예배를 드리는 세계에서 가장 큰 모라비안 교회가 되었다.[76] 이와 같이 수리

---

75 Ruckỷ, 『체코 형제단의 역사』, 98.
76 Danker, *Profit for the Lord*, 51-52.

남의 모라비안 기업들은 복음 전파의 전초기지 역할을 수행하였다.

(3) 그린란드와 북극권: 생존 기술·무역·언어 일의 통합

1733년 1월 19일 세 명의 헤른후트 선교사들인 마티아스 스타흐(Matthäus Stach), 그의 사촌 크리스티안 스타흐(Christian Stach), 그리고 크리스티안 다비트(Christian David)가 그린란드로 떠나 5월 20일 고트하브(Godthåb, 현 Nuuk)에 도착했다. 그들은 새로운 정착지를 '신 헤른후트'(Neu-Herrnhut)라 명명하고 선교사역을 시작했다. 이곳은 이내 번성하는 공동체로 성장했고, 리히텐펠스(Lichtenfels)와 리히텐아우(Lichtenau)라는 두 마을이 더 세워지며 그린란드 선교의 거점이 되었다. 요한 베크(Johann Beck)는 이곳에서 43년간 사역하였고, 그의 아들도 이곳에서 52년 동안 사역하였다.[77]

라브라도(Labrador) 선교의 첫 시도는 비극적인 순교로 기록되었다. 모라비안은 그린란드 선교 경험을 바탕으로 라브라도 이누이트 선교를 계획하고 정탐을 보냈다. 그러나 1752년 요한 크리스찬 에르하르트(John Christian Erhardt) 일행이 이누이트들에게 살해당하는 사건이 발생했다. 그러나 모라비안들은 포기하지 않고 더 철저한 준비로 두 번째 시도에 나섰다. 목수 출신 선교사 옌스 하벤(Jens Haven)은 19년 동안 네 차례의 정탐을 거친 끝에 1771년 열한 명의 선교사를 이끌고 라브라도로 향했다. 그들은 무역을 선교의 도구로 활용했다. '복음 전파를 위한 협회'(SFG)를 중심으로 선교사들이 직접 상점을 운영했다. 그들은 이누이트로부터 모피와 생선을 공정한 가격에 매입하고, 밀가루와 차, 각종 도구 같은 생필품을 공급함으로써 현지인들을 보호하는 역할을 했다. 이는 원주민을 착취하던 백인 상인들과 대비되는

---

77 RuCký, 『체코 형제단의 역사』, 85-87.

정직한 상거래였으며, 여기서 발생한 수익은 선교비로 충당되었다.[78] 또한 모라비안들은 이누이트 언어(Kalaallisut) 사전을 편찬하는 등 지적인 활동을 병행하며 문화적 장벽을 허물었다. 이들은 묘지 관리인부터 무역상에 이르기까지 다양한 직업을 가지며 북극권의 복음화를 위해 헌신했다.

(4) 미국: 펜실베니아 베들레헴 산업 단지

미국 대륙으로 건너간 모라비안들은 자신들의 경제 공동체를 풍성하게 발전시켰다. 아우구스트 고틀리프 슈팡겐베르크는 독일로부터 일체의 지원을 받지 않는 자립을 목표로 계획을 세웠고 이를 '경제'(Economy)라고 불렀다.[79] 그는 공동체 소유의 기업들을 운영하며 선교비를 자급자족했을 뿐 아니라, 공동체가 현지 경제의 중심축 역할을 수행하게 했다. 1740년대 펜실베니아 베들레헴 정착지에는 방앗간과 기름 공장, 무두질 공장, 제철소 등 30개가 넘는 산업 시설이 집적된 산업 단지가 형성되어 있었다.[80] 이곳에서 생산된 리넨, 가죽 제품, 도자기 등은 외부 시장으로 유통되며 선교 자금의 중요한 재원이 되었고, 특히 무두질 공장은 당시 식민지 미국에서 최고 수준의 품질로 명성을 얻었다.

슈팡겐베르크는 베들레헴 공동체에서 일 분업을 체계화하여 사업의 효율성을 높였다. 누군가는 구두를 만들고, 누군가는 옷을 지었으며, 또 다른 이는 밀을 빻거나 사무를 전담했다. 이러한 분업은 경제 전략이라기보다는 "함께 기도하고, 함께 일하며, 함께 극복하고, 함께 기뻐한다"는 공동체의 좌우명에서 비롯된 신앙적 실천이었다.[81] 이는 생산성 논리가 아닌 공동

---

78 Danker, *Profit for the Lord*, 43-50.
79 Hutton, *A History of the Moravian Church*, 372-373.
80 Danker, *Profit for the Lord*, 25-26.
81 Hutton, *A History of the Moravian Church*, 374.

체가 공유한 신앙 고백의 산물이었다. 모라비안들은 이 고백을 삶으로 실천하며 각자의 직무를 통해 하나님께 헌신했다. 슈팡겐베르크는 베들레헴 공동체를 영적 요소와 육적 요소가 마치 몸과 영혼처럼 불가분하게 결합된 공동체라고 설명했다. 역사학자 휴턴(J. E. Hutton) 역시 개신교 역사에서 세속적인 것과 신성한 것이 이보다 더 조화롭고 행복하게 결합된 사례는 찾기 어렵다고 평가했다.[82]

베들레헴은 단순히 일을 수행하는 공간이 아니었다. 모라비안 공동체는 할레 경건주의의 금욕적이고 절제된 종교 생활과 달리 찬양과 음악을 통해 공동체적 기쁨을 누렸다. 이들은 각자의 직업과 삶의 현장에서 부를 수 있는 찬송을 직접 작곡하며 일과 예배를 자연스럽게 연결했다. 장인, 농부, 교사, 선교사들은 자신의 일터 경험을 신앙 고백에 담아 노래했다. 1803년에는 다비트 자이스버거(David Zeisberger)가 개종한 인디언들을 위한 찬송집을 출판했으며, 인디언 성가대가 조직되어 현지 언어로 하나님을 찬양했다.

선교를 위한 경제 활동은 세속화로 이어지는 측면이 있었으나, 모라비안 공동체는 2세기 이상 수많은 선교사를 지속적으로 파송하며 비교적 완만한 세속화의 흐름을 이어갔다. 이러한 역사는 모라비안 선교가 지닌 독특한 생명력을 다시금 성찰하게 한다.

(5) 남아프리카 : 게나덴달의 기술 학교(Trade School)

모라비안의 남아프리카 선교는 1737년 게오르크 슈미트(Georg Schmidt, 1709-1785)의 파송으로 시작되었다. 그는 네덜란드 동인도회사(VOC)가 통치하던 케이프 식민지에 도착해 식민 사회의 최하층에 속해 있던 코이코이(Khoikhoi) 원주민들을 대상으로 선교사역을 전개했다. 슈미트는 정식 목회

---

82 Hutton, *A History of the Moravian Church*, 37

자나 국가의 후원을 받은 선교사가 아닌 농업인이자 교사로서 현지에 정착했다. 그는 문자 교육과 농업 기술, 규칙적인 일 습관을 먼저 전수하며 신뢰를 쌓았고, 일상의 삶 속에서 복음을 전했다. 그가 케이프타운에서 동쪽으로 떨어진 바비안스크루프(Baviaanskloof)에 세운 선교 거점은 훗날 '은혜의 골짜기'라는 뜻의 게나덴달(Genadendal)로 불렸으며, 이러한 크리스천 마을은 1926년까지 3천 개 이상으로 늘어났다. 그는 게나덴달에서 현지인들과 함께 밭을 일구고 집을 짓고 학교를 운영하며 세례를 주었다.[83]

그러나 슈미트는 정식 안수를 받지 않아 세례 집례 자격이 없다는 이유로 케이프타운의 네덜란드 개혁교회 소속 목회자들에게 이단으로 몰렸다. 실제로 슈미트는 진젠도르프가 보낸 안수 증명서를 근거로 목회 사역을 수행하고 있었다. 이 사건의 본질은 슈미트의 안수 자격에 있지 않았다. 케이프타운의 목회자 그룹은 모라비안을 위험한 존재로 인식했고, 이 사건을 빌미로 남아프리카 네덜란드 식민지에서의 모라비안 선교를 약 50년간 금지하였다.[84] 하지만 슈미트가 떠난 후에도 코이코이 성도들은 성경 읽기와 기도, 공동 일을 자발적으로 이어갔다. 이는 "선교사가 떠난 뒤에도 복음은 삶의 구조 속에서 계속될 수 있다"는 모라비안 선교의 핵심 원리를 증명한 역사적 사건이었다.

1792년 슈팡겐베르크의 외교적 협상으로 모라비안 선교가 공식적으로 재개된 후, 게나덴달은 남아프리카 최대의 모라비안 선교 기지로 부상했다. 이곳에서는 농업·공예·인쇄·교육이 결합된 공동체 경제가 발전했고, 게나덴달에서 제작된 공예품과 칼(Genadendal knives)은 남부 아프리카 전역에서 명성을 얻으며 공동체의 자립을 뒷받침했다.

---

83 Danker, *Profit for the Lord*, 66-70.
84 Hutton, *A History of the Moravian Church*, 244-245.

2) 공동체 경제와 일 윤리: 선교를 지속시키는 구조적 동력

모라비안 선교의 확장성과 장기적 지속성은 개인 선교사의 헌신만으로
는 온전히 설명될 수 없다. 그 배후에는 일, 경제, 공동체 운영이 선교라는
목적 아래 긴밀히 통합된 고도의 유기적 구조가 존재했다. 모라비안 공동
체는 선교를 일회성 파송이나 일시적인 열정에 맡기지 않았다. 대신 공동
체 전체가 선교를 뒷받침하고 지속시키는 하나의 시스템으로 작동하도록
정교하게 설계했다.

(1) 직업 네트워크와 파송의 준비성

헤른후트와 북미 베들레헴 공동체는 60여 종이 넘는 전문 직종을 체계
적으로 유지했다. 이들의 직업적 다양성은 단순히 선교지를 선택하는 기준
이 아니라, 어떤 환경에서도 즉시 적응할 수 있는 고도의 준비성을 의미했
다. 모라비안 공동체에서 직업 훈련은 생계 준비를 넘어 선교 훈련의 핵심
적인 일부였다. 이들에게 신학 교육과 직업 숙련은 결코 분리되지 않았다.
모든 선교 후보자는 "어디에서 무엇으로 살아갈 수 있는가"라는 질문에 삶
으로 답할 수 있어야 했다. 이러한 구조적 철저함 덕분에 모라비안 선교사
들은 선교지에 도착하는 즉시 종교적 외부인이 아닌, 지역 사회에 반드시
필요한 일 인력으로 안착할 수 있었다.

(2) 공동체 소유 경제와 선교 재정의 안정성

모라비안 공동체는 개인의 부 축적을 허용하지 않는 대신, 생산 수단과
산업 시설을 공동체 소유로 운영했다. 헤른후트와 베들레헴에는 제분소,

제유소, 무두질 공장, 도자기 공방 등 다양한 산업 시설이 집약적으로 가동되었고, 여기서 발생한 수익은 전액 공동체 유지와 선교사 파송을 위해 사용되었다. 이러한 구조는 선교 재정을 외부 후원이나 정치 권력에 의존하지 않게 만들었다. 덕분에 선교의 방향과 내용이 재정 논리에 의해 왜곡되는 것을 근본적으로 차단할 수 있었다. 선교는 후원자의 기대나 요구에 맞추어 조정되는 활동이 아니라, 공동체가 온전히 책임지고 감당해야 할 고유한 사명이 되었다. 이 강력한 자립 구조는 18세기라는 불안정한 국제 정세 속에서도 모라비안 선교가 중단 없이 확장될 수 있었던 결정적 요인이었다.

(3) '주님을 위한 수익'과 일의 신학적 의미

모라비안 공동체의 경제 활동을 관통하는 핵심 개념은 '주님을 위한 수익'(Profit for the Lord)이었다. 이 개념은 일을 통해 이윤을 창출하는 행위 자체를 부정하지 않되 그 목적과 귀속을 철저히 재정의한다. 수익은 개인의 성공이나 사회적 상승을 위한 수단이 아니라 선교에 참여하는 자원이었다. 이러한 이해 속에서 일은 예배의 연장이 되었고, 직업적 성실성은 영적 충성의 표현이 되었다. 모라비안 장인들이 생산한 제품은 정직한 가격과 높은 품질로 신뢰를 얻었으며, 이는 자연스럽게 복음에 대한 신뢰로 이어졌다. 그들에게 일은 선교를 위한 수단인 동시에 하나님의 성품을 세상에 가시적으로 드러내는 신학적 행위였다.

(4) 기도와 일의 결합: 선교 엔진의 이중 동력

모라비안 선교를 움직인 구조적 동력은 일만이 아니었다. 헤른후트 공동체에서 시작된 24시간 기도 파수는 전 세계 선교지를 영적으로 지탱하는 중심축이 되었다. 모라비안의 기도 운동은 1727년 8월 13일 헤른후트에서 일어난 영적 각성 직후, 그해 8월 27일부터 본격화되었다. 공동체는 이 부흥을 성령의 특별한 역사로 이해했고, 그 응답으로 전 구성원이 참여하는 중단 없는 기도 사슬인 '연속 중보 파수'(The Hourly Intercessory Watch)를 조직했다. 24시간을 시간 단위로 나누어 파수꾼이 성벽을 지키듯 이어간 이 기도는 약 110년 동안 단 한 시간도 끊기지 않고 지속되며 '100년 기도회'라는 역사적 기록을 남겼다.

전쟁과 기근, 경제적 위기 속에서도 기도는 공동체의 최우선 순위였다. 헤른후트 본부는 전 세계 선교지에서 보내오는 사역 일지인 '디아리움(Diarium)'을 긴밀히 공유했다. 기도 시간에는 특정 지역의 선교사와 일 현장의 구체적인 필요가 중보의 제목이 되었다. 비록 이 강력한 기도의 사슬이 19세기 중반 제도적 변화와 함께 잠시 중단되기도 했으나, 모라비안의 영적 DNA는 사라지지 않았다. 1957년 교회 설립 500주년을 기점으로 전 세계 교구가 참여하는 '공동체 기도 파수'(Unity Prayer Watch)로 복원되어 오늘날까지 이어지고 있다.[85]

릴레이 기도 운동의 가장 중요한 특징은 선교 지향성에 있다. 모라비안 선교사들의 파송은 대부분 이 기도 모임에서 결정되었으며, 공동체는 "누가 갈 것인가"보다 "하나님께서 어디로 부르시는가"를 먼저 분별했다. 실제로 18세기 동안 모라비안 공동체가 인구 규모에 비해 압도적으로 많은 선교사를 파송할 수 있었던 비결은 기도가 선교를 실질적으로 밀어내는 강력한 원동력이었기 때문이다. 기도는 선교를 요청하는 행위이자 선교에 참여하는 방식이었다. 중요한 점은 이 기도가 일과 분리된 영적 활동이 아니었

---

85 모라비안 신학대학원 교수와 모라비안 연구 센터(Center for Moravian Studies) 소장을 역임한 세계적인 모라비안 신학자인 크레이그 엣우드(Craig D. Atwood) 박사는 필자에게 현재까지 전 세계적 모라비안 네트워크를 통해 기도 릴레이가 지속되고 있음을 확인해 주었다.

다는 사실이다. 선교지에서 생산된 일의 열매와 사역의 보고는 공동체 전체에 공유되었고, 기도는 추상적인 중보가 아니라 구체적인 일터와 선교 현장을 향한 강력한 지원이었다. 이렇게 기도와 일은 서로를 강화하며 선교라는 하나의 방향으로 수렴되었다. 이 구조 속에서 모라비안 공동체 전체는 하나의 '멈추지 않는 선교 엔진'처럼 작동했다.

(5) 현대 일터선교와 비즈니스 선교에 주는 함의

윌리엄 댕커(William Danker)는 모라비안 선교의 가장 중요한 기여가 모든 크리스천을 선교사로 정의하고, 일상의 소명을 통한 복음의 증거를 강조한 점에 있다고 평가했다.[86] 모라비안 사역이 지닌 이러한 총체적 성격은 기독교 비즈니스의 지평을 넓히는 계기가 되었다. 특히 이들의 모델은 오늘날 일터선교와 비즈니스 선교가 마주한 과제들에 유의미한 방향성을 제시한다. 모라비안들은 비즈니스를 선교의 수단으로 활용하는 차원을 넘어 선교적 목적에 부합하는 공동체 경제 구조를 어떻게 설계할 것인지를 우선적으로 고민했다. 개인의 성공이나 기업의 확장 논리 대신 공동체적 책임과 선교적 사명을 모든 경제 활동의 최상위 원칙으로 세운 것이다. 이는 현대 비즈니스 선교가 자주 겪는 수익성과 신앙 사이의 긴장에 대해 중요한 통찰을 제공한다.

모라비안 선교의 위대함은 공동체 전체가 하나의 유기적인 '선교 기계'처럼 작동하며, 일 그 자체를 거룩한 예배이자 선교적 행위로 승화시킨 데 있다. 헤른후트 본부는 전 세계 선교지에서 이루어진 일과 사역의 기록인 '디아리움(Diarium)'을 공동체 전체와 공유했다. 이를 통해 모든 성도가 기도와 재정으로 선교에 실질적으로 참여하게 했다. 이러한 모라비안의 선교적

---

86 Danker, *Profit for the Lord*, 73.

삶의 방식은 존 웨슬리에게 영적 영감을 주어 감리교 운동의 모태가 되었으며, 현대 비즈니스 선교(BAM)와 일터선교의 모델이 되었다.

2장 유럽의 지형을 바꾼 위그노: 근대를 연 앙트레프레너 (Entrepreneur)

    종교개혁은 예상치 못한 신앙 공동체를 형성하며 중세 유럽의 정치·사회적 판도를 재편하는 데 결정적인 역할을 했다. 봉건 질서에서 근대 민족 국가로 이행하던 격변기 속에서 유럽 전반의 변화는 동시다발적으로 진행되었고, 그 중심에 선 위그노 공동체는 신앙과 일을 결합한 독특한 방식으로 역사적 전환에 깊이 관여했다. 이들은 프랑스 내에서 박해받는 소수자였으나 동시에 탁월한 전문성과 정직한 상거래로 무장한 혁신적 기업가들이었다. 위그노의 이동은 단순한 이주가 아니라 자본과 기술, 그리고 신앙의 확산을 의미했다. 이들이 지나간 자리마다 새로운 산업이 꽃을 피웠고, 이는 곧 유럽 경제의 중심축이 이동하는 결과를 낳았다.

1. 프랑스의 종교적 격변과 위그노의 탄생

    16세기에서 17세기에 이르는 시기, 프랑스는 군사력과 재정, 학문과 기술, 산업 전반에서 유럽을 대표하는 강대국 가운데 하나였다. 그러나 이러한 외적 번영의 이면에서 프랑스 사회는 종교적 긴장과 갈등을 내적으로 축적하고 있었다. 독일에서 시작된 마틴 루터의 종교개혁은 프랑스 사회에도 영향을 미쳤으며, 특히 파리대학(Universitas magistrorum et scholarium Parisiensis)과 같은 학문기관을 통해 종교개혁 사상이 확산되었다. 파리대학은 프랑스에 위치해 있었지만, 중세 유럽 대학의 관행에 따라 라틴어를 공식 언어로 사용하는 범유럽적 학문 공동체였고, 유럽 각지의 인재들이 모이는 지성의 중심지였다. 이곳에서 인문주의적 기독교 사상과 개혁적 신앙을 접한 학자들을 통해 새로운 종교적 관점이 유럽 전역으로 전파되었다. 이러한 지적·종교적 환경 속에서 프랑스 내부에서는 루터의 종교개혁 이전부터 가톨릭 교회에 대한 비판적 성찰과 새로운 신앙 실천을 모색하는 움직임이 존재하고 있었다. 프랑스 초기 종교개혁은 인문주의자들과 루터주의자들을 중심으로 전개되었으며, 성경으로의 회귀와 신앙의 내적 갱신을 강조하는 흐름이 점차 힘을 얻기 시작했다.

이 과정에서 중요한 역할을 한 인물이 프랑스의 신학자이자 인문학자인 쟈끄 루페브르 데타플(Jacques Lefèvre d'Étaples, 1450-1536)이다. 그는 복음을 통하지 않고는 아무것도 알 수 없다는 확신 속에 라틴어 불가타 성경을 저본으로 삼아 1523년 신약성경 프랑스어 번역본을 출판했다.[87] 그러나 파리 신학대학(La Faculté de théologie de Paris)과 프랑스 의회는 성경 번역을 강력히 반대하였고, 결국 데타플은 1525년 스트라스부르로 피신해야 했다. 그럼에도 그의 번역본은 소형 판본과 저렴한 가격으로 널리 보급되며 프랑스 사회 전반에 성경 읽기의 확산을 촉진했다. 데타플은 여러 제자들을 양성했는데 그중 기욤 파렐(Guillaume Farel, 1489-1565)은 훗날 칼빈의 제네바 사역에 결정적인 역할을 하게 된다. 1535년에는 칼빈의 사촌인 피에르 올리베탕(Pierre Robert Olivétan, 1506-1538)이 최초의 프랑스어 성경 전서를 번역·출판함으로

---

87 김성규, "프랑스 성경 번역 역사," 「성경원문연구」 26 (2010): 118-119.

써 프랑스 종교개혁의 신학적·언어적 토대를 확고히 했다.[88] 이와 함께 루터 관련 저술들 역시 지속적으로 프랑스어로 번역되며 개혁 사상의 확산을 뒷받침했다.

당시 프랑스 사회에는 가톨릭 교회에 만족하지 못하는 이들이 적지 않았고, 다양한 종교적 사상과 신앙적 흐름이 공존하고 있었다. 이런 상황 속에서 칼빈주의 신앙은 신학적 일관성과 분명한 교회 질서를 제시하는 대안으로 주목받으며 점차 확산되었다.[89] 칼빈의 가르침은 1536년 『기독교 강요』를 통해 신앙과 교회, 그리고 교회의 조직과 운영에 관한 체계적인 교리적 틀로 제시되었고, 이는 프랑스 전역으로 빠르게 전파되었다. 칼빈은 제네바 아카데미와 유럽 각지에 세운 세미너리를 통해 프랑스인 목회자 후보생들을 체계적으로 양성했다. 1546년부터 제네바에서 약 160명의 목사들이 파견되어 1555년 프랑스 최초의 개신교회가 설립되면서 프랑스 각지에 교회들이 세워지기 시작했다. 1559년 파리의 비스콩티(Visconti)에서 72개 지역교회 대표들이 모여 프랑스 개혁교회의 최초 공식 신앙고백인 '프랑스 신앙고백'(Confessio Gallicana)을 채택하였다. 이 신앙고백은 교회의 가르침을 통해 세상 속에서 하나님의 영광을 드러내는 삶을 강조하며, 신앙의 방향과 공동체적 삶의 기준을 분명히 제시하였다. 프랑스 신앙고백과 훈련을 담은 헌법이 만들어지고 교단 총회가 열리면서 개혁교회가 탄생하였다.[90]

이후 프랑스의 개혁교회들은 제네바 개혁교회를 모델로 삼아 신앙 고백과 교회 조직을 정비해 나갔고, 이 과정에서 개혁파 신앙을 따르는 공동체가 형성되고 확산되었다. 이들은 스스로를 프랑스 개신교 공동체로 인식했

---

88 올리베땅은 적어도 5개의 헬라어역(LXX, Aquila, Symmaque, Theodotion, la Quinta)과 여러 개의 라틴어역(Vulgate), 세 개의 독일어역(Gunter Zainer, 취리히의 설교집들, 루터의 두 개의 번역본들), 두 개의 이탈리어역(라틴어 불가타 성서에 토대를 둔 Nicolo Malherbi역, 히브리어에 기초를 둔 Antonio Brucioli역) 등을 사용한 것으로 보인다. 그가 번역한 성경은 영국의 켄터베리 주교에 의해 영국에서 출판되었다. 참조. 김성규, "프랑스 성경 번역 역사," 124.
89 Janine Garrisson, *A History of Sixteenth-Century France, 1438-1598*. trans. Richard Rex (Houndmills: Macmilan, 1995), 100-102.
90 성원용, 『위그노처럼』 (파주: 국민북스, 2021), 33-36.

으며, 이후 '위그노'(Huguenots)라고 불리게 되었다. 프랑스 위그노 공동체는 급속히 성장하여 1562년경 프랑스 전역에 약 2,000여 개의 개혁교회가 설립되었고, 전체 인구의 약 11%에 해당하는 200만 명가량의 위그노가 존재했던 것으로 추정된다. 이들은 16세기 중반 프랑스 사회 전반에 걸쳐 종교적·사회적으로 주목할 만한 영향력을 행사하는 공동체로 자리하게 되었다.

그러나 이러한 성장과 확산은 곧 가톨릭 중심의 왕권 체제와의 충돌로 이어졌다. 16세기 중반 이후 가톨릭과 개혁파 사이의 갈등은 '프랑스 종교전쟁'(Wars of Religion)으로 확대되었고, 이는 장기간에 걸친 사회적 혼란과 폭력을 초래했다. 이 과정에서 많은 위그노들이 신앙의 자유를 찾아 프랑스를 떠나 영국과 네덜란드, 독일과 스위스, 북미 식민지, 러시아, 아프리카 등지로 이주해 디아스포라 공동체를 형성하였다.

2. 위그노 박해와 망명

16세기 중반 이후 프랑스에서 위그노의 수적 증가와 조직적 결속은 가톨릭을 신봉하는 왕실과 귀족들에게 점차 커다란 위협으로 인식되었다. 위그노들은 자신들이 참된 기독교 신앙을 회복했다고 확신하며, 개혁파 신앙에 기초한 새로운 사회 질서를 세우고자 했다. 이러한 신앙적 정체성은 지배적인 가톨릭 세력과의 필연적인 갈등을 예고했다.

프랑수아 1세는 1534년 10월 17일 발생한 '벽보 사건'(L'affaire des Placards)[91]을 계기로 그때까지 제한적으로 유지해 오던 종교적 관용 정책을 철회하고 개신교도에 대한 본격적인 박해를 시작했다. 프랑스 전역에서 체

91　1534년 10월 18일 파리와 오를레앙 등 여러 도시에 가톨릭 교회의 잘못된 교리를 비판하는 문서가 벽에 걸린 사건이다. 이 문서들은 프랑수아 1세의 침실 문에서도 발견되었고 이로 인해 격노한 프랑수아 1세는 강력한 개신교 탄압을 명령한다. 그 여파로 1535년 칼빈은 스위스로 망명하게 된다.

포와 처형이 이어졌고, 상당수의 위그노는 생명의 위협을 피해 스트라스부르(Strasbourg) 등 인근 도시나 국외로 피신했다. 1557년에는 파리의 생 자크(Saint-Jacques) 거리에서 비밀리에 예배를 드리던 개신교 성도 120명이 체포되었고, 그중 9명이 화형에 처해지는 사건이 발생했다. 이어 1560년에는 왕권과 가톨릭 귀족 세력, 특히 기즈(Guise) 가문을 겨냥한 일부 개신교 귀족들의 정치적 시도가 발각되면서 관련자들이 가혹한 처형을 당했다.

1561년에는 가톨릭과 개신교의 공존을 모색하기 위한 조치로 '관용 칙령'(L'édit de Tolérance)이 선포되었고, 이로 인해 프랑스 개혁교회는 잠시나마 공개적 활동과 성장을 이어갈 수 있었다. 그러나 이러한 잠정적 평화기는 오래 지속되지 못했다. 1562년 3월 1일 발생한 '바시의 학살'(Massacre de Wassy)을 기점으로 가톨릭과 개혁파 사이의 무력 충돌은 전면적인 종교전쟁으로 확대되었고, 이후 1598년까지 이어진 '프랑스 종교전쟁'(Guerres de Religion)은 프랑스 사회 전반에 깊은 상처를 남겼다. 그 과정에서 1572년 8월 24일의 '성 바돌로매 학살'(Massacre de la Saint-Barthélemy)과 같은 대규모 학살 사건이 발생하며 위그노들은 다시 한번 생존의 위기에 놓이게 되었다. 이러한 연속적인 박해와 전쟁의 결과 프랑스 내 개혁교회의 약 3분의 1이 소멸되었고, 위그노의 숫자는 순교와 해외 망명으로 인해 크게 감소하였다. 1598년 앙리 4세가 반포한 낭트 칙령(Édit de Nantes)은 위그노에게 제한적인 종교의 자유와 시민적 권리를 부여하며 일시적인 안정 국면을 가져왔지만 근본적인 갈등을 해소하지는 못했다.

위그노 박해가 정점에 이른 것은 앙리 4세의 손자이자 '태양왕'으로 불린 루이 14세(Louis XIV, 1638-1715)가 즉위한 이후였다. 그는 "하나의 왕, 하나의 신앙, 하나의 법"(Un Roi, Une Foi, Une Loi)이라는 원칙 아래 가톨릭의 절대적 우위를 국가 질서의 근간으로 내세우며 개신교에 대한 강경 정책을 추진했다. 1681년부터 시행된 '드라고나드'(Dragonnades) 정책은 위그노 가정에 군인을 강제로 숙박시켜 살인, 약탈, 강간 등으로 개종을 압박한 잔혹한 탄압이었다.[92] 이어 1685년 루이 14세는 '퐁텐블로 칙령'(L'édit de Fontainebleau)을 통해 낭트 칙령을 공식 폐지하며 개신교 신앙을 불법화했다. 이 칙령은 예배당 파괴와 집회 금지, 목사 즉각 추방을 명시했으며, 평신도의 망명을 엄격히 금지한 채 자녀에게 가톨릭 교육을 받을 것을 강제했다. 특히 드라고나드와 결합된 조직적인 폭력 아래 위그노들은 강압적으로 개종당하거나 목숨을 건 탈출을 감행해야만 했다.

루이 14세는 위그노의 탈출을 막기 위해 국경을 봉쇄했으나 신앙의 자유를 찾아 떠나는 위그노들을 막을 수는 없었다. 1680년부터 1700년 사이 프랑스 전체 인구의 약 1%인 20만 명의 위그노가 벨기에, 네덜란드, 독일, 영국 등지로 탈출했다. 그 결과 프랑스 내에는 불과 1,500여 명의 위그노만이 남게 되었다. 이 대규모 위그노 디아스포라는 프랑스 사회에 심각한 경제적·사회적 손실을 초래했으나, 망명지 국가들에는 발전된 기술과 자본을 제공하며 유럽의 정치·경제·문화 지형을 변화시켰다.

3. 유럽 각국에 미친 경제적 영향

위그노 디아스포라는 단순한 인구 이동이 아니라 유럽 경제 구조의 재편을 촉발한 사건이었다. 칼빈의 신앙관을 계승한 위그노는 동시대 사람들과는 구분된 경제관을 가지고 있었다. 그들은 투철한 직업소명의식을 가지고 상업, 금융 및 각종 산업직에 종사하는 전문 인력들이었다. 디아스포라 위그노들은 숙련된 인적자원, 기술, 유동자산 등을 새로운 정착지로 가지

---

92 드라고나드(Dragonnade)는 루이 14세가 1681년과 1685년 실시한 정책으로, 위그노를 가톨릭으로 개종시키기 위해 불법적인 행동들이 허용되었다. 이 정책으로 위그노는 살인, 약탈, 강간 등의 박해를 받았으며 가톨릭으로의 개종을 강제했다.

고 갔다. 망명지 국가들은 이러한 위그노의 특성을 빠르게 인식했다. 영국
과 네덜란드, 독일과 스위스 등은 위그노를 종교적 난민이자 동시에 국가
경쟁력을 강화할 수 있는 귀중한 경제적 자원으로 받아들였다. 이 국가들
은 거주 허가와 시민권, 길드 가입 특례, 세금 감면과 같은 파격적인 조건들
을 제공하는 등 상당한 특권을 부여함으로써 위그노의 경제활동을 적극적
으로 지원했다.[93] 위그노들은 이러한 기반 위에서 제조업과 무역, 금융과 기
술 산업 전반에 걸쳐 두드러진 활동을 전개하며 망명지 국가들의 경제 성
장을 촉진하며 서구 사회 발전의 토대 형성에 기여하였다.

1) 네덜란드: 상업 혁명과 자본주의 패권국가 건설

16세기 말 프랑스의 위그노들은 가톨릭의 박해와 종교전쟁 속에서 생
존을 위해 망명을 선택했다. 그들의 발길이 가장 먼저 향한 곳은 개혁주의
신앙이 뿌리내린 네덜란드였다.[94] 당시 네덜란드는 스페인의 지배에서 벗
어나며 개혁파 개신교의 중심지로 떠오르고 있었고, 종교적 관용과 상업적
자유가 보장된 도시국가 체제를 유지하고 있었다. 위그노들이 대규모로 이
주한 네덜란드는 위그노 유입의 가장 큰 수혜국 중 하나였다. 척박한 토양,
부족한 자연자원에도 불구하고 상업에 능했던 위그노의 망명으로 국내외
교역이 활발해지며 유럽 최초의 상업 세력 주축 국가를 건설했다. 암스테
르담과 로테르담을 비롯한 주요 도시들은 위그노들의 기술과 자본, 그리고
상업적 네트워크가 자국 경제에 도움이 될 것이라 판단하고 적극적인 유치
정책을 펼쳤다. 세금 우대, 시민권 부여, 상업 활동의 자유, 주택 제공과 임

93　Warren C. Scoville, "The Huguenots and the Diffusion of Technology. I," *Journal of Political Economy* 60/4 (1952): 295.

94　네덜란드는 위그노가 가장 많이 이주한 나라로 65,000여명이 망명하였고, 그 중에는 2백명의 개혁교
　　회 목사가 포함되어 있었다. 네덜란드는 프랑스어 예배당을 제공했고 암스테르담에 위그노를 수용
　　하는 관용의 상징으로 왈룬교회(Walloon Church)를 세웠다.

대료 면제, 길드 외부에서의 활동 허가 등 다양한 혜택이 마련되었다.[95] 이미 프랑스에서 상공업과 금융업을 주도하던 숙련된 위그노들은 네덜란드 도시 경제에 빠르게 안착했고, 그들의 지식과 경험은 상업사회의 성장에 새로운 활력을 불어넣었다.

위그노의 유입은 네덜란드 경제의 구조적 발전을 촉진하는 중요한 요인이 되었지만, 그 영향이 경제 전체를 근본적으로 바꿨다고 보기는 어렵다. 그러나 위그노들은 방직, 제지, 금속 가공 등 고급 수공업 기술을 도입하고 국제 시장과 연결된 상업 네트워크를 강화함으로써 네덜란드 상공업의 질적 성장을 이끌었다. 특히 상업 자본이 토지 소유나 세습 권력 추구 대신 산업과 금융에 재투자되는 경제 구조가 정착되면서 자본의 순환과 축적이 가속화되었다. 이러한 변화는 세계 최초의 주식회사라 불리는 '네덜란드 동인도회사'(Vereenigde Oostindische Compagnie / The Dutch East India Company, 이하 VOC)의 설립으로 구체화되었다. VOC는 다수의 투자자가 출자해 주식을 나누어 보유하고, 이를 거래할 수 있는 형태의 회사를 제도화함으로써 근대적 주식시장과 자본투자 구조를 완성했다.[96] VOC는 세계 최초의 주식회사일 뿐 아니라 다국적 기업으로 아시아 무역에 있어서 압도적인 우위를 점하게 되었다.[97] 이 회사의 성공은 상업 자본이 국가의 부와 군사력을 동시에 강화할 수 있다는 점을 입증했으며, 상업이 곧 국가 경쟁력이 되는 시대를 열었다.

위그노의 기업가 정신과 상업적 혁신은 이러한 국가적 도약을 뒷받침하는 중요한 동력이었다. 그들은 망명 이후에도 위험을 감수하며 새로운 시

---

95 Marjolein't Hart, "Freedom and Restrictions, State and Economy in the Dutch Republic, 1570-1670," *Economic and Social History in the Netherlands* 4 (1993): 118.
96 浅田 実, 『イギリス東インド会社 ―世界戦略を展開した巨大株式会社』, 이하준 역, 『동인도회사: 세계 전략을 전개한 거대 주식회사』, (서울: 파피에, 2004), 18-19.
97 1602년부터 1796년 사이에 VOC는 4,785척의 선박과 백만 명에 가까운 유럽인을 아시아에 보냈고 250만 톤 이상의 무역 상품과 노예를 확보했다. 비슷한 시기 영국 동인도회사의 무역량은 VOC의 1/5에 불과했다.

장을 개척했고, 상인 계층의 정치적 위상과 사회적 지위를 높이는 데 기여했다. 상업으로 축적된 부와 위그노의 해양 기술은 네덜란드의 해상무역과 군사력 확장에 활용되었고, 이를 통해 네덜란드는 17세기 스페인을 제치고 세계 무역의 중심지로 부상했다. 상업용 선박 보유 규모는 유럽 전체의 절반에 육박했으며, 이를 기반으로 네덜란드는 아시아, 아프리카, 아메리카로 이어지는 글로벌 무역망을 구축했다. 이 시기에 형성된 주식회사 제도와 금융시장, 그리고 상업을 중시하는 시민사회의 구조는 근대 자본주의의 기초가 되었다. 위그노의 망명과 그들의 상업적 활동은 네덜란드의 경제적 역동성을 강화했고, 그 결과 네덜란드는 '최초의 자본주의 패권국가', '최초의 근대 경제'를 이룩했다.[98]

2) 영국: 산업 혁명의 기틀 마련

17세기 후반에서 18세기 초에 이르기까지 영국은 종교적 박해를 피해 프랑스에서 탈출한 6만여 명의 위그노를 받아들였다. 당시 찰스 2세(Charles II, 1630-1685)는 숙련된 기술자와 상공인을 유치하기 위해 특별 이민 정책을 시행하고, 그들이 영국 사회에 정착할 수 있도록 지원했다. 위그노들은 런던을 중심으로 캔터베리(Canterbury), 노리치(Norwich), 도버(Dover), 사우샘프턴(Southampton), 플리머스(Plymouth), 다트머스(Dartmouth) 등 프랑스나 네덜란드 항구도시와 가까운 해안도시에 정착했다. 특히 런던에는 이미 프랑스 개혁교회가 존재하고 있었기 때문에 위그노에게 신앙생활과 생계 유지를 병행하기에 유리한 환경이 조성되어 있었다. 망명자들 가운데는 베르사이유 궁전의 가구 제작자, 의류 사업가, 방직업자, 은세공인, 기계 제작자, 시계공, 실크 디자이너 등 고급 기술과 숙련된 손재주를 가진 장인들이 다수

---

98 김태유·김대륜, 『패권의 비밀』 (서울: 서울대학교출판문화원, 2018), 126, 133-134.

포함되어 있었다. 영국은 위그노를 비롯한 해외에서 개발된 기술을 받아들이고 이를 완성시키는데 주저하지 않았다.[99] 데니스 파팽(Denis Papin, 1647-1713)의 증기기관 원천기술, 니콜라스 르블랑(Nicolas Leblanc, 1742-1806)의 소다 제조기술, 염소 염색법, 판유리 제조법 등 많은 기술들도 디아스포라 위그노에 의해 영국에 전파되었다.

런던 스피털필즈(Spitalfields) 지역은 위그노의 정착 이후 영국 실크 산업의 중심지로 발전했고, 노리치와 캔터베리 등은 모직과 방직 기술의 도입으로 크게 번성했다. 위그노 장인들은 프랑스 서부의 투르(Tours)와 세당(Sedan) 지방에서 발전한 정교한 카딩(carding), 코밍(combing), 워스트드(Worsted) 직조법을 영국에 전했고, 이 기술은 노리치와 콜체스터 등 동부 지방 모직 산업의 품질을 비약적으로 향상시켰다. 노리치에서는 위그노 직조공들이 가져온 세밀한 실 가공법과 색상 염색기술 덕분에 고급 의류용 모직물 생산이 확대되었다. 이 지역에서 만들어진 '노리치 상품'(Norwich stuffs)은 18세기 영국을 대표하는 고급 모직 직물로 자리 잡아 유럽 전역으로 수출되었다.

캔터베리의 위그노 공동체는 기존 영국산 울의 거친 질감을 개선하기 위해 프랑스식 세정·가공법을 도입했고, 이를 통해 촘촘하고 부드러운 질감의 직물을 생산할 수 있게 되었다. 또한 콜체스터에서는 위그노 염색공들이 식물성 염료를 이용한 색상 고정 기술을 전파해 기존 영국산 직물보다 색이 선명하고 오래가는 고급 모직이 만들어졌다. 이러한 기술의 전수는 생산 방식의 변화에 그치지 않았다. 위그노들은 길드 외부에서 독립적으로 작업장을 운영하거나, 기술자 간 협업을 통해 작업 공정을 표준화하며 '프로토-공장제(prot-factory system)'의 초기 형태를 만들어냈다. 이로써 생산의 효율성과 품질 관리가 동시에 이루어졌고, 이는 후일 산업혁명기의

---

99 김태유·김대륜, 『패권의 비밀』, 219.

기계화 방직 공장으로 발전하는 기술적·조직적 기반이 되었다.

금융 부문에서도 위그노의 역할은 지대했다. 런던에는 위그노 상인 네트워크가 형성되어 무역금융과 신용거래를 활성화시켰고, 일부 위그노 가문은 초기 은행업과 공공대출 사업에 참여했다. 영란은행 설립 초기 투자자들 중에는 위그노계 인사들이 포함되어 있었으며, 그들의 국제 상업 네트워크와 금융 감각은 영국 금융제도의 성장에 기여했다.[100] 그들은 네덜란드식 금융 제도의 도입과 국가 재정 개혁과 함께 영국 금융 발전 과정에서 상당한 영향력을 행사했었다.

> 영국에는 거의 기술이 없었는데, 프랑스로부터 대거 유입된 숙련된 기술자들로 인해 즉시 큰 수익을 피부로 느끼게 되었다. 그들은 이미 설립된 산업을 발전시켰을 뿐 아니라 아주 새로운 부문의 사업들을 많이 들여왔다. 그들은 기술과 지성을 발휘하고 근면하게 일하여 영국에 많은 것으로 갚아주었다. 영국이 그들을 환대하고, 아무 것도 없던 시기에 후하게 피신처를 제공했기 때문이다.[101]

결과적으로 위그노의 정착은 영국의 기술·상업·금융 각 부문에 새로운 활력을 불어넣으며 산업혁명의 토대를 마련했다. 특히 모직과 섬유산업에서의 기술 혁신은 영국이 전통적 수공업 중심 경제에서 기계적 생산체제로 전환할 수 있는 가능성을 열었다. 위그노들의 숙련된 기술과 근면한 일윤리, 그리고 위험을 감수하며 새로운 시장을 개척한 기업가 정신은 영국 사

100　1694년 설립된 잉글랜드 은행(Bank of England)의 초대 총재와 런던 시장을 지낸 존 허블런(John Houblon, 1632-1712)은 위그노의 후손이다.

101　Alison Grant & Ronald Mayo, *The Huguenots*, 조병수 역, 『프랑스 위그노 이야기』 (용인: 가르침, 2019), 132.

회가 산업화의 길로 들어서는 데 중요한 동력으로 작용했다.

3) 독일: 기술 공업 강국으로의 도약

30년 전쟁(1618-1648)은 독일 지역 전반에 깊은 상처를 남겼다. 전쟁과 함께 반복된 약탈, 전염병, 기근은 인구를 급격히 감소시켰고, 농업과 수공업을 중심으로 유지되던 지역 경제의 기반을 붕괴시켰다. 특히 브란덴부르크-프로이센(Brandenburg-Prussia)은 군사적 요충지라는 이유로 피해가 집중된 지역 중 하나였다. 전쟁이 끝난 뒤에도 인구 부족과 기술 인력의 공백은 쉽게 회복되지 않았고, 국가는 장기적인 침체 국면에 놓여 있었다. 이러한 위기 속에서 브란덴부르크-프로이센의 선제후 프리드리히 빌헬름(Friedrich Wilhelm, 1620-1688)은 국가 재건을 위한 적극적인 인구·산업 정책을 추진했다. 그는 단순한 인구 보충이 아니라 숙련된 기술과 상공업 경험을 지닌 인적 자원의 유입이 국가 회복의 핵심이라고 판단했다. 그 결과 1685년 프랑스에서 개혁파 개신교도에 대한 박해가 본격화되자 곧바로 '포츠담 칙령'(Edict of Potsdam)을 공포했다. 포츠담 칙령은 프랑스 출신 개혁파 개신교도, 즉 위그노(Huguenots)를 대상으로 한 종합적인 이주·정착 정책이었다.[102] 이 칙령은 종교의 자유를 명시적으로 보장했을 뿐 아니라, 일정 기간의 세금 면제, 정착비와 주택 제공, 상업 및 수공업 활동의 자유, 자체적인 교회와 학교 운영 허용 등을 포함하고 있었다. 이는 전쟁으로 붕괴된 사회와 경제를 재건하기 위한 국가 차원의 전략적 선택이었다.

1685년 이후 약 2만 명에 이르는 위그노가 브란덴부르크-프로이센으로 이주했다. 이들은 베를린(Berlin)과 포츠담(Potsdam)을 중심으로 프랑크푸르

102　Warren C. Scoville, "The Huguenots and the Diffusion of Technology. II," *Journal of Political Economy* 60/5 (1952): 399-400.

트 안 데어 오데어(Frankfurt an der Oder), 할레(Halle) 등 주요 도시와 그 주변 지역에 분산 정착했다. 당시 베를린은 인구가 1만-2만 명 규모에 불과한 작은 도시로, 상공업 기반이 취약하고 도시 기능 또한 제한적이었다. 위그노의 유입은 이러한 도시 환경에 질적인 변화를 가져왔다. 위그노들은 프랑스에서 이미 발전된 수공업과 상업 문화 속에서 축적된 전문 기술을 보유하고 있었다. 특히 섬유 제조와 염색, 직물 가공, 유리와 제지, 금속 세공 분야에서 이들의 기술은 현지 수준을 크게 상회했다. 베를린에서는 17세기 말부터 위그노 장인들이 설립한 방직·염색 공방이 빠르게 늘어났고, 이는 도시 내 고용을 확대하고 상업 활동을 활성화하는 계기가 되었다. 포츠담에서도 리넨과 모직 생산이 점차 규모를 갖추며 지역 경제의 중요한 축으로 자리 잡았다.

이러한 변화는 단기적인 경기 회복에 그치지 않았다. 위그노들이 정착한 지역에서는 기술 전수와 직업 훈련이 자연스럽게 이루어졌고, 수공업 중심의 생산 방식은 점차 분업과 전문화를 특징으로 하는 구조로 발전했다. 이는 브란덴부르크-프로이센이 농업 중심 사회에서 상공업과 제조업이 결합된 경제 구조로 이행하는 데 중요한 역할을 했다. 18세기와 19세기에 이르러 독일은 화학, 기계공업, 정밀 제조업을 중심으로 근대적 산업 국가로 성장하였다. 이 과정에서 국가 교육 제도, 관료 행정, 과학 연구와 결합된 산업 정책이 결정적인 역할을 했지만, 그 기저에는 이미 수 세기에 걸쳐 축적된 기술 문화와 생산 관행이 존재했다. 위그노 이주를 통해 형성된 숙련 기술 중심의 일 문화와 상공업적 사고방식은 이러한 장기적 산업 발전의 중요한 구성 요소였다.

독일은 위그노가 가진 상공업과 화학, 기계공업의 기술력을 바탕으로 기간산업을 구축했고, 이것이 훗날 벤츠(Benz), BMW 등으로 대표되는 자동차 산업으로 발전했다. 제약회사 바이엘(Bayer)의 창업자 프리드리히 바이엘(Friedrich Bayer, 1825-1880)과 메르세데스 벤츠(Mercedes-Benz)의 창업자 카를 벤츠(Carl Friedrich Benz, 1844-1929) 모두 위그노의 후손들이다. 위그노의 정착은 독일이 유럽의 기술공업 강국으로 성장하는 과정에서 인적 자본과 기술적 기반을 확보한 중요한 계기가 되었다. 위그노의 숙련된 기술, 근면한 일 윤리, 그리고 개혁교회의 실천적 신앙은 전쟁으로 피폐해진 독일 사회에 새로운 생산 문화와 경제적 활력을 불어넣었다.

4) 스위스 및 기타 지역

스위스는 프랑스 남부의 위그노들에게 가장 가까우면서도 안전한 피신처였다. 종교개혁자 칼빈이 사역했던 제네바(Geneva)를 중심으로, 개혁교회를 국교로 공인한 스위스의 여러 도시와 주들은 위그노 난민을 적극적으로 수용했다. 이들 지역은 임시 피난처에 그치지 않고 위그노 공동체가 정착하여 장기적으로 활동할 수 있는 안정된 환경을 제공했다. 17세기 후반에서 18세기 초 사이 수만 명의 위그노가 스위스로 유입되었고, 이 가운데 약 2만 명가량이 정착하였다. 위그노들은 프랑스에서 이미 축적한 고도의 기술과 상공업 경험을 바탕으로 정밀기술, 시계 및 시계 부품 제조, 금융과 상업 활동 등 전문성이 요구되는 분야에서 두각을 나타냈다. 특히 제네바에서는 위그노 출신 시계 장인들이 기존의 금세공 기술을 계승·발전시키며 고품질 시계 제작을 전문화했고, 이러한 기술의 축적은 이후 스위스가 정밀 산업과 시계 제조의 중심지로 자리 잡는 데 중요한 기반이 되었다. 이와 함께 상업 금융과 신용 활동의 확대는 스위스 도시들이 국제 상업 네트워크에 편입되는 계기로 작용했다.

위그노의 이주는 유럽에만 국한되지 않았다. 북아메리카로 건너간 위그노들은 신앙 난민이 아닌 상공업 기술과 자본 운용 경험을 갖춘 이민자 집단이었다. 그들은 17세기 말부터 뉴욕과 뉴저지 일대를 비롯한 여러 식민지 지역에 정착해 농업, 제조업, 무역, 부동산 개발 등 다양한 경제 활동에 참여했다. 뉴욕주 롱아일랜드 북단에 형성된 뉴 로셸(New Rochelle)은 위그노들이 공동체를 이루어 토지를 개간하고 농업 기반을 다진 대표적인 사례다. 남부 지역에서도 위그노의 활동은 두드러졌다. 사우스캐롤라이나의 항구도시 찰스턴(Charleston)에는 위그노 공동체가 형성되어 담수지 개발과 농장 운영, 상업 투자에 참여했다. 일부 위그노 가문은 토지를 매입해 대규모 농장을 경영하며 지역의 농업 기술과 유통망을 발전시켜 남부 식민지 경제를 성장시켰다. 또한 뉴욕과 펜실베이니아 동부, 델라웨어강 유역에 정착한 위그노들은 제조업과 수공예 기술을 도입해 현지 산업의 기초를 마련했다. 뉴팰츠에 남아 있는 '위그노 거리'(Huguenot Street)는 이들이 세운 돌집과 작업장이 보존된 공간으로 당시 위그노 장인들이 석재, 목공, 방직 등의 기술을 전파했던 흔적을 보여 준다.

위그노는 북미 식민지 시대의 기술자, 상인, 농업개척자로서 중요한 역할을 담당했다. 그들은 신앙의 자유를 찾아 새로운 땅으로 건너왔지만, 동시에 일과 상업을 하나의 소명으로 인식하며 경제적 번영과 지역 사회의 기초를 세우는 데 기여했다. 신앙과 근면의 결합은 초기 미국 사회의 정신과 산업적 토대를 형성하는 데 중요한 동력이 되었다.

위그노의 영향은 북미를 넘어 더 넓은 지역으로 확산되었다. 러시아에서는 위그노 혈통의 후손들이 공예와 예술 분야에서 활동했으며, 그 대표적 인물은 보석 세공가 피터 칼 파베르제(Peter Carl Fabergé, 1846-1920)다. 그는 황실을 위한 정교한 예술품을 제작해 러시아 공예문화의 대표적 유산을 남겼다. 또한 아프리카 남단의 남아프리카공화국(South Africa)에서는 1688년경

약 200여 명의 위그노가 케이프타운 인근 프랑슈훅(Franschhoek)[103]에 정착했다. 이들은 포도 재배와 와인 양조에 뛰어난 기술을 보유하고 있었으며, 그들의 전통은 오늘날 남아프리카 와인 산업의 기초로 이어지고 있다. 프랑슈훅 지역의 여러 와이너리는 지금도 위그노 가문의 이름을 유지하며 운영되고 있다.

이처럼 위그노의 대규모 유출은 프랑스 내부에서는 숙련된 산업·기술 인력의 손실을 초래했지만, 역설적으로 그들이 정착한 유럽과 식민지 각지에서는 경제 발전을 촉진하는 요인으로 작용했다. 스위스, 북아메리카, 남아프리카, 러시아 등지에서 위그노들은 기술력뿐 아니라 '일은 신앙의 실천이며 직업은 하나님의 부름'이라는 개혁교회적 소명 의식을 실천하며 근대적 직업윤리를 확산시켰다. 그들의 근면한 일 태도와 상공업 정신은 이후 자본주의적 윤리가 형성되는 과정에 중요한 요소로 작용했고, 유럽과 신대륙의 경제 구조 변화에 영향을 미쳤다.[104]

4. 유럽 각국에 미친 종교적 영향

위그노의 대이주는 유럽 종교사의 중요한 전환점이었다. 그 중심에는 칼빈의 사상과 제네바 개혁교회의 영향이 있었다. 칼빈의 설교와 저서를 통해 정립된 가르침은 제네바에서의 사역을 통해 구체적으로 구현되었고 이를 수용하는 교회와 성도들은 빠르게 증가했다. 그의 신학은 새로운 종

---

103 프랑슈훅(Franschhoek)은 네덜란드어로 'French Corner'(프랑스인의 지역/구석)을 뜻한다. 케이프타운에서 약 80km 떨어진 서케이프주의 마을로 남아공 최고의 와인 산지가 되었다.
104 16-17세기 유럽에서 가장 발달한 문명을 가진 네덜란드, 영국, 프랑스에서 행해진 정치적·문화적 투쟁들은 칼빈주의 신앙의 이름으로 행해졌다. 참조. Max Weber, *Die Protestantische Ethik und der Geist des Kapitalismus*, 박문재 역, 『프로테스탄트 윤리와 자본주의 정신』 (파주: 편대지성, 2018), 162.

교적 방향을 모색하던 사람들에게 복음의 본질에 대한 성경적 이해를 제시했으며, 예배와 교회의 구조, 공동체 운영에 관한 구체적인 지침은 새롭게 형성되는 신앙 공동체의 요구에 부합했다. 이처럼 제네바에서 확립된 신학적·제도적 모델은 디아스포라 위그노가 낯선 정착지에서도 신앙의 정체성을 유지할 수 있게 한 공통의 토대가 되었고, 동시에 그들이 정착한 각 나라의 역사적·사회적 조건과 결합해 서로 다른 종교적 영향으로 나타났다.

1) 네덜란드: 개혁주의 신앙과 선교

네덜란드는 16세기 인문주의 르네상스가 활발히 전개되었고, 에라스무스의 기독교 인문주의 전통은 루터와 칼빈의 종교개혁 사상을 수용할 수 있는 지적 토양을 제공했다. 또한 일찍부터 출판업이 발달하고 문해율이 높아 종교개혁 문헌과 신학 논의가 사회 전반으로 빠르게 확산될 수 있는 환경을 갖추고 있었다.[105] 이와 같은 지적·사회적 배경 속에서 형성된 네덜란드의 개혁주의 신앙은 스페인 합스부르크 왕조에 맞선 독립전쟁 과정에서 정치적·종교적 정체성과 결합하며 더욱 공고해졌다. 네덜란드 개혁교회는 네덜란드 신앙고백서(Belgic Confession, 1561)와 하이델베르크 교리문답(Heidelberg Catechism, 1563)을 통해 교리적 기초를 정립했고, 이어 도르트 신조(Canons of Dort, 1618-1619)를 통해 칼빈주의 신학의 핵심 원리를 확립했다. 이 신앙 문서들은 네덜란드 개혁교회의 정체성을 형성하는 기준이 되었을 뿐 아니라 사회 전반의 종교적 세계관에도 지속적인 영향을 미쳤다. 특히 도르트 신조는 하나님의 절대주권과 예정론을 강조하는 동시에, 인간의 삶과 일 전체가 하나님의 부르심 안에 있다는 '소명 의식'을 분명히 했다. 이러한 신학적 인식

---

105 Jonathan Israel, *The Dutch Republic: Its Rise, Greatness, and Fall 1477-1806* (New York: Clarendon Press, 1995), 79-81,

은 신앙을 개인의 내면적 문제에 국한하지 않고, 상업·정치·사회 활동 전반과 연결하는 사고를 낳았다. 그 결과 상업과 해외 진출은 단순한 경제 행위가 아니라 신앙인의 책임과 소명의 연장선으로 이해되었다.

이러한 인식이 사회 전반에 자리 잡은 가운데 네덜란드 동인도회사(Vereenigde Oostindische Compagnie, VOC)가 1602년에 설립되었다. VOC는 상업적 목적을 지닌 무역 회사로 선교 활동이 현지 지배층과의 갈등을 일으켜 무역 이익을 저해한다고 판단될 때는 선교를 철저히 제한하는 실용주의적인 노선을 취하였다. 그러나 도르트 신조가 확립된 이후 개혁주의 세계관은 VOC를 둘러싼 사회적 환경과 문화에 영향을 미쳤다. 회사의 경영자와 항해사, 해외 거점에 파견된 인물들 중에는 개혁교회 성도들이 있었고, 그들은 무역 활동과 함께 신앙 공동체의 유지와 형성을 중시했다. 그 결과 VOC의 주요 무역항과 행정 중심지에는 교회와 학교가 세워졌고, 예배와 기독교 교육이 이루어졌다. 회사 차원의 공식 선교 정책은 제한적이었으나, 개혁주의 신앙을 지닌 인물들의 주도로 복음 전파와 교육 활동, 현지어 성경 번역이 추진되었다. 이러한 VOC의 선교사역은 상업과 신앙이 결합된 독특한 형태의 초기 근대 선교로 발전했으며, 도르트 신조가 형성한 개혁주의 신학이 유럽을 넘어 아시아로 확산되는 계기를 마련했다.

2) 영국: 개혁주의 신앙의 확산

영국은 16세기 후반 성공회를 국교로 확립했으나 17세기 후반 위그노의 대규모 유입은 칼빈주의 신앙의 확산을 가속하는 계기가 되었다. 프랑스의 종교 박해를 피해 이주한 위그노들은 조직화된 개혁주의 신앙 전통과 풍부한 교회 운영 경험을 갖춘 집단이었으며, 이를 바탕으로 영국 사회 내에서 독자적인 종교 네트워크를 빠르게 형성했다. 1688년 런던에는 21개의 칼빈주의 교회가 존재했고, 1700년에는 그 수가 23개로 늘어났다. 이러한 교회들은 런던뿐 아니라 전국 각지로 확산되며 개혁주의 신앙의 기반을 넓혀 갔다. 각 위그노 공동체는 교회·연합회·목회자를 중심으로 한 네트워크를 구축해 신앙과 공동체 생활을 안정적으로 유지했다. 역사학자 그랜트(A. J. Grant)는 영국으로 이주한 위그노들은 종교적 특성을 결코 잃지 않았으며, 그들이 거주한 모든 지역에는 교회와 연합회, 목회자가 존재했다고 주장했다.[106] 이와 같은 조직적 구조는 낯선 사회 환경 속에서도 위그노 공동체가 지속성과 결속력을 유지하는 핵심 장치로 작용했다.

국가 차원의 제도적 수용 역시 이러한 정착을 뒷받침했다. 1708년 제정된 외국 프로테스탄트 귀화법은 위그노를 포함한 개신교 이민자들에게 시민권 취득과 종교의 자유를 보장했고, 이는 프랑스계 개혁교회가 합법적으로 활동하며 조직을 확장하는 데 중요한 기반이 되었다. 런던에서는 스레드니들가 프랑스 교회(Threadneedle Street French Church)가 신앙, 교육, 구제 활동의 중심지가 되었고, 스피털필즈와 소호 일대의 프랑스계 교회들은 예배와 성례, 혼인과 장례를 프랑스어 전례로 집례하며 공동체의 정체성을 유지했다. 지방에서도 캔터베리, 노리치, 콜체스터 등지에 프랑스계 개혁교회가 연속적으로 세워져 이민 2·3세대에 이르기까지 교리 교육과 목회적 돌봄이 이어졌다.

이러한 교회 네트워크는 종교 영역에만 머물지 않고 도시 사회 전반으로 영향력을 확장했다. 런던 스피털필즈의 교회들은 직조 조합과 상호부조 기금을 운영해 성도들의 생계 안정과 도제 교육을 지원했고, 대륙의 위그노 공동체와 서신을 교환하며 박해지역 성도 명단, 구호금, 목회 인력을 연결하는 통로 역할을 했다. 또한 수감자 구호, 병자 심방, 고아 보호와 같은 도시 빈민 사역도 교회 주도로 이루어져 위그노 교회는 신앙 공동체이자

---

106 Arthur James Grant, *The Huguenots* (North Haven: Archon Books, 1969), 191

사회적 안전망으로의 역할을 감당했다. 신앙 지도력은 강단을 넘어 도시문화로 확산되었다. 프랑스계 설교자들은 성경 강해와 직업윤리를 결합한 '주일 오후 강론회'를 정례화하여 상공업자와 직조공들에게 규율과 절제를 강조했다.

디아스포라 위그노의 유입은 영국에 개혁주의 사상을 전파하는 데 크게 기여했다. 그 신앙의 유산을 물려받은 후손 중 대표적인 인물이 19세기의 명설교가 찰스 스펄전(Charles H. Spurgeon, 1834-1892)이다.[107] 스펄전은 위그노 전통을 매우 높이 평가했으며, 이는 그의 자서전에도 잘 나타나 있다. "영국은 낯선 위그노들을 맞이하기 전까지는 가난한 땅이었습니다. 위그노 혈통은 많은 사람들이 생각하는 것보다 훨씬 더 우리와 관련이 있습니다."[108] 그는 프랑스의 개혁주의 신앙의 발전을 위해 힘쓰며 프랑스 침례교도들을 지원했다. 또한 영국의 위그노 공동체는 네덜란드를 비롯한 유럽 대륙과의 지속적인 교류를 통해 개혁주의 신앙이 다시 확산되는 데 중요한 매개 역할을 했다.

3) 독일과 대서양을 건넌 위그노 공동체

위그노의 확산은 유럽 대륙에 한정되지 않았다. 17세기 후반 이후 그들의 신앙과 공동체 전통은 독일과 북유럽을 거쳐 대서양을 건너 북아메리카에 이르기까지 광범위하게 퍼져 나갔다. 이 과정에서 위그노는 단순한 종교 난민 집단이 아니라 신앙·문화·기술을 함께 이동시키는 디아스포라 공동체로 수용되었다. 독일에서 위그노의 정착 경험은 지역에 따라 뚜렷한

---

107 1856년 처음 파리를 방문한 이후 스펄전은 프랑스를 오가며 설교사역과 프랑스 복음주의 교회 지원사역을 했다. 그의 신혼여행지는 프랑스였고, 생을 마감한 곳은 그가 프랑스에서 종종 머물렀던 '제2의 고향' 멩통(Mentone)이었다. 참조. Ian M. Randall, "C.H. Spurgeon (1834-1892): A Lover of France," *European Journal of Theology* 24/1 (2015): 57, 64.
108 Randall, "C.H. Spurgeon (1834-1892): A Lover of France," 57

차이를 보였다. 루터파가 지배적인 지역에서는 이단적 존재로 경계받거나 제한적인 수용에 그쳤지만, 브란덴부르크-프로이센 지역에서는 상황이 달랐다. 이곳에서는 선제후 프리드리히 빌헬름의 적극적인 정착 정책 아래 위그노에게 종교의 자유와 경제 활동의 기회가 제공되었고 이는 공동체 형성의 중요한 전제 조건이 되었다. 위그노들은 베를린과 주변 도시들에 개혁교회를 세우고 상공업과 수공업 기술을 전수했으며, 베를린의 위그노 교회는 신앙과 교육, 문화 활동의 중심지로 발전했다. 비록 위그노는 독일 사회에서 소수 집단에 불과했지만 그들의 영향력은 종교와 경제 두 영역에서 분명하게 나타났다. 프랑스어 예배가 19세기 초까지 유지된 점은 위그노 공동체가 언어와 예전을 통해 장기간 신앙적·문화적 정체성을 지켜왔음을 증명한다. 이러한 지속성은 위그노 공동체가 이주지 사회에 그저 체류한 것이 아니라 그 땅에 깊이 뿌리내린 견고한 신앙 네트워크였음을 말해 준다.

이 신앙 네트워크의 확산은 유럽을 넘어 대서양 건너 북아메리카에서도 이어졌다. 17세기 말부터 약 1만 명가량의 위그노가 네덜란드와 영국 식민지 지역으로 이주해 뉴욕과 뉴저지, 그리고 주변 지역에 정착했다. 이들은 기존의 개혁주의 신앙을 계승하면서 교회를 세우고 공동체 중심의 신앙생활을 이어갔다. 뉴욕과 스태튼아일랜드 일대에서는 위그노 공동체를 기반으로 한 교회와 선교 활동이 전개되며 식민지 사회에서 개혁주의 신앙 전통이 자리 잡는 토대가 되었다. 북미 남부에서도 위그노의 흔적은 뚜렷하게 남아 있다. 사우스캐롤라이나의 찰스턴에는 19세기 중반에 건립된 위그노 교회가 현재까지 보존되어 있으며, 이는 미국에서 가장 오래된 프랑스계 개신교 공동체 가운데 하나로 평가된다. 이 교회는 위그노 신앙 전통이 세대를 거쳐 계승되었음을 보여 주는 상징적 공간으로, 신앙이 국경과 세대를 넘어 공동체의 뿌리가 될 수 있음을 보여준다.

위그노의 망명은 칼빈주의 지역으로만 국한되지 않았다. 일부는 가톨릭이 우세한 아일랜드, 루터파가 중심이었던 스칸디나비아, 정교회 전통의 러시아 등으로도 이주했다. 그들의 이주는 각 지역의 종교적 단일성을 완화시키는 효과를 낳으며 근대 유럽의 종교적 다양성을 만들어 내는데 기여했다.

3장 동인도회사와 선교: 세속기관과 신앙의 동행

17세기는 유럽과 아시아의 정치·경제·종교적 지형이 급격히 재편된 시기였다. 스페인과 포르투갈이 주도하던 가톨릭 해양 제국의 영향력이 약화된 가운데 네덜란드와 영국은 새로운 방식으로 아시아 진출을 본격화했다. 두 나라는 가톨릭 국가들과 달리 국가로부터 독점적 특권을 부여받은 상업 조직, 즉 동인도회사를 중심으로 해외 진출을 추진했다. 이러한 제도적 차이는 선교의 방식과 성격에서도 뚜렷한 차이를 낳았다. 국왕의 권위와 가톨릭 교회의 직접적인 포교를 앞세웠던 이전 세대와 달리, 네덜란드와 영국의 아시아 진출은 철저히 상업적 이익을 우선하는 기업 체제 아래에서 이루어졌다.

네덜란드 동인도회사와 영국 동인도회사는 모두 주식회사 형태의 상업 조직으로 설립되었고, 공식적인 목적은 무역과 이윤 창출에 있었다. 창립 초기에는 상업적 성공과 종교적 경건을 동시에 추구하려는 이상이 제시되었으나,[109] 점차 회사 운영이 주주의 이익과 경제적 효율성에 집중되면서 기독교 사역은 무역 활동을 방해하지 않는 범위 내에서 제한적으로 수행되는

---

109 Daniel O'Connor, *The Chaplains of the East India Company 1601-1858* (London: Bloomsbury, 2013), 4-7; Jan Sihar Aritonang and Karel Steenbrink, ed., *A History of Christianity in Indonesia* (Leiden: Brill, 2008), 99-100

방향으로 조정되었다. 그럼에도 불구하고 이들 회사는 각국의 종교적·신학적 환경으로부터 완전히 독립된 존재일 수는 없었다. 네덜란드 동인도회사는 도르트 총회 이후 확립된 개혁주의 신학의 영향을 받았고, 영국 동인도회사는 18세기에 접어들며 영국 내 복음주의 운동과 연결되었다. 이러한 신학적 배경은 회사 차원의 공식 정책이라기보다는 회사에 파송된 채플린과 신앙을 가진 직원들, 그리고 이들과 연대했던 본국의 목회자와 성도들의 실천을 통해 반영되었다. 그들은 상업 조직이라는 제약 속에서도 신앙인으로서의 책임을 다하고자 했다.

그 결과 동인도회사 자체가 선교 기관으로 기능하지는 않았지만, 회사의 보호 아래 활동하던 채플린과 크리스천 직원들의 지속적인 노력으로 아시아 여러 지역에서 성경 번역과 기독교 교육이 이루어졌다. 이들은 열악한 기후와 언어적 장벽, 정치적 불안정 속에서도 말레이어, 힌디어, 아랍어, 페르시아어, 중국어 등 다양한 언어로 성경을 번역했다. 그 과정에서 네덜란드 동인도회사와 영국 동인도회사는 소속 채플린과 크리스천 직원들의 지위와 안전을 보장하는 일종의 보호막 역할을 했다. 그들이 수행한 번역 작업은 각 지역 언어의 문어화와 어휘 체계 정립, 교육 자료의 형성에도 영향을 미쳤으며, 종교적 텍스트를 넘어 언어사적 의미를 지니는 결과를 창출했다. 3세기에 걸쳐 진행된 성경 번역은 아시아 지역의 복음 전파에 커다란 디딤돌을 놓으며 선교의 위대한 세기로 연결되었다. 이 장에서는 세속적 상업기관이었던 네덜란드 동인도회사와 영국 동인도회사가 어떤 신학적·사회적 맥락 속에서 선교와 관계를 맺었는지를 살펴본다.

1. 네덜란드 동인도회사와 성경 번역

네덜란드는 16세기 말부터 17세기에 걸쳐 이른바 황금기(Gouden Eeuw)에 접어들며 원거리 항해와 해외 무역, 식민지 개척에 적극적으로 나섰다. 특히 1580년대 이후 스페인 합스부르크 왕조와의 정치적·군사적 갈등이 심화되면서 네덜란드는 기존의 지중해 및 이베리아 반도 중심의 무역망을 대체할 새로운 해상 교역로를 확보해야할 상황에 직면했다. 이러한 흐름 속에서 네덜란드의 아시아 진출은 17세기 초 본격화되었다. 아시아 무역으로의 전환을 가속한 직접적인 계기 가운데 하나는 스페인의 국왕 필립 2세(King Philip II, 1527-1598)가 이베리아 반도를 통제하며 네덜란드 상인들의 무역 활동을 제한한 조치였다. 이에 따라 네덜란드는 향신료 무역의 주도권을 확보하기 위해 독자적인 항로 개척과 조직적 대응에 나섰다. 그 결과 1602년 기존에 경쟁하던 여러 상회들을 통합해 네덜란드 동인도회사(Vereenigde Oostindische Compagnie, VOC)를 설립했다. VOC는 세계 최초의 주식회사이자 국가로부터 광범위한 특허를 부여받은 상업 조직으로, 전쟁 수행, 조약 체결, 식민지 행정에 이르기까지 준국가적 권한을 위임 받았다. 이러한 제도적 기반 위에서 VOC는 빠르게 아시아 무역에서 우위를 확보했고, 17세기 동안 네덜란드는 VOC를 통해 막대한 상업적 이익을 거두며 해상 강국으로 부상했다.[110]

VOC의 아시아 거점은 단계적으로 형성되었다. VOC는 1602년 동인도 총독인 얀 피터손 쿤(Jan Pieterszoon Coen, 1587-1629)과 함께 인도네시아 바타비아(Batavia, 현 Jakarta)에 회사를 세웠다.[111] 1605년 이후 한동안 암본(Ambon)

---

110 1602년부터 1796년 사이에 VOC는 4,785척의 선박과 백만 명에 가까운 유럽인을 아시아에 보냈고 250만 톤 이상의 무역 상품과 노예를 확보했다. 비슷한 시기 영국 동인도회사의 무역량은 VOC의 1/5에 불과했다.

111 Ni Wayan Radita Novi Puspitasari, "The History of Christianization : Education as the First Step of Spreading the Religion in Batavia in the 17th Century," *International Journal of History Education* 14/1 (2013): 86.

이 주요 거점이 되었으나 1619년 바타비아에 본부가 설립되었다. 이후 바타비아를 중심으로 반탐(Bantam), 반다(Banda), 테르나테(Ternate) 등지로 영향력이 확대되었고, 바타비아는 VOC 아시아 무역 네트워크의 행정·군사·상업 중심지로 자리 잡았다.[112]

이 시기 네덜란드에서는 국가와 개혁교회 사이의 긴밀한 관계가 유지되고 있었으며, 이러한 구조는 VOC의 활동 환경에도 영향을 미쳤다. 다만 VOC 설립 당시의 특허장에는 종교 활동에 관한 명시적인 조항이 포함되어 있지 않았고, 회사의 1차적 목적은 어디까지나 상업적 이윤 창출에 있었다. 종교적 의무가 공식적으로 문서화된 것은 1623년 특허권이 갱신되면서부터로, 이때부터 VOC는 소속 지역에서 개혁교회 예배를 유지하고 목회자를 지원할 책임을 지게 되었다. 이러한 제도적 변화는 VOC가 선교 기관으로 전환되었음을 의미하지는 않았지만, 회사의 보호 아래 활동하던 채플린과 신앙을 가진 직원들이 종교적 역할을 수행할 수 있는 여지를 넓혀 주었다. 이후 VOC의 통치 아래 있던 아시아 여러 지역에서는 교회 설립과 예배, 교육 활동이 점차 제도화되었고, 이는 성경 번역과 기독교 교육으로 이어지는 기반을 조성했다. 네덜란드 동인도회사는 본질적으로 상업 조직이었으나 그 활동 공간은 결과적으로 성경 번역과 신앙 전파가 이루어지는 역사적 무대가 되었다.

1) 네덜란드 동인도회사와 도르트 총회

네덜란드는 16세기 후반 스페인에 맞서 독립전쟁을 치르는 과정에서 정치적 필요와 신앙적 선택이 맞물리며 개혁주의 신학을 수용했다. 그러나 개혁주의 신앙이 국가와 교회의 공적 질서로 정착되기까지는 상당한 신학

---

112 Aritonang and Steenbrink, *A History of Christianity in Indonesia*, 100.

적·정치적 갈등이 뒤따랐다. 이러한 긴장을 조정하고 교리적 통일을 이루기 위해 소집된 회의가 도르트 총회(Synod of Dort)였다. 도르트 총회는 1618년 11월 13일부터 1619년 5월 9일까지 열렸으며, 알미니안주의 논쟁을 정리하고 칼빈주의 예정론을 네덜란드 개혁교회의 정통 교리로 재확인했다. 이 회의에서 채택된 도르트 신조(Canons of Dort)는 이후 '칼빈주의 5대 교리(TULIP)'로 정리되는 개혁주의 신학의 핵심 내용을 담은 문서로 평가된다. 도르트 총회는 네덜란드 독립이라는 역사적 수레 위에 개혁신학이 실려 운반되었다고 표현될 만큼 종교개혁의 오랜 논쟁 끝에 맺어진 신학적 결실이었다. 도르트 신조는 교리적 논쟁을 정리하는 데 그치지 않고, 국가와 교회의 관계에 대해서도 원칙과 권한을 제시했다. 국가는 교회의 독립성을 존중해야 하지만, 동시에 공적 예배와 신앙을 보호하고 우상숭배와 거짓 종교를 억제할 책임을 지닌다는 인식이 공유되었다. 이러한 관점은 가시적 교회의 목회 사역과 교회 제도의 공적 중요성을 강조하는 방향으로 전개되었다.

네덜란드 교회의 신학적 분위기는 1623년 VOC의 특허장(Octrooi van de VOC) 개정 과정에 반영되었다. VOC의 첫 번째 특허장에는 종교에 관한 조항이 포함되지 않았으나 개정을 통해 VOC의 종교적 의무가 처음으로 공식화되었다.[113] 다만 VOC 헌장에는 선교를 명시적으로 규정하는 조항은 포함되지 않았고, '공공 신앙의 유지'(public faith)에 관한 일반적 언급이 주를 이루었다.[114] 이는 VOC가 선교 기관으로 전환되었음을 의미하지는 않지만, 회사가 관할 지역에서 개혁교회 예배와 목회 활동을 유지할 책임을 인식했음을 보여 준다. 종교적 의무로서의 목회 및 선교 책임은 초대 총독 피터 보트(Pieter Both, 1568-1615)와 후임 헤라르트 레인스트(Gerard Reynst, 1568-1615)의

---

113 Aritonang and Steenbrink, *A History of Christianity in Indonesia*, 99.
114 G. M. J. M. Koolen, *Een seer bequaem middel: Onderwijs en Kerk onder de 17e-eeuwse VOC* (Kampen: Kok, 1993), 24; Aritonang and Steenbrink, *A History of Christianity in Indonesia*, 100에서 재인용.

지시를 통해 구체화되었다. 그들은 비기독교인들에게 복음을 전하기 위해 아시아 무역을 장려해야 한다고 주장하며, 인도 제도에 파견되는 함대에는 반드시 목사와 교사를 동반시켜야 하며, 그들이 본분을 다할 수 있도록 돌봐야 한다고 명시하였다.[115]

VOC는 광대한 영토 중 일부 지역에서 적극적인 선교 활동을 지원했으나, 대부분의 지역에서는 유럽인과 일부 아시아인으로 구성된 기독교 공동체를 위한 제한적 목회 활동이 이루어졌다. 그럼에도 불구하고 기독교는 VOC가 진출한 거의 모든 주요 정착지에서 공적 종교로 자리 잡았다. VOC는 헌장에 명시된 목회적 책임을 비교적 충실히 이행한 고용주였으며, 약 200년에 걸쳐 900명 이상의 채플린과 종교 담당자를 관할 지역에 파송했다. 비록 모든 성직자가 충분한 학문적 훈련을 받은 것은 아니었지만, 이 제도는 VOC의 행정적 보호와 감독 아래 비교적 안정적으로 유지되었다.

바타비아(Batavia)에서는 이러한 정책이 구체적인 교회 조직으로 구현되었다. VOC의 재정 지원으로 바타비아의 초대 채플린 훌스보스(Hulsebos)는 판 라이(Van Raay) 사령관, 얀 얀스(Jan Jansz) 대위, 판 고르쿰(Van Gorcum), 아드린 야콥스(Adriwn Jacobsz), 그리고 상인 에버트 헤르만존(Evert Hermanszoon) 등과 함께 초기 교회를 구성하였다.[116] 1620년 1월 14일, 훌스보스는 자신의 집에서 야콥 안토니쉰 더벨트라이크(Jakob Anthoniszoon Dubbeltrijck), 요한네스 블룸(Johannes Bloem), 코르넬리스 마스(Cornelis Maes), 코르넬리스 루버츠(Cornelis Lubbertsz)와 첫 모임을 갖고 교회의 세 가지 기본 요소 -교회 협의회 설립, 관리 체계, 규정 제정- 를 논의하였다. 그들은 이를 토대로 바타비아 교회를 조직하고, 개종자들을 위한 기초 신앙교육 규칙을 마련하였다. 이

---

115 Articles 10 and 13 of the Instruction to Pieter Both; Koolen, *Een seer bequaem middel: Onderwijs en Kerk onder de 17e eeuwse VOC*, 25; Aritonang and Steenbrink, *A History of Christianity in Indonesia*, 100에서 재인용.
116 Puspitasari, "The History of Christianization," 86.

규칙에는 ▲VOC의 기독교화 정책, ▲종교 행정 조직, ▲교회 협의회 설립, ▲총독의 종교적 책임과 위임, ▲주일 준수, ▲기독교적 혼인 규정[117] 등 여섯 가지 핵심 영역이 포함되었다. 이는 현지 교회가 식민지 사회의 도덕과 사회 질서에 영향을 미치는 공적 예배 공동체를 지향했음을 보여준다.

1623년 초 홀스보스가 자바인들에게 말레이어[118] 교육을 시작하면서 채플린들에 의한 기독교 교육과 전도가 본격화되었다. 총독과 교회는 자바인들에게 기독교 신앙을 권면했고, VOC는 개종 지역마다 학교 설립을 지원했다. 채플린들은 학교 운영에 참여해 네덜란드어와 현지 언어를 병행하며 기독교 교리를 가르쳤고, 이는 성경 번역과 신앙 교육으로 이어졌다. 이러한 교육과 번역 사역은 바타비아 주민들이 새로운 종교를 이해하는 데 효과적인 수단이 되었으며, 네덜란드인과 자바인 사이에 비교적 긴밀한 관계를 형성하는 데 기여했다.

결과적으로 도르트 총회에서 확립된 신학적 원칙은 VOC를 선교 기관으로 바꾸지는 않았지만, 동인도회사라는 세속적 통치·상업 구조 안에서 목회와 교육, 번역 사역이 가능해지는 제도적 틀을 제공했다. 이 틀 속에서 이루어진 채플린의 활동은 이후 네덜란드 개혁주의 선교와 성경 번역 전통의 중요한 출발점이 되었다.

2) 네덜란드 동인도회사 채플린과 직원의 성경 번역

네덜란드 동인도회사(VOC)의 통치 아래 인도네시아 지역에서 사용되던

---

117 VOC는 네덜란드 여성의 입국을 허용하지 않았기 때문에 VOC 소속 사람들은 바타비아 여성, 즉 자바 여성들과 결혼했다. 자바 여성과 결혼하는 직원 및 군인들은 아내의 신앙을 기독교로 개종시켜야 했다. 따라서 많은 네덜란드 남성들이 정식결혼을 하지 않고 살았고 VOC는 이러한 커플들에게 교회의 축복이 필요하다고 선언했다. 참조. Puspitasari, "The History of Christianization," 87.
118 말레이어는 말레이시아, 인도네시아, 브루나이, 싱가폴에서 사용하는 공용어이다. 인도네시아는 20세기에 독립한 이후 지배국 언어였던 네덜란드어·일본어와 혼재되었던 언어체계를 정비하여 '바하사 인도네시아'(Bahasa Indonesia)라고 명칭하는 공용어를 사용하고 있다. 바하사 인도네시아는 언어적 측면에서 말레이어에 속한다.

주요 언어는 네덜란드어, 포르투갈어, 그리고 말레이어였다. 16세기 포르투갈의 영향으로 포르투갈어는 VOC 초기 사회에서도 상당 기간 사용되었고, 네덜란드어는 바타비아의 네덜란드인 학교와 행정 영역에서 공식 언어로 자리 잡았다. 말레이어는 자바인을 비롯한 현지인들이 타민족과 교역할 때 사용하는 공용어였으나 18세기 말에 이르러 바타비아에서 가장 중요한 언어로 부상했다.[119] VOC가 아시아에 본격적으로 자리 잡기 이전인 1600년경 바타비아에 도착한 상인이자 후일 VOC 고위 관리가 된 알버트 코르넬리우스 루일(Albert Cornelisz Ruyl)은 무역 공용어였던 말레이어를 익혀 성경 번역에 착수했다. 그는 1612년 마태복음 번역을 완료했는데 이는 영국에서 킹제임스 성경이 출판된 이듬해에 해당한다. 루일역은 1629년 네덜란드-말레이어 대조성경으로 네덜란드에서 출판되었고,[120] 1638년에는 마가복음이 출판되었다. 루일의 번역본들은 1646년 VOC 직원인 얀 판 하셀(Jan Van Hasel, ?-1632)이 번역한 누가복음 및 요한복음과 함께 출판되었다. 영국성서공회와 세계성서공회연합회는 이 역사적인 사건을 다음과 같이 기록했다. "1629년에 인쇄된 첫 말레이어 복음서는 획기적인 사건이다. 최초로 비유럽 언어로 번역된 복음서이기 때문이다."[121] 루일은 판 하셀과 유스투스 흐르니우스(Justus Heurnius, 1587-1652)의 도움을 받아 사복음서 번역을 끝냈다. 이 사복음서와 사도행전 번역은 1651년에 인쇄되었다.

일 년 후 판 하셀과 흐르니우스는 시편의 말레이역을 출판했다. 흐르니우스는 복음을 전파하는 것이 그리스도인의 의무라고 확신한 신학자이자 채플린으로 1618년에 300페이지 분량의 논문 「인도에서 복음을 전파해야

---

119 Puspitasari, "The History of Christianization," 88.
120 최초의 루일역의 제목은 *Iang Testamentum Baharu: Euangelium Ulkadus Bersuratnja Kapada Mattheum* (신약: 마태복음)이다.
121 Eugene A. Nida, ed. *The Book of a Thousand Tongues* (New York: United Bible Societies, 1972), 269.

할 필요성」(Necessity to Preach the Gospel in the Indies)을 출판했다.[122] 그는 라틴어를 알고 있는 중국인의 도움을 받아 네덜란드-중국어 사전을 편찬했고, 네덜란드-말레이어 사전도 제작했다.

17세기 후반에도 번역 작업은 계속되었다. 다니엘 브라우에리우스(Daniël Brouwerius, 1625-1673)는 1662년에 창세기를, 1668년에 신약전서를 번역·출판했다.[123] 멜키오르 라이데커(Melchior Leijdecker, 1645-1701)는 1675년 바타비아에 와서 이슬람 궁정과 이슬람 학교에서 말레이어를 학습하고 먼저 고전 말레이어 사전을 저술했다. 1691년에 그는 성경전서를 성경 원어로부터 고급 말레이어로 번역하기 시작해 1731년 신약전서를 출간했고, 1733년에는 최초의 말레이어 성경전서를 암스테르담에서 출판했다.[124] 라이즈데커의 번역은 1731-1733년 암스테르담에서 라틴 문자로 인쇄되었고, 25년 뒤인 1758년에는 현지인들이 말레이어 표기 시 사용하는 자위 문자(Jawi Script)[125]로 다시 간행되었다. 다섯 권으로 편집된 이 성경은 말레이어권에서 킹제임스 성경에 해당하는 표준 번역으로 자리 잡았다.[126]

말레이어 성경의 보급은 19세기에 들어서야 체계화되었다. 1880년 영국성서공회가 싱가포르에 상근 직원을 파견하면서 말레이어 성경은 조직적으로 반포되기 시작했다. 이후 네덜란드성서공회, 영국성서공회, 스코틀랜드성서공회는 협력해 1929년 말레이시아와 인도네시아 지역을 위한 공동 말레이어 성경을 출판했다. 더 나아가 1974년 인도네시아성서공회는 초교파용 새번역 성경『알끼땁 떼르제마한 바루』(Alkitab Terjemahan Baru)를,

---

122 흐르니우스는 1628년 Dankaerts와 함께 현지인 교사를 양성하는 Collegium Indicum를 설립했고 암스테르담 교회와 VOC 이사회에 현지인 교사의 필요성을 강력히 호소하였다. 그의 제안은 받아들여졌고 이로써 Collegium Indicum은 현지인 훈련기관으로 기독교 전파를 위한 기반이 되었다. 참조. Puspitasari, "The History of Christianization," 88.
123 브라우에리우스역은 바타비아에서 사용하는 일상 언어들에 가까웠지만, 포르투갈어가 많이 들어와 있고 이해하기 어렵다는 평가를 받았다.
124 로마자로 인쇄한 성경 제목은 *Elkitab, ija itu segala surat Perdjandjian Lama dan Baharuw* 이다.
125 자위는 자바섬에 사는 사람들을 지칭하며, 자위 문자는 자바섬에 사는 사람들이 사용하는 말레이어를 기록하는 데 사용된 아랍 문자의 변형을 뜻한다.
126 Aritonang and Steenbrink, *A History of Christianity in Indonesia*, 127.

1987년 말레이시아성서공회는『알끼땁 떼르제마한 바루/알끼땁 베리따 바익』(Alkitab Terjemahan Baru / Alkitab Berita Baik)을 출판하며 현대 말레이어 성경 번역의 표준을 확립했다.

이와 같이 VOC 채플린과 직원들이 주도한 성경 번역은 수 세기에 걸친 아시아 선교와 성경 번역의 출발점이 되었다.

2. 영국 동인도회사와 성경 번역

영국 동인도회사(The East India Company)는 1600년 엘리자베스 1세(Elizabeth I, 1533-1603)의 설립인가로 출범했고, 이때부터 영국 동인도회사는 아시아 무역에 대한 특허권을 부여받았다. 1670년 찰스 2세(Charles II, 1630-1685) 치하에서 동인도회사는 무역 독점권과 영토 취득 권한을 확보했으며, 이에 따라 아시아 토착 세력에 대한 무장, 선전포고, 강화와 같은 준국가적 권한도 행사할 수 있게 되었다. 동인도회사는 현지인들을 자극할 수 있다는 이유로 처음부터 기독교 선교와 관련된 것은 경계하는 태도를 취했고, 인도에서의 평화와 질서를 위해 종교 관용정책을 채택했다. 동인도회사는 소속 직원들을 위해 채플린들을 채용했지만 그들의 선교활동에 대해서는 대체적으로 제한적이거나 부정적인 입장을 보였다. 그러나 18세기 영국의 부흥운동을 계기로 인도에 대한 종교적 관심이 확대되면서 동인도회사의 반선교 기조를 수정해야 한다는 요구가 점차 힘을 얻었다. 이러한 흐름은 1813년 동인도회사 특허장(The Charter Act 1813) 개정으로 이어졌고, 이를 통해 선교사의 입국과 비교적 자유로운 선교 활동이 제도적으로 허용되었다. 그 결과 인도에서는 선교사 입국과 자유로운 선교활동이 가능해지며 근대적 형태의 개신교 선교가 본격적으로 전개되어 아시아 최초의 현대 선교운

동이 일어났다.[127]

1) 영국 동인도회사와 특허장 개정(1813)

18세기 영국에서 전개된 복음주의적 부흥운동은 특정 교단에 국한되지 않은 초교파적 흐름으로, 목회자뿐 아니라 정치·상업·학문 영역의 평신도들에게도 깊은 영향을 미쳤다.[128] 이는 대중지향적인 성격을 가지며 정치적 각성으로 연결되어 노예제 폐지, 빈민 구제와 같은 사회개혁운동과 선교활동의 두 가지 모습으로 구체화되었다. 영국의 복음주의자들은 영혼구원과 사회적 책임이 긴밀하게 연결된 것으로 이해했고,[129] 이러한 관점에서 동인도회사가 인도에서 유지해 온 종교 비개입 정책을 비판했다. 그들은 신앙적 이유뿐 아니라 도덕적·인도주의적 차원에서도 회사의 특허장이 개정되어야 한다고 주장했다. 이러한 문제 제기는 1793년 동인도회사 특허장 개정 시기부터 본격화되었으며, 이후 여러 복음주의 그룹과 정치 세력이 연대해 지속적인 개정 운동을 이끌어 갔다.

이 과정에서 핵심적 역할을 한 인물들로는 동인도회사의 총독 찰스 그랜트(Charles Grant, 1746-1823)와 정치가 윌리엄 윌버포스(William Wilberforce, 1759-1833)가 있다. 1793년 윌버포스는 동인도회사가 교사들과 선교사들을 인도 전역에 파견하도록 하는 두 가지 법안을 의회에 제출했다.[130] 동인도회사는 사안의 심각성을 곧 인지하고 자신들의 정치적 영향력을 동원해 법안 통과를 저지했다. 동인도회사는 윌버포스와 그의 동료들을 참견하기 좋

---

127 Lyle L. Vander Werff, *Christian Mission to Muslims* (Pasadena: William Carey Library, 1977), 27.

128 Paul E. Pierson, *The Dynamics of Christian Mission*, 197.

129 Willis B. Glover, "English Baptists at the Time of the Down Grade Controversy", *Foundations* vol. 1 (1958): 49.

130 Eric Metaxas, *Amazing Grace : William Wilberforce and the Heroic Campaign to End Slavery*, 김은홍 역, 『어메이징 그레이스 : 윌리엄 윌버포스와 노예제도 폐지 운동』 (서울: 국제제자훈련원, 2008), 396.

아하는 종교주의자들이라고 경멸하며 그들이 원하는 일은 일어나지 않을 것이라고 단언했다. 그럼에도 개정 운동은 중단되지 않았다. 윌버포스는 영국의 인도인에 대한 착취를 "노예 무역에 버금가는, 영국인의 도덕적 품성을 더럽히는 최악의 오점"[131]이라고 비난하며 활동의 범주를 넘었다. 그는 의회 내 복음주의 정치인들과 동인도회사 채플린으로 활동하던 클라우디어스 부캐넌(Claudius Buchanan, 1766-1815) 등과 연대하여 광범위한 연합 전선을 구축하고 영향력을 결집시켰다. 그는 영국이 인도에서 선교의무를 소홀히 한 것을 "우리의 가장 큰 국가적 범죄"[132]라고 개탄하며 이 문제를 정치적·윤리적 의제로 지속적으로 제기했다. 그들은 20여 년 동안 특허장 개정을 위해 노력했고, 마침내 1813년 7월 21일 동인도회사 특허장 개정안이 가결되었다.

개정된 특허장에는 동인도회사가 박애와 자선, 종교적 목적으로 인도에 거주하거나 거주하려는 사람들에게 충분한 편의를 제공해야 한다는 '경건 조항'(Pious Clause)이 추가되었다.[133] 이 조항은 선교사의 입국과 활동을 제도적으로 허용하는 법적 근거가 되었고, 인도에서 개신교 선교가 조직적이고 지속적인 형태로 전개될 수 있는 전환점을 마련했다. 이로써 인도에서 개신교 선교의 거대한 팽창이 일어나기 시작했다.

2) 영국 동인도회사 채플린과 직원의 성경 번역

영국 동인도회사는 인도의 종교와 관습에 개입할 경우 현지인의 반감을 사 상업 활동에 악영향을 미칠 것을 우려해 전반적으로 반선교적 입장을

---

131 Metaxas, 『어메이징 그레이스』, 398.
132 O'Connor, *The Chaplains of the East India Company 1601-1858*, 115.
133 Cyril Bruce Firth, *An Introduction to Indian Church History* (Delhi: ISPCK, 2001), 158.

유지했다. [134] 그럼에도 회사는 유럽인 직원들을 위한 종교적 필요를 충족하기 위해 채플린을 고용했다. 1698년 동인도회사는 채플린이 회사 소속 직원과 노예에게 기독교를 전하는 행위는 허용했으나 전임 선교사의 입국과 독립적인 선교 활동에 대해서는 반대하거나 이를 제한했다. [135] 채플린은 제한적인 목회활동을 할 수밖에 없었지만, 영혼 구원에 대한 열정이 꺾이지는 않았다. 특히 성경을 번역하는 일이 복음 전도를 위한 가장 기초적인 사역이며 동시에 이것이 자신의 사명이라고 생각한 채플린과 직원들이 움직이기 시작했다.

(1) 헨리 마틴의 성경 번역

헨리 마틴(Henry Martyn, 1781-1812)은 "무슬림에게 향한 개신교 선교 개척자", 또는 "무슬림에게 간 최초의 현대 선교사"[136]로 불린다. 어렸을 때부터 폐렴을 앓고 병약했던 그는 비록 4년이라는 짧은 기간 동안 사역하며 생을 마감했지만, 인도의 동인도회사 채플린들 중 가장 주목할 만한 '경건한 채플린'(Pious Chaplain)이었고, 중앙 아시아의 성경 번역가들 중 최고의 번역가였다. [137] 특히 그는 아랍어·페르시아어·우르두어 성경 번역을 통해 중앙아시아와 이슬람권 성서 번역사에 중요한 이정표를 남겼다.

마틴의 영적 멘토였던 찰스 사이먼(Charles Simeon, 1759-1836)은 케임브리지 대학교 출신의 복음주의 목사로서 영국 동인도회사와 긴밀한 관계를 맺으며 유능한 젊은 목회자들을 채플린으로 추천했다. 그의 영향 아래 마틴을 비롯한 여러 인재들이 동인도회사 소속으로 인도에 파송되었다. 이 가

---

134 Neill, *A History of Christian Missions*, 198.
135 Samuel Hugh Moffett, *A History of Christianity in Asia* vol. 2 (Maryknoll: Orbis Books, 2005), 236-237.
136 Clinton Bennett, "The Legacy of Henry Martyn," *International Bulletin of Missionary Research* 16/1 (1992): 10.
137 Tucker, *From Jerusalem to Irian Jaya*, 266.

운데 마틴과 함께 언급되는 인물로는 콜카다(Calcutta)에서 활동한 채플린 토마스 트루보디 톰슨(Thomas Truebody Thomason, 1774-1829)이 있다. 톰슨은 1820년대 초반 구약성경을 힌디어로 번역했다.[138]

마틴은 1806년 인도에 도착한 뒤 벵갈 지역을 중심으로 활동하며 우르두어, 페르시아어, 아랍어의 문법과 문학을 체계적으로 익혔다. 그는 세람포어(Serampore)에 머물던 윌리엄 캐리(William Carey, 1761-1834)를 정기적으로 방문해 성경 번역과 언어 연구를 도왔다. 또한 이슬람 언어학자 나다니엘 사바트(Nathaniel Sabat)의 도움을 받아 우르두어 신약 번역을 시작했고, 페르시아어와 아랍어 번역 작업도 진행했다.[139] 마틴은 페르시아 번역본과 아랍어 번역본을 개정하기 위해 병약한 몸을 이끌고 유서 깊은 학문의 도시 쉬라즈(Shiraz)로 향했다. 그는 그곳에서 이슬람 학자들과 교류하며 1년 동안 페르시아어 번역본의 재수정 작업에 전념했고, 마침내 1812년 신약성경과 시편 번역을 마쳤다.

마틴은 이렇게 완성된 페르시아어 성경을 가지고 페르시아 왕을 만나기 위해 타브리즈(Tabriz)를 거쳐 콘스탄티노플(Constantinople)로 이동하던 중 당시 오스만 제국 영토였던 토캇(Tokat, 현 튀르키예)에서 혹독한 기후와 쇠약해진 건강 상태로 31세의 생을 마감했다. 마틴이 번역한 페르시아 성경은 그를 간호했던 타브리즈의 영국 대사 고어 오슬리(Sir Gore Ouseley) 경에 의해 사후 페르시아 왕에게 전달되었다.[140] 마틴이 번역한 성경들 중 페르시아 성경은 오슬리경에 의해 1815년 상트페테르부르크(St. Petersburg)와 1816년 콜카다에서 순차적으로 출판되었고, 힌디어 신약성경은 1814년 세람포어

---

138 Graham Kings, "Foundations for Mission and the Study of World Christianity: The Legacy of Henry Martyn," *Mission Studies* 14/1-2 (1997): 251.

139 Bennett, "The Legacy of Henry Martyn," 12; Kings, "Foundations for Mission and the Study of World Christianity," 248.

140 찰스 사이먼이 1814년 10월 14일 동인도회사 채플린 그랜트에게 보낸 서한에는 페르시아 왕이 마틴이 번역한 성경에 매우 감동하여 자신을 위한 복사본과 다른 사람들을 위한 복사본을 마련케 하고 직접 추천서를 쓰고 직인을 찍었다는 내용이 기록되어 있다. 참조. Kings, "Foundations for Mission and the Study of World Christianity," 252.

에서, 아랍어 신약성경은 1816년 콜카다에서 인쇄되었다.[141]

선교 여행가 조셉 볼프(Joseph Wolff)는 1833년 1월 31일 일기에 이렇게 기록했다. "무슬림 학자들은 아랍어 성경과 헨리 마틴의 페르시아어 신약을 소유하고 있다. 빨간 잉크로 표시된 구절들은 그들이 성경을 부지런히 읽었다는 것을 증명한다."[142] 현재 사용되는 아랍어 성경과 페르시아어 성경은 다양한 시기와 여러 선교사들에 의해 번역된 것이지만 아랍권역과 이란, 인도의 일부 지역에서는 마틴이 번역한 아랍어 성경과 페르시아어 성경이 중요한 자료로 여전히 사용되고 있다. 이와 같이 마틴은 무슬림을 위한 성경 번역을 통해 인도와 페르시아의 미래 선교를 위한 기초를 놓았다.

(2) 윌리엄 캐리의 성경 번역

윌리엄 캐리(William Carey, 1761-1834)는 1793년 인도 콜카다에 들어와 41년간 인도 선교의 중심축으로 사역하였다. 캐리는 성경 없이 이루어지는 기독교 교육이 피상적인 차원에 머문다는 사실을 발견하고 성경을 현지어로 번역하여 현지인 지도자들을 양성한다는 전략을 세웠다.[143] 나아가 인도를 넘어 아시아 각국의 말로 된 성경 번역도 계획하였다. 캐리는 1799년에 인도에 입국한 죠수아 마쉬만(Joshua Marshman, 1768-1837)과 윌리엄 워드(William Ward, 1769-1823)와 함께 1803년부터 북부 인도 전 지역의 방언으로 성경을 번역할 준비를 했다. 이를 위해 캐리는 세람포어 공동체의 선교사들과 함께 사역과 세속 직업을 동시에 수행하고 그로 인한 재산상 권리를

---

141 Sue Sutton and Philip Saunders, *Collection of Materials relating to the Life and Legacy of Henry Martyn (1781-1812)* (Cambridge: Cambridge Center for Christianity Worldwide, 2023), 6.
142 Joseph Wolff cited in Avril Powell, *Muslims and Missionaries in Pre-Mutiny India* (London: Curzon Press, 1993), 102; Kings, "Foundations for Mission and the Study of World Christianity," 251에서 재인용.
143 W. Taylor Bowie, "William Carey," *Baptist Quarterly* 7 (1934-1935): 168.

포기하여 모든 수입을 공동 기금에 넣어 생활과 선교사역을 위해 사용토록
했다. 교사였던 마쉬만은 학교 운영을 통해, 워드는 인쇄소를 경영함으로,
캐리는 동인도회사가 초급 장교들 및 직원 교육을 위해 설립한 포트 윌리
엄 대학(College of Fort William)[144]의 교수이자 채플린으로 섬기며 생활비와 선
교비를 충당하고 재정을 공동으로 관리했다.

캐리에게 포트 윌리엄 대학은 학생들을 가리키는 곳이자 다양한 언어
를 접하고 습득하는 곳이기도 했다. 세람포어 교사들은 포트 윌리엄 대학
과 협력함으로 막대한 자금을 요하는 성경 번역과 출판 사업에 소요되는
재정을 충당하고 유능한 현지인 학자들과 서적들을 비교적 쉽게 접할 수
있었다. 캐리는 사역 초기 동인도회사의 반선교정책으로 사역에 어려움을
겪기도 했지만 1813년 동인도회사 특허장이 개정되고 동인도회사가 후원
한 포트 윌리엄 대학의 교수가 된 후에는 자유롭게 사역을 펼칠 수 있었다.
캐리는 성경을 벵갈어, 편잡어, 오리야어, 아쌈어, 마라티어, 힌디어, 산스
크리트어로 번역했다. 그는 동료인 마쉬만 그리고 워드와 함께 1801년 벵
갈어 신약성경(Serampore Bible) 출판을 필두로 인도의 여러 방언으로 6개의
완역본과 24개의 신약성경, 그리고 10개의 부분 번역본을 번역하고 출판
했다.[145]

포트 윌리엄 대학은 아시아의 여러 언어들을 교육하는 프로그램을 계
획했는데 그중에는 중국어도 포함되어 있었다. 중국어 교육을 실시하려 했

---

144 18세기 중반 이후 영국 동인도회사는 상업조직에서 점차 정치적 기구로 변화했다. 총독이었던 리챠
드 웰슬리(Richard Wellesley)는 동인도회사 직원으로 파견된 사람들이 영국에서 교육을 제대로 받
지 못한 15세에서 18세 가량의 젊은이에게 인도의 언어와 문화를 가르치는 옥스퍼드 대학과 케임브
리지 대학과 같은 교육기관이 필요하다고 생각했다. 포트윌리엄대학은 이를 위해 1800년 말 백 명
의 학생들이 등록하며 설립되었다. 학생들은 무료 음식과 숙소를 제공받았고, 매달 37루피를 월급으
로 지급받았다. 채플린 데이빗 브라운(David Brown)과 클라디우스 뷰캐넌(Claudius Buchanan)이 학
장과 부학장직을 역임했다. 포트윌리엄대학의 교육 과정에는 아라비아어, 페르시아어, 산스크리트
어, 힌디어, 벵갈어, 텔루구어, 마라티어, 타밀어, 칸나다어 등 당시 인도 대륙과 주변에서 사용되고
있던 언어 교육이 포함되어 있었다. 참조. Mary Drewery, *William Carey* (Grand Rapids: Zondervan,
1979), 125-129.
145 Pierson, *The Dynamics of Christian Mission*, 204; Drewery, *William Carey*, 124.

던 배경에는 정치·외교·상업적 측면에서의 필요성도 있었지만, 무엇보다 중
국어 성경 번역이 가장 중요한 목표였다. 1804년 콜가타에 온 마카오 출생
의 아르메니아인 요아네스 라사르(Joannes Lassar, 1781 or 1778 - 1820 or 1835)[146]
가 동인도회사 채플린이자 포트 윌리엄 대학의 부학장이었던 부캐넌의 성
경 번역 제안을 300루피(450파운드)의 연봉에 수락하며 마쉬만과 함께 번역
사역을 시작했다. 라사르는 성경 번역을 위해 아르메니아 성경[147], 영어 성
경 그리고 포르투갈어-중국어 사전을 활용했다. 1807년 마태복음이 번역되
었고, 1810년에는 마태복음과 마가복음이 세람포어에서 출판되었다. 신약
성경은 1811년 번역이 완료되어 1813년에 출판되었으며, 구약 성경은 1816
년 번역이 마무리되어 수정 작업을 거친 후 인쇄되었다. 1822년에 라사르
와 마쉬만의 중국어 성경 완역본이 인도에서 출판되었는데 이는 최초의 중
국 선교사 로버트 모리슨의 번역보다 1년 앞선 것이었다.

케리를 중심으로 한 세람포어 선교사들의 중국어 성경 번역은 높은 수
준의 번역은 아니었다. 이는 중국과 멀리 떨어진 인도에서 작업이 진행되
었다는 지리적 제약과 주요 조력자인 라사르가 중국 본토인이 아니었다는
인적 한계에 기인했다. 그러나 번역 과정에서 선교회와 선교사들과 지속적
인 의사소통을 하며 중국 내 선교사들에게 영향을 미쳤다는 점에서 선교의
확장을 가져오는 의미 있는 사역이었다.[148]

---

146 요아네스 라사르(Joannes Lassar)의 원래 이름은 요하네스 가자리안(Hovhannes Ghazarian)으로 중
    국어를 유창하게 구사했으며 포르투갈어와 영어도 수준급이었다. 그는 마카오에 있는 포르투갈 정
    부기관에서 통역과 중국 정부의 공식 통신원으로 일하기도 했다. 그 외에 교육과 무역 관련 일도 했
    다.
147 아르메니아 성경은 5세기에 번역되었다. 아르메니아어 언어학자이자 신학자인 성 메스롭 마슈토스
    (St. Mesrob Mashtots, 약 361-439)가 아르메니아 문자를 만들고 성경 번역을 주도하였다.
148 Ma Min, "Joshua Marshman and the First Chinese Book Printed with Movable Metal Type," *Journal of
    Cultural Interaction in East Asia* 6/1 (2015): 15.

(3) 로버트 모리슨의 성경 번역

로버트 모리슨(Robert Morrison, 1782-1834)은 1807년 런던 선교회 소속으로 중국 광동(廣東)에 도착한 개신교 최초의 중국 선교사로 그의 입국으로 중국 개신교의 공식적인 역사가 시작되었다. 모리슨은 중국으로 오기 전 윌리엄 모슬레이(William Moseley) 목사의 소개로 중국인 룽산더(容三德, 용삼덕)를 만나 중국어의 기초 지식을 습득하였고, 이후에도 열심히 중국어를 익혔다. 모리슨은 중국에 도착해 동인도회사의 도움으로 거주할 수 있게 되었고 1809년에는 동인도회사 소속 통역이 되었다.[149] 당대 가장 크고 부유한 회사에 소속됨으로써 모리슨은 여러 유익을 누리게 되었다. 호의적이지 않던 중국인들과 로마 가톨릭 교회로부터 신변의 안전을 보호받았고, 불확실한 중국에서의 사역에 확신을 갖지 못하던 런던 선교회로부터 완전한 선교 허가를 받으며 선교사로서의 지위를 확보했다.[150] 또한 통역사로서의 일은 재정적인 안정을 가져다주었고 동시에 중국인들과 교류할 수 있는 기회를 늘려주었다. 서양 종교에 대한 중국 정부의 반감이 있는 상황이었지만, 모리슨의 상사 제임스 엄스톰(James O. B. Urmstom)과 같이 회사 차원에서 모리슨의 선교 활동을 지지하는 사람들도 있었다. 모리슨의 위대한 업적 중 하나는 1818년 말레이시아의 말라카(Malacca)에 영화서원(英华书院, The Anglo-Chinese College)을 설립하여 운영한 것이었다.[151] 모리슨과 윌리엄 밀른(William Milne, 1785-1822)이 중국선교를 위한 선교기지로서 영화서원을 세운 것에 대해 스티븐 닐(Stephen Neil)은 "말라카는 동남아시아에서 중요한 교

---

149 모리슨은 동인도회사에 근무하던 중 회사 채플린으로의 제안을 받았지만, 형식적인 채플린 사역이 복음 전파에 제한이 된다고 생각하여 이를 거절하였다. 참조. Marshall Broomhall, *Robert Morrison: A Master-builder* (Edinburgh: turnbull and Spears, 1924), 68.
150 William John Townsend, *Robert Morrison: The Pioneer of Chinese Mission* (London: S.W. Partridge, 1888), 87.
151 Neil, *A History of Christian Missions*, 239.

통의 요지였으며, 모리슨의 중국 선교를 위한 지정학적 전초기지였다"[152]고 평가했다. 영화서원은 실제로 모리슨의 성경 번역과 출판에 있어서 중요한 역할을 수행했다.

모리슨은 영국을 출발하기 전 대영박물관에 있는 『바셋역본』(Basset-Su Chinese New Testament, 巴設譯本)[153]을 필사해 중국으로 가지고 왔고 이를 토대로 성경을 중국어로 번역하기 시작했다. 또한 구약의 히브리어 원문 성경, 신약의 헬라어 표준원문(Textus Receptus)과 영어 흠정역(King James Version)을 참고했다. 이 성경들이 『모리슨 역본』의 번역 저본들이다. 모리슨은 1810년에 사도행전, 1811년 누가복음, 1813년에 신약성경을 번역하여 출판했다. 구약성경은 밀른이 번역한 것을 1819년 모리슨이 수정하여 1823년 신구약 중국어 완역판이 말라카 영화서원에서 출판되었다.[154] 그는 이 완역본을 『신천성서』(神天聖書, Morrison and Milne's Version of the Holy Scriptures)라고 명명했다.[155] 『신천성서』는 이후의 중국어 성경 번역에 기초 저본이 되어 본격적인 중국 선교 시대를 여는데 결정적인 역할을 하였다.

모리슨이 번역한 『신천성서』는 1839년에 1차 개정, 1856년에 2차 개정되었는데 1차 개정판이 유명한 『문리역성서』(文理譯聖書, Wenli Bible)이다. 1887년 발행된 최초의 한국어 성경 『예수성교젼셔』를 번역한 존 로스(John Ross, 1842-1915)와 존 맥킨타이어(John Macintyre, 1857-1928)가 저본으로 사용한

---

152 조훈, 『윌리엄 밀른: 말라카 선교를 통한 중국 선교기지의 개척자』 (서울: 그리심, 2008), 48.
153 바셋역본은 프랑스 가톨릭 선교사인 쟝 바셋(Jean Bassett, 1662-1707)이 1738년 불가타 성경을 저본으로 중국인 회심자 서요한(Jean Xu, 徐若翰 서약한)의 도움을 받아 번역한 것으로 신약성경의 일부분(마태복음부터 히브리서 1장까지)을 중국어로 번역한 최초의 중문 신약성경이다. 참조. 서원모·김창선, "쟝 바세의 조화복음서 《사사유편》 (四史攸編)의 구조 및 특징 연구," 「교회사학」 17 (2020): 35, 37.
154 모리슨과 밀른(William Milne)은 말라카를 중심으로 중국선교를 위한 선교기지로서의 영화서원을 세워 중국교회의 지도자 양성하고 학생들의 전인교육을 위해 힘썼다. 이 학교 출신인 량아파(梁阿發)는 모리슨이 사도행전을 인쇄하는 곳에서 만난 인쇄공으로 모리슨의 번역본을 수정하여 인쇄하는 과정을 통해 성경에 관심을 갖게 되었다. 이후 량아파는 성경의 일부를 번역해서 기독교의 핵심을 정리한 권세양언(勸世良言)을 만들었고 선교사들이 이를 전도용으로 사용하였다. 그는 문서사역의 선구자, 중국의 두 번째 세례교인, 최초의 중국인 목사가 되었다.
155 모리슨은 신약성경 전부와 구약성경 중 26서를 번역하였고, 밀른은 구약성경 중 13서를 번역하였다. 참조. 조훈, 『윌리엄 밀른』, 152-169.

역본이 바로 『문리역성서』, 즉 『신천성서』였다.[156] 또한 『문리역성서』는 이수정이 번역한 한국어 성경의 저본으로도 사용되었다. 이수정은 처음 『문리역성서』에 토를 단 『현토성서 마가전』(懸吐聖書, 1884년)[157]을 출판하였고, 이어서 순우리말로 번역한 『신약 마가전 복음서언해』(1885년)와 『현토한한 신약전서』(懸吐韓漢新約全書, 1887년)를 발간하였다.

모리슨의 중국어 성경 번역은 한국교회의 형성에도 영향을 미쳤다. 네덜란드 선교회는 인도네시아에 영화서원과 같은 학교를 세우기 위해 칼 귀츨라프(Karl Friedrich August Gützlaff, 1803-1851)를 영국에 보내 자료를 수집케 했는데 이 과정에서 모리슨과의 만남이 이루어졌다.[158] 이를 계기로 귀츨라프는 중국 선교에 비전을 갖게 되었고, 이후 모리슨의 소개로 동인도회사의 통역관이 되어 상선 암허스트호(Lord Amherst)를 타고 1832년 조선에 발을 디디며 조선 최초의 개신교 선교사로 기록되었다. 이때 귀츨라프는 모리슨이 번역한 중국어 성경을 가지고 있었고,[159] 통상 협상을 위해 동인도회사 측이 순조에게 청원서를 보낼 때 중국어 성경을 함께 헌상품으로 보냈다.[160] 국왕의 회신을 기다리며 귀츨라프는 조선 사람들에게 중국어 성경, 전도 책자, 서양의 역사와 지리에 관한 소책자를 나눠 주며 복음을 전했다. 34년 후인 1866년 대동강 변에서 토마스 선교사 역시 중국어 성경을 나눠주고 순교했으며,[161] 53년 후인 1885년 4월 5일 언더우드(Horace Grant Underwood, 1859-1916)와 아펜젤러(Henry Appenzeller, 1858-1902)가 이수정이 번

---

156 로스역와 맥킨타이어역은 문리역성서, 헬라어 성경, KJV, ERV 등 네 종류의 저본을 사용하였지만 주로 중국어 성경을 한글로 번역했기 때문에 독창적인 번역이라기보다는 중국어 성경을 모체로 한 번역이었다. 참조. 박용규, 『한국기독교회사 I』, 304-305.
157 『현토성서 마가전』은 한자를 읽을 수 있는 지식층이 아니면 읽기 어려운 한계를 가지고 있었다.
158 조해룡, "한국 최초 방문 선교사 칼 귀츨라프(Karl F. Gutzlaff)의 선교 사상과 조선 선교 연구," 「복음과 선교」 45 (2019): 189-190.
159 James Huntly Grayson, *Early Buddhism and Christianity in Korea: A Study in the Emplantation of Religion* (Leiden: E. J. Brill, 1985), 101.
160 귀출라프 일행이 통상과 선교사업을 요청한 청원서와 헌상품은 조선의 국왕과 정부에 제대로 전달되지 않았고 조선의 관리는 이를 되돌려 주려 했으나 일행은 반환받지 않았다. 참조. 김양선, 『한국기독교사 연구』 (서울: 기독교문서선교회, 1972), 42; 박용규, 『한국기독교회사 I』, 242-243.
161 Roy E. Shearer, *Wildfire: Church Growth in Korea* (Grand Rapids: Eerdmans, 1966), 39.

역한 『신약 마가젼 복음셔언해』를 가지고 제물포에 들어옴으로 한국선교
의 본격적인 서막이 올랐다.

4장 클래펌파의 노예무역 폐지와 인도 선교 : 정치와 신앙의 연합

18세기 영국 국교회는 17세기에 등장한 합리주의에 적절히 대응하지 못한 채 형식주의적 신앙에 머물러 영적 활력을 상실하고 침체에 빠져 있었다. 사회적으로는 산업혁명으로 인한 각종 폐해가 속출해 다수의 가난한 노동자 계층이 양산되었으나, 국교회는 이에 대한 신학적 대응력을 거의 상실한 상태였다. 이러한 시대적 상황 속에서 일어난 영국의 부흥운동은 당시 만연했던 인본주의적 종교사상인 이신론(Deism)에 대항한 성경적 복음주의 운동이라는 점에서 '복음주의 각성운동'(Evangelical Awakening)이라 불렸다.

영국의 부흥운동은 크게 세 흐름에서 전개되었다. 존 웨슬리(John Wesley)를 중심으로 한 알미니안주의적 감리교도, 조지 횟필드(George Whitefield)를 중심으로 한 칼빈주의적 감리교도, 그리고 영국 국교회 내부의 복음주의자들이다. 이 중 국교회 내 복음주의자들은 개인적 회심과 경건한 삶에 대해서는 웨슬리와 같은 기조를 유지하면서도, 동시에 시민으로서의 책임

의식을 강조하며 사회 개혁을 주창했다. [162]

　부흥운동은 초교파적이었고 비교파적인 선교회들의 탄생을 낳았다. 이러한 특성은 대중지향적인 성격을 가지며 정치적 각성으로 연결되었고, 노예제 폐지, 빈민 구제와 같은 사회개혁운동과 선교사역의 두 가지 형태로 실체화되었다. 웨슬리는 18세기 영국 사회와 영국 국교회를 개혁한 변혁자로서 그의 신학은 선교를 필수적으로 수반했다. 웨슬리는 윌버포스와 같은 해에 태어나 임종의 때까지 함께 하며 노예제 폐지와 가난한 자들을 위한 사역활동에 동역했고, 윌리엄 캐리에게도 영향을 미쳤다. [163]

1. 클래펌파의 형성과 노예무역 폐지

　18세기 영국 부흥운동의 영향으로 생겨난 평신도 그룹 '클래펌파'(Clapham Sect 혹은 Clapham Saints)[164]는 영국 의회 내 복음주의 정치가들과 은행가, 변호사, 작가 등으로 구성된 정치적·사회개혁 모임이었다. 핵심 인물들은 윌리엄 윌버포스(William Wilberforce, 1759-1833)를 중심으로 약 20여 명에 이르렀다. 윌버포스는 1780년 스무 살에 하원의원이 되었고, 1784년 영국의 핵심 선거구인 요크셔 의원으로 선출되면서 정계에서 두각을 나타냈으며 이 시기 회심을 경험했다. 그의 주변에는 노예무역 폐지와 서인도 제도 바베이

162　스티븐 니일(Stephen Neill)은 영국 국교회 고교파의 전통과 독일 경건주의가 결합하여 웨슬리의 감리교 운동이 일어났으며, 칼빈주의적 성향의 복음주의 세력은 국교회 안에 남아 부흥운동을 이어갔다고 분석한다. 참조. Neill, *A History of Christian Missions*, 213-214.
163　박영환, "웨슬리 선교의 이해와 평가," 「복음과 선교」 46 (2019): 248-251.
164　'클래펌파'는 18세기 말부터 19세기 초까지 영국 런던 근교의 클래펌(Clapham) 지역을 중심으로 활동했던 영국 국교회 내 복음주의자들의 모임을 일컫는다. 이 명칭은 그들의 거주지에서 유래했으며, 당시에는 조롱과 존경의 의미를 동시에 담은 두 가지 이름으로 불렸다. 1) 클래펌파(Clapham Sect): 당시 영국 국교회의 형식주의에 반대하며 뜨거운 신앙과 사회 개혁을 부르짖는 사람들을 기득권층이 비하하여 부르던 명칭 2) 클래펌 성도(Clapham Saints): 이들의 철저한 경건 생활과 도덕성을 비아냥거리며 '성자(Saints)'라고 비꼬아 부른 명칭에서 유래하였다. 그러나 그들이 노예제 폐지와 같은 성과를 거두며 사회적 존경을 받게 되자 이 명칭은 이들이 추구한 '삶의 거룩함'을 상징하는 명예로운 이름으로 승화되었다.

도스의 불공정한 노예 재판 폐지를 주장한 토마스 클랙슨(Thomas Clarkson), 그랜빌 샤프(Granville Sharp), 제임스 스티븐(James Stephen)과 함께, 기독교 잡지「크리스천 옵저버」(Christian Observer)의 편집자가 되는 재커리 마콜리(Zachary Macaulay), 훗날 인도 총독이 되는 존 쇼어(John Shore), 동인도회사의 채플린으로 섬기는 찰스 그랜트(Charles Grant) 등이 모였다. 1797년 윌버포스가 런던 교외 클래펌으로 이주한 뒤 이들이 한 마을에 모여 살게 되면서 비로소 보다 조직적인 형태를 띠게 되었다.

케임브리지 대학 내 복음주의 운동을 이끌던 아이작 밀너(Isaac Milner)와 찰스 시미온(Charles Simeon), 작가 토마스 기스번(Thomas Gisborne)과 한나 모어(Hannah More) 등은 '비거주 멤버'로서 이들과 연대했다. 특히 케임브리지 트리니티 교회를 54년간 시무한 시미온은 영국 국교회의 대표적인 복음주의자로, 대학가에서 많은 학생을 양육하며 젊은 복음주의 지도자들을 길러냈다. 그는 동시에 영국 동인도회사의 고문을 맡아, 동인도회사 채플린으로 사역하게 될 데이비드 브라운(David Brown), 클라우디우스 부캐넌(Claudius Buchanan), 헨리 마틴(Henry Martyn), 토머스 톰슨(Thomas Thomason) 등의 파송에 직접 관여했다.[165]

클래펌파는 존 벤(John Venn)이 목회하는 클래펌 교구에 속한 영향력 있고 부유한 국교회 성도들로서 1780년대부터 1840년대까지 영국의 사회 개혁 운동을 주도했다. 그들은 기독교 진리에 근거한 사회 변혁과 도덕적 회복을 목표로 삼고, 노예제도 폐지, 교육 개혁, 형법과 감옥 제도 개선, 사회복지 증진 등을 위해 의회 안팎에서 활동했다. 활동 무대는 영국뿐 아니라 당시 제국이 진출한 여러 식민지로까지 확장되었다. 경건주의와 웨슬리안 부흥운동의 영향을 받은 이들은 신앙과 일상생활을 분리하는 이원론을 거부하고, 진정한 기독교는 반드시 실천으로 나타나야 한다고 믿었다. 특

---

165 Moffett, *A History of Christianity in Asia* 2, 245.

히 윌버포스는 사회적으로 유력한 지위에 있는 그리스도인에게는 일반적인 윤리 기준을 넘어서는 도덕적 책임이 요구된다고 보았다. 그는 국가의 종교적·도덕적 상태를 그 운명과 직결해 이해하며, "국가 안에 가득한 악은 진정한 기독교 신앙과 그로부터 나오는 도덕적 열매만이 중화시킬 수 있다"[166]고 주장했다. 윌버포스는 당시 영국 상류층에게 나타나는 도덕적 해이와 사치스러운 도시 문화에 휩쓸려 종교가 점차 활기를 잃어가는 현상의 원인을 기독교 교리와 도덕의 치명적인 분리에서 찾았다.[167]

클래펌파는 기독교 신앙을 바탕으로 정의와 인도주의를 강조하며 당시 영국 사회가 직면한 여러 문제에 맞섰다. 윌버포스는 1787년 일기장에 자신의 사명을 노예무역을 폐지하고 이 나라의 악습을 개혁하는 것이라고 적었고, 이는 곧 클래펌파 전체가 공유하는 실천 목표가 되었다. 한편 18세기 영국에서 일어난 부흥은 초교파적 운동으로서 목회자와 다양한 직업 영역의 평신도들에게 강력한 영향을 주었다. 부흥의 대중지향적 성격은 정치적 각성으로 이어졌고, 그 결과 노예제 폐지와 빈민 구제 같은 사회개혁, 그리고 해외 선교 활동이라는 두 축으로 실천되었다. 영국 복음주의자들은 영혼 구원과 사회적 책임을 분리할 수 없는 하나의 소명으로 이해했다.[168]

클래펌파가 노예무역 폐지 법안을 추진하는 과정은 처음부터 거센 저항에 직면했다. 노예무역 중단이 가져올 재산권 침해, 국익 감소, 식민지 경제의 혼란 등이 주요 반대 논거였다. 이들은 윌버포스의 정치적 동료였던 윌리엄 피트(William Pitt)를 통해 추밀원에 아프리카 무역과 노예무역 실태 조사를 요청했고, 2년여에 걸친 조사 결과를 바탕으로 1792년 노예무역 폐지

---

166 William Wilberforce, *A Practical View of the Prevailing Religious System of Professed Christians, in the Higher and Middle Classes in This Country, Contrated with Real Christianity* (London: Cadell & Davies, 1797), 403-406.
167 Wilberforce, *A Practical View of the Prevailing Religious System of Professed Christians, in the Higher and Middle Classes in This Country, Contrated with Real Christianity*, 419-422.
168 Glover, "English Baptists at the Time of the Down Grade Controversy," 49.

수정 법안을 제출했다. 당시 클래펌파는 극심한 반발을 완화하기 위해 '점진적 폐지'(gradual abolition)를 골자로 하는 수정안을 제시함으로써 하원 통과에 성공했다. 그러나 상원에서 최종 결정을 얻기까지는 이후 20여 년의 시간 동안 수차례의 법안 상정과 부결의 과정을 거쳐야 했다.

양보 없는 긴 싸움 속에서 클래펌파는 대중적 지지 기반을 넓히는 전략을 택했다. 여러 지역에서 대규모 서명 운동과 청원이 이어졌고, 여론은 점차 노예무역 반대로 기울어 갔다. 마침내 1807년 1월 노예무역 폐지 법안이 하원에서 283대 16이라는 압도적인 표차로 통과되었고, 영국은 노예무역 금지라는 새로운 역사적 장을 열었다.

1) 클래펌파와 인도 선교

노예무역 폐지를 이끌어 낸 복음주의 정치가들의 시선은 인도로 향하기 시작했다. 영국 동인도회사는 설립 초기부터 기독교 선교 활동에 대해 강한 경계심을 드러냈고, 본토와 떨어진 고립된 환경을 악용해 독점적 통치와 각종 부패가 만연한 환경을 조성했다. 이러한 특권을 견제할 실질적 수단은 20년 주기의 특허 갱신 심사에서 의회가 행사하는 권한뿐이었다. 동인도회사는 회사 소속 채플린이 직원과 그 가족, 그들에게 속한 노예들에게 종교적 지도를 하는 것은 허용했으나 그 외 선교사들의 입국과 활동은 조직적으로 저지했다.[169] 1667년부터 1700년까지 동인도회사 소속 채플린은 18명 이하였고,[170] 소수의 직원들만이 크리스천이었으며 관리자들은 노골적으로 교회를 멀리했다. 그러나 플라시 전투를 승리로 이끌어 '영국령 인도 제국의 건설자'라 불리게 된 로버트 클라이브(Robert Clive) 총독은 동인

---

169 Moffett, *A History of Christianity in Asia* 2, 236-237.
170 John William Kaye, *Christianity in India: An Historical Narrative* (London: Smith, Elder & Co., 1859), 53.

도회사를 재편하여 인도 전역에 개신교를 확산시키려고 노력하였다.

　동인도회사의 반선교정책에 대한 개정 요구는 1793년 동인도회사의 특허장 개정 요구 시부터 주장되었다. 윌버포스는 동인도회사에 인도 현지인의 영적 복지를 도모할 의무가 있으며, 이를 위해 교사와 선교사 파송을 허용해야 한다는 개정안을 의회에 제출했는데 이는 곧 동인도회사의 격렬한 반대에 부딪혔다.[171] 1793년 동인도회사 대표는 영국 의회에 출석해 다음과 같이 주장했다.

> 선교사들을 동인도회사 관할지역에 보낸다는 것은 발광하는 광성도들이 하는 가장 미친 소리며, 가장 터무니없고, 가장 사치스러우며, 가장 옹호할 수 없는 생각입니다. 그러한 계획은 해롭고, 경솔하고, 쓸모없고, 유해하고, 위험하고, 무익하고, 공상적입니다. 그것은 모든 이성과 건전한 정책에 반하는 것입니다. 이는 우리 소유지의 평화와 안전을 위협할 것입니다.[172]

　양측의 의견이 팽팽히 맞선 가운데 동인도회사는 그동안 묵인했던 선교사들에 대한 호의적 태도를 거두어 선교사 입국을 불허하고 회사 관할지에서의 선교 활동을 금지했다.[173] 이에 인도로 들어가는 선교사들은 덴마크 선박을 이용했고, 영국 동인도회사 관할지가 아닌 덴마크 관할지와 같이 선교 활동이 가능한 지역에 정착했다. 윌리엄 캐리가 선교 중심지로 삼았던 세람포르(Serampore) 역시 덴마크 관할 지역이었다.[174] 이러한 정책은

171　Firth, *An Introduction to Indian Church History*, 146.
172　Timothy George, *Faithful Witness : the Life and Mission of William Carey* (Birmingham: New Hope, 1991), 1.
173　Pierson, *The Dynamics of Christian Mission*, 203.
174　18세기 초반 동인도회사는 독일과 스웨덴 선교사들에게 호의를 베풀기도 했지만, 전반적으로는 선교사역에 대해 부정적인 입장이었으며 18세기 말엽에는 부정적인 주장들이 더욱 강화되었다. 참조. Firth, *An Introduction to Indian Church History*, 146.

1793년 이후 약 20년간 유지되었다.[175] 다만 1798년부터 1805년까지 동인도회사의 총독을 지낸 리차드 웰슬리(Richard Wellesley)의 재임 기간에는 새로운 선교사들의 입국이 가능했다. 그는 1801년 캐리에게 갠지스강 유아 살해 풍습에 대한 실태 조사를 의뢰했으며, 그 보고를 바탕으로 인도의 고질적 악습을 공식 금지하는 조치를 취하기도 했다.[176]

월버포스를 비롯한 복음주의적 정치가들, 동인도회사의 총독 찰스 그랜트(Charles Grant), 벵갈지역의 시민 그룹, 그리고 데이비드 브라운(David Brown), 클라우디우스 부캐넌(Claudius Buchanan), 다니엘 코리(Daniel Corrie), 토머스 토마슨(Thomas Thomason) 같은 회사 채플린들이 특허장 개정을 위해 연대했다. 그랜트는 1793년 논의에 앞서 「대영제국의 아시아 피지배민 사회 상태에 대한 고찰: 도덕과 관련하여」(*Observations on the State of Society among the Asiatic Subjects of Great Britain, particularly with respect to Morals*)라는 저술에서 회사의 '선교가 상업을 해친다'는 오랜 주장을 정면 반박했다. 그는 기독교 선교 허용이 인도의 사회·도덕적 진보를 가져올 것이라 역설하며 영어 교육, 농업 기술, 기계 도입 등 실천 방안까지 제시했다. 총독으로서 그는 부캐넌을 비롯한 다수 채플린을 후원하며 정책적으로 뒷받침했다.

동인도회사 측의 격렬한 반발에 맞서 월버포스는 정치인뿐 아니라 부캐넌을 비롯한 동인도회사 채플린들과 연합하며 다각도로 협력의 연대를 이어가며 맞섰다. 월버포스는 정치적인 입장과 종교적인 입장 사이에서 절충과 조정의 역할을 자임했다. 그는 영국 내 국교회의 위치와 영향력을 간파하여 비국교도들의 선교단체가 전면에 나서지 않고 그들이 소속된 선거구의 의원들을 통해 청원서를 제출하도록 유도했다. 대신 비국교도로 이루어

---

175 반선교정책은 항상 엄격하게 지켜지지는 않았다. 선교사들은 동인도회사의 묵인 아래 그들의 관할 지에 머물기도 했다. 그러나 동인도회사는 '거부할 수 있는 권한'(power of veto)을 가지고 있었고 일반적으로는 반선교정책을 취했다. 참조. Firth, *An Introduction to Indian Church History*, 158.
176 Firth, *An Introduction to Indian Church History*, 154.

진 선교단체들에게는 대중적인 캠페인을 통해 여론을 조성하게 하는 역할을 맡겼고, 국교회 선교회와 감리교회, 그리고 스코틀랜드 교회에게는 대중 캠페인을 지원하고 의원들을 상대로 로비활동을 펼치게 했다.

이러한 끈질긴 20년 공방 끝에 1813년 7월 21일 특허장 개정안이 의회에서 통과되었고, 다음 날 왕실의 재가를 받았다. 비록 개정안에서 선교사가 구체적으로 언급되지는 않았지만, 동인도회사는 선교사들의 활동을 지원하는 법적인 의무를 지게 되었다. 영국 내에서는 동인도회사의 정치적 역할에 대해 부정적인 인식이 팽배했다. 그러나 다른 대안이 없었으므로 동인도회사는 통치 기관으로 존속하게 되었다. 이 개정법으로 인해 동인도회사는 20년의 통치권이 보장되었으나 인도에서의 독점권은 종식되었다. 1813년의 특허장 개정으로 동인도회사는 영국 의회의 통제하에 인도를 통치하는 체제로 전환되었다. 영국 정부의 권한 강화는 동인도회사가 누렸던 특권들에 대해서는 제약 및 제한을 의미했고, 자유무역주의자들과 복음주의자들에게는 자유로운 활동에 대한 법적인 보장을 의미했다.

1813년 동인도회사 특허장 개정은 인도 선교 역사에서 결정적인 전환점이 되었다. 이 개정법은 동인도회사의 인도 지배권을 갱신함과 동시에 인도 통치에 관한 도덕적·사회적 책임을 명문화했다. 이는 기존의 엄격한 문화적 불간섭 정책이 변화하는 계기가 되었다. 특히 박애와 자선, 종교적 목적을 위해 인도에 거주하려는 이들에게 충분한 편의를 제공해야 한다는 조항이 포함되면서 선교사들의 활동은 제도적으로 보호받을 수 있는 기반을 확보했다. 다만, 선교사들 역시 현지 행정의 권위를 존중하고 타 종교의 자유를 침해하지 않아야 한다는 원칙 또한 명시되었다.

개정법은 여러 영역에서 중요한 변화를 가져왔다. 세입 중 10만 루피를 비기독교 교육에 배정하도록 한 조항은 근대적 교육 인가 체계의 출발점이 되었다. 이를 통해 선교사들은 남녀를 구분하지 않고 다양한 교육 활동을 전개할 수 있는 법적 근거를 확보하게 되었다. 교육 선교는 전도의 보조 수단을 넘어 인도 사회 전반에 영향을 미치는 중요한 통로로 자리 잡기 시작했다. 교회 제도 측면에서도 의미 있는 변화가 이루어졌다. 캘커타에 영국 성공회 주교좌가 설치되고, 캘커타·마드라스·봄베이에 각각 부주교가 배치되면서 인도에는 처음으로 체계적인 교회 구조가 마련되었다. 이는 선교사 및 국교회와 관계를 맺고 있는 인도의 기독교인을 위한 것으로 인도 선교에 기여하려는 목적은 아니었지만, 결과적으로는 인도 내 기독교의 제도적 정착을 가능하게 했다.

무엇보다 중요한 변화는 동인도회사가 가지고 있던 선교 활동에 대한 사실상의 거부권이 사라졌다는 점이다. 이로 인해 기존 선교단체들뿐 아니라 이전까지 입국이 제한되었던 단체들까지 인도 선교에 참여할 수 있게 되면서 개신교 선교는 본격적인 확장 국면에 들어섰다. 현지 거주 군인 장교들과 시민들은 선교회와 성서공회(Bible Society), 문서선교단체(Tract and Book Society)를 후원했다. 선교사들은 병영에 거주하며 시민과 군인들을 위해 예배와 목회 활동을 하고, 순회 설교와 성경을 배포하며, 고아원과 학교 사역에 힘썼다. 이처럼 특허장 개정은 영국 문화와 기독교가 인도 사회에 확대되는 효과를 가져왔다. 기독교는 복음 전도뿐 아니라 인도 사회 내에 뿌리 깊게 자리한 악습들을 철폐하는 데에도 기여함으로써,[177] 힌두교 개혁 운동가들을 비롯한 인도 지식인들의 지지를 받았다.

이와 같이 1813년의 동인도회사 특허장 개정은 인도 선교 역사의 물꼬를 여는 중요한 전환점이 되었다. 특허장 개정으로 동인도회사는 인도에서의 도덕적 의무를 시행해야 했고 선교사들의 활동에 문호를 개방했다. 18

---

177 복음주의자 윌리엄 벤팅크(William Bentinck) 총독은 인도의 교육 개혁과 사회 개혁을 이루어냈다. 그는 1829년 인도의 대표적인 악습 중 하나인 사티(남편 장례시 부인을 산 채로 화장하는 풍습)를 금지했고 영아살해 방지를 위해 노력했으며 언론의 자유를 보장하는 등의 개혁정책을 펼쳤다. 참조. Firth, *An Introduction to Indian Church History*, 155, 185.

세기 후반 인도에 도착해 세람포르에 자리 잡은 윌리엄 캐리의 사역이 꽃을 피운 시기도 1813년 특허장 개정 이후였다. 그의 번역, 교육, 출판 사역은 제도적 환경 변화와 맞물려 인도 개신교 선교의 방향을 제시하는 중요한 모델이 되었다. 제도적 환경이 정비되면서 인도에는 다양한 선교단체들이 연이어 유입되었고, 사역 영역 역시 학교와 의료, 여성 사역, 기술 교육 등으로 확장되며 광범위한 선교 운동이 전개되었다. 이러한 흐름은 인도를 넘어 인접 지역으로 파급되었다. 네팔 교회는 벵갈 주 다르질링(Darjeeling)에서 시작되었고,[178] 방글라데시,[179] 부탄(Bhutan), 스리랑카, 티벳, 중동 등에 복음을 전하는 통로가 되었다. 동인도회사 특허장 개정은 인도뿐 아니라 아시아 여러 나라의 복음화에 영향을 준 선교의 일대 전환점이었다. 클래펌파는 교회와 세속 직업을 가진 평신도들이 각자의 자리에서 하나님의 부르심에 응답했을 때 종교적 부흥뿐 아니라 사회 전체를 발전시킬 수 있는 역량으로 확장된다는 것을 역사 속에서 증명했다.

2) 교육 선교

인도인 교육에 대한 문제의식은 18세기 말부터 영국 사회에서 논의되어 왔으며, 이를 체계적으로 제기한 인물은 1792년 보고서를 작성한 찰스 그랜트였다. 그는 서구식 교육과 기독교 가치의 도입이 인도 사회에 뿌리내린 악습과 도덕적 타락을 극복하는 핵심 수단이 될 수 있다고 주장했다. 이러한 인식은 즉각적인 정책 변화로 이어지지는 않았으나 1813년 동인도회사 특허장 개정을 통해 비로소 제도적 가능성을 확보하게 되었다. 법 개

---

178 보즈 버하두 구룽, "네팔 기독교 선교 역사와 초기 그리스도인들에 대한 연구" (석사학위논문, 감리교신학대학교, 2009), 29-30.
179 캐리가 1793년 침례선교협회 선교지국을 설립한 디나즈푸르(Dinajpur)는 현재의 방글라데시(Bangladesh) 지역이다. 1816년 현재 방글라데시 수도인 다카(Dhaka)에 침례선교협회 선교지국이 세워졌고 이후 여러 선교단체들이 들어와 활동하며 방글라데시의 복음화에 기여하였다.

정 이후 인도인을 대상으로 한 교육 활동이 허용되면서 선교사들은 교육을 복음 전파와 사회 개혁을 연결하는 중요한 사역 영역으로 인식하기 시작했다. 교육 선교의 확대는 영어 중심 교육 정책의 시행으로 이어졌다. 초기에는 지역 언어를 활용한 기초 교육이 주를 이루었으나, 19세기 전반 이후에는 영어를 매개로 한 중등 및 고등 교육이 강조되었다. 이는 서구 학문과 과학 지식을 전달함으로써 사회 지도층과 접촉하려는 선교 전략과, 행정 및 상업 영역의 효율성을 위해 영어 교육이 필요했던 동인도회사의 이해관계가 일치한 결과였다. 이 과정에서 유럽의 정치·사회·종교 사상이 점진적으로 인도 사회 전반에 영향을 미치게 되었다.

이러한 흐름 속에서 윌리엄 벤팅크 총독은 토마스 매콜리(Thomas Macaulay)와 함께 영어 중심의 교육 정책을 제도화하며 인도 교육 체계의 방향 전환을 주도했다. 1817년 캘커타에서 설립된 비디얄라야(Vidyalaya)는 이후 힌두 대학(Hindu College)으로 발전하였고, 이곳에서 영어 교육과 더불어 유럽 합리주의가 소개되었다.[180] 새로운 사상의 유입은 일정한 사회적 긴장을 낳기도 했으나 복음 전파의 통로로 기능하며 기독교 사상의 확산에 기여했다. 이 기관의 목표는 인도 고전 학문과 서구 학문을 아우르는 인재를 양성하여 장차 인도 교회와 사회를 섬길 지도자를 배출하는 데 있었다.

1818년에는 126개의 학교가 운영되고 있었고, 세람포르대학(Serampore College)이 세워지며 기독교 대학의 시발점이 되었다. 1830년에 입국한 알렉산더 더프(Alexander Duff)는 영어반과 벵갈어반을 조직하여 모든 과목을 기독교적 관점에서 가르치고 성경을 최고의 위치에 두어 매일 성경학습을 하는 학교를 설립했다. 힌두 대학 출신으로 더프를 통해 개종한 사람 중에는 훗날 영국 성공회 목사가 된 크리슈나 모훈 바네르지(Krishna Mohun Banerjee)

---

180 Firth, *An Introduction to Indian Church History*, 181.

와 장로교의 목사가 된 고삐나트 난디(Gopinath Nandi)가 있다.[181]

1835년에는 영어라는 매개체를 통해 영국 문화와 과학 지식을 전달하는 데 정부 기금을 사용할 수 있게 되면서 주요 도시의 대학들은 공공교육부 서들을 설치·운영했다. 이에 비해 재정 지원을 받지 못한 기독교 학교들은 중등교육에 집중하며 신앙적 정체성을 유지하는 방식으로 교육 사역을 지속했다. 1832년 평신도 그룹의 후원으로 훗날 윌슨대학(Wilson College)이 되는 윌슨고등학교(Wilson High School)가 세워졌고, 1837년에는 마드라스 기독대학교(Madras Christian College)와 그 부속 고등학교(High School)의 모체가 된 교육기관(Institution)이 설립되었다.[182] 1844년에는 노블대학(Noble College), 1853년에는 성요한대학(St.John's College)이 설립되었다. 새로운 학문을 기독교적 가르침과 결합한 초기 영국 학교들의 영향력은 대단했고 이를 통해 세례를 받는 사람들이 생겨났다.

교육 선교의 결실들은 선교사 교육에 대한 필요를 낳았다. 알렉산더 더프의 인도로 기독교인이 된 베하리 랄 싱(Behari Lal Singh) 목사는 인도인 목회자 양성 교육을 비판했다. 그는 대학의 목표가 힌두교 및 무슬림 지도자와 대등한 수준의 인재를 배출하는 것이어야 함에도 불구하고, 실제 교육 수준은 박식함과는 거리가 멀며 평균에도 미치지 못한다고 지적했다.[183] 그는 힌두교와 무슬림 지도자들이 산스크리트어와 아랍어 지식을 가지고 있는 것처럼 개신교 목사라면 히브리어와 헬라어에 대한 지식을 갖추고 있어야 한다고 주장했다. 사실 19세기에는 의료나 교육, 특수 기술 분야의 평신도 선교사들을 제외하고는 교육 수준이 높지 않은 목회자 선교사들이 많았다. 선교사를 양성하는 대학들조차 선교학을 특화해서 가르치지 않았고 국

---

181 Firth, *An Introduction to Indian Church History*, 184.
182 Firth, *An Introduction to Indian Church History*, 185.
183 Andrew F. Walls, *The Missionary Movement in Christian History* (Maryknoll: Orbis Books, 1996), 204.

내 사역을 할 목회자 후보생과 해외 선교를 지망하는 선교사 후보생 모두에게 동일한 교육을 실시하고 있었다.

선교학은 1세기 초대교회 때부터 신학의 내부 구조 속에 내재되어 있었으나 오랜 기간 신학과 선교는 별도의 학문적 구분 없이 하나의 영역으로 존재했다. 19세기 중반 이후가 되어서야 선교학을 독립된 신학 영역으로 다루는 시도들이 행해졌다. 1867년 스코틀랜드의 에딘버러 대학은 알렉산더 더프를 선교학 교수로 임명하며 개신교 역사상 처음으로 선교학을 독립된 학문으로 다루었고, 1896년 할레대학은 구스타프 바르넥(Gustav Warneck)을 선교학 교수로 임명하였다.[184] 선교사 후보생에 대한 교양 인문학의 필요성이 대두되고 1880년대와 1890년대에 대학에서 선교와 선교 문헌에 대한 연구가 일어나기도 했지만, 이는 비공식적이며 개인적인 연구들로 간주되었다.[185] 이후 유럽 대학들에서 유사한 시도가 이어지며 선교학은 점차 제도적 학문 영역으로 정착했다. 20세기에 들어서면서 선교학은 교회사, 조직신학, 실천신학과의 학문적 교류를 통해 발전했다. 동시에 타 종교 연구와 문화 인류학, 사회과학의 성과를 수용하며 연구 범위를 확장했다. 이로써 선교학은 복음 전도, 교회의 본질과 세계 속 사명을 신학적으로 성찰하는 통합적 학문 분야로 자리매김하게 되었다.

3) 개종의 열매

1813년 동인도회사 특허장 개정이 인도 전역에서 선교사들이 공식적으로 활동할 수 있는 토대를 마련함에 따라 현지 개종자들이 등장하기 시작했다. 선교와 교육 활동이 결합되면서 인도인들은 서구식 교육을 통해

184　J. Dudley Woodberry, Charles van Engen, Edgar J. Elliston, *Missiological Education for the 21st Century* (Maryknoll: Orbis Books, 1996), xviii.
185　Walls, *The Missionary Movement in Christian History*, 205.

기독교 신앙과 서구적 가치에 노출되었고, 이러한 경험은 개인적 신앙 변화를 불러왔다. 그 결과 19세기 중반에 인도 지식인들 중에서 개종자들이 나타났다. 브라만 교사였다가 기독교 교사가 된 느헤미야 고레(Nehemiah Goreh), 수학자 람 찬드라(Ram Chandra), 비쉬누 사제 바스가르 까르마까르(Bhaskar Karmakar), 마라띠어 저술가 간빠트라오(Ganpatrao), 시인 나라얀 바만 띨락(Narayan Vaman Tilak) 등이다. 교육 선교로 개종한 인도인들은 공동체의 핵심 인물들로 성장했다.

교육을 통해 신앙을 접한 인도인들 중 교회 지도자가 되는 사례들도 나왔다. 캘거타의 개종자들 중 자가디쉬와르 바따차리야(Jagadishwar Bhattach aryya)와 프로순노 꾸마르 차떼르지(Prosunno Kumar Chatterjee), 랄 베하리 데이(Lal Behari Dey), 베하리 랄 싱(Behari Lal Singh), 봄베이의 첫 개종자 단지바이 나오로지(Dhanjibhai Naorojii)와 호르무스지 페스톤지(Hormusji Pestonji), 잘나(Jalna)의 개종자 나라얀 세샤드리(Narayan Seshadri)는 모두 목사가 되었다. 지역 교회의 성장 통계에서도 이러한 흐름을 확인할 수 있다. 남인도 틴네벨리(Tinnevelly)에서는 1851년에 여섯 명의 인도인이 안수를 받았고, 1880년에는 89명의 인도인이 임직을 받았다.

한편 개종 과정은 사회적 저항과 갈등을 동반했다. 인도 사회의 전통적 구조와 종교적 정체성은 구분된 것이 아니었기 때문에 개종자들은 가족과 공동체로부터 심한 핍박과 박해를 받았다. 파테가르(Fatehgarh)의 고삐나트 난디(Gopinath Nandi)와 도깔 빠르샤드(Dhokal Parshad)는 순교했다. 1857년 세포이 항쟁(Sepoy Mutiny) 당시에는 기독교인의 지위가 복잡하게 작용했다. 이 사건은 기독교인을 직접적으로 겨냥한 것이 아니었음에도 기독교와 영국 식민 지배가 연관되었다고 인식되면서 선교사들과 개종자들이 배교를 강요받고 학대나 죽임을 당했다. 그러나 항쟁이 진압되면서 오히려 기독교인이 되어 영국의 보호를 받는 것이 안전하다는 인식이 확산되어 개종자의 수가 급격히 증가해 3,401명에 이르기도 했다.

19세기 중반이 되자 선교단체들은 부족 원주민들에게 관심을 가지기 시작했다. 1846년부터 1857년까지 여러 부족 집단이 세례를 받았으며, 그 중에는 800-900명으로 이루어진 공동체들도 있었다. 남인도에서의 세례자는 1880년 5만 9천 명을 넘었고 1,506개의 마을에 복음이 전해졌다.[186] 이는 목회자와 선교사, 그리고 평신도 모두가 연합하여 거둔 귀한 영적 결실이었다.

3) 의료 선교

인도에서의 의료 선교는 19세기 중후반부터 본격적으로 시행되었지만, 그 기원은 18세기 말까지 거슬러 올라간다. 침례교 소속 존 토마스(John Thomas)는 1793년 캐리와 같은 배로 입국해 벵갈 지역에서 사역했다. 1836년 마드라스에 도착한 존 스커더(John Scudder)를 필두로, 1837년에는 마두라(Madura), 1838년에는 네이유르(Neyyoor), 1840년에는 벵갈(Begal), 1842년에는 루디아나(Ludhiana)에서 의료사역이 실시되었다. CMS(Church Missionary Society)가 1864년 파송한 의사 윌리엄 엘름슬리(William Elmslie)가 복음에 폐쇄적이었던 지역에서 의료를 통한 선교 가능성을 발견하며 의료 선교사에 대한 필요성은 더욱 증대되었다.[187] 의료 선교사들은 종교적 이유로 선교사를 거부하던 지역에서도 환자를 치료하며 신뢰를 쌓을 수 있었고, 이는 복음 전파의 가능성을 여는 중요한 계기가 되었다. 이후 의료사역은 자선활동이나 봉사활동이 아닌 선교의 새로운 통로로 인식되며 선교단체들의 관심 분야가 되었다. 그 결과 여러 선교단체들이 의료 선교사를 파송하고 의

---

186 M. A. Shearing, *A History of Protestant Missions in India 1706-1881*, 335; Firth, *An Introduction to Indian Church History*, 199에서 재인용.
187 Walls, *The Missionary Movement in Christian History*, 212-214.

료 물자 지원을 확대했다. 의료사역은 근대 의학의 발달과 궤를 같이하며 성장했고, 19세기 후반부터 20세기 초반에 이르러 괄목할 만한 발전을 이루었다.

여성 의료 선교는 특히 인도 사회의 구조적 특수성 속에서 독자적인 중요성을 갖는다. 여성 의료 선교는 19세기 중반 인도 태생의 영국 여성 프리실라 윈터(Priscilla Winter)로부터 시작되었다. 윈터는 1867년 설립한 델리 여성의료선교회(The Delhi Female Medical Mission)를 통해 델리의 야무나강(Yamuna River)을 따라 진료소를 운영했고 이는 여성과 어린이를 위한 성 스데반 병원(St. Stephen's Hospital)으로 발전하였다. 윈터는 어린 시절을 영국에서 보냈으나 캘커타로 돌아와 규방학교에서 사역을 이어갔다. 그녀는 인도 여성들이 주술사의 조잡한 치료법으로 고통받는 현실을 목격하고, 모든 계층의 여성들에게 기초적인 치료법을 보급하기로 결심했다. 윈터는 주술적인 고통으로부터 여성들이 유일하게 자유로운 시간이 기도하기 위해 강으로 가는 때임을 알고 야무나강에서 의료사역을 시작했다.

1869년 미국인 의사이자 감리교 선교사인 클라라 스웨인(Clara Swain)이 인도에 입국했다. 스웨인은 개신교 선교단체가 비기독교 세계에 파송한 최초의 여의사로 여성 병원을 설립하고 인도 최초의 여성 의사와 간호사들을 양성하였다.[188] 이어 1871년에는 미국 장로교 선교회(American Presbyterian Mission)에서 파송한 의사 새라 슈워드(Sara Seward)가 합류하여 사역의 지경을 넓혔다. 1873년에는 영국인 조산사 리틀러(Littler)가 사역에 동참하면서 현지 여성 간호사를 양성하는 전문 교육 과정이 마련되었다. 1884년 의사 제니 뮬러(Jenny Muller)가 입국하였으며, 1885년에는 델리에 성 스데반 병원이 공식적으로 개원했다. 1890년대 후반에 이르러 병원 이용자는 연간 700여 명에 달했고, 델리와 카르날 진료소 이용자는 15,000명, 가정 방문 진료

---

188 Pierson, *The Dynamics of Christian mission*, 256.

는 1,200명에 이르렀다.[189] 1880년 입국한 패니 버틀러(Fanny Jane Butler)는 이전에 의료 시설이 없던 스리나가르(Srinagar)와 바갈푸르(Bhagalpur)에 의료 진료소를 열었고, 1888년에 스리나가르 최초의 병원인 존 비숍 기념병원(John Bishop Memorial Hospital)을 설립했다. 이러한 의료 선교로 인해 병원 시설이 발전 및 확장되었고 한센병 수용소와 결핵 요양소 같은 보조 기관들과 의사와 간호사를 훈련시키는 병원들이 생겨났다.[190]

의료 선교는 다양한 측면에서 선교에 영향을 미쳤다. 우선 의료 선교는 특성상 많은 비용이 소요되었기 때문에 이를 충당하기 위한 별도의 후원 모금 운동들이 일어났다. 또한 의료 선교사는 평신도인 경우가 많아서 선교사의 목회자 중심주의를 완화하는 역할을 했다.[191] 의료 선교의 초기 단계에는 목회자 선교사의 보조적인 역할을 머물기도 했지만 의료 선교의 선교적 가치가 조명되며 점차로 전문적인 선교영역으로 자리를 잡아갔다.

4) 여성 사역

인도에서 여성 선교가 본격적인 영향력을 갖기까지는 상당한 시간이 필요했다. 초기 선교단체들은 주로 남성 교육과 전도에 집중했으며, 여성 사역은 선교사들의 부인이나 제한된 개인적 노력에 의존하는 경우가 많았다. 마쉬맨(Joshua Marshman)과 윌슨(John Wilson) 선교사의 부인들이 주도하고 학교 협회의 공식적인 후원을 받아 여학생을 위한 학교를 세우기도 했지만[192]

---

189 "Delhi Female Medical Mission," Wikipedia, last modified May 14, 2024, accessed May 4, 2023, https://en.wikipedia.org/wiki/Delhi_Female_Medical_Mission.
190 Neill, *A History of Christian Missions*, 217.
191 Walls, *The Missionary Movement in Christian History*, 218.
192 마쉬맨의 부인 한나 마쉬맨(Hannah Marshman)은 세람포르와 캘커타에 최초의 여학교를 설립했다. 1817년 현지인 학교의 첫 번째 보고서(First Report of the Native Schools of 1817)에 따르면, 캐리와 마쉬맨 그리고 워드 선교사가 추진한 세람포르 선교 프로젝트는 인도 소녀들에게 교육을 제공하는 학교를 설립했다. 참조. Firoj High Sarwar, "Christian Missionaries and Female Education in Bengal during East India Company's Rule: a Discourse between Christianised Colonial Domination versus Women Emancipation," *IOSR Journal of Humanities And Social Science* 4/1 (2012): 39.

여성 교육은 거의 이루어지지 않았다. 출석자 대부분이 낮은 카스트 계급이어서 학교 교육에 충실할 수 없었고, 조혼 등의 이유로 어린 나이에 학교를 떠나야 했기 때문이다.

이러한 상황은 1813년 동인도회사 특허장 개정을 계기로 변화하기 시작했다. 법 개정으로 남녀 학생 모두를 대상으로 한 학교 설립이 가능해지면서 소녀들을 위한 교육기관이 점차 증가하였다. 마쉬맨, 캐리, 로버트 메이(Robert May), 그리고 제임스 스튜어트(James Stuart) 등은 여러 초등 교육기관들을 설립하며 대규모 여성 교육을 실시했다. 메이는 1814년과 1815년에 친슈라(Chinsura)에 여러 여학교를 설립했다. 1818년에는 그의 감독하에 36개의 학교가 있었고 3천 명 이상의 남녀 현지인 학생들이 있었다. 이 학교들은 정부의 재정적 지원을 받았지만 1831년까지 런던 선교회 선교사가 감독했다. 벵갈 서부의 후글리(Hughly)에서는 1823년 세람포르 선교사들에 의해 원주민 여학교가 시작되었고, 1835년에는 138명의 여학생을 포함한 학교와 14개의 기독교 마을 학교가 있었다. 1828년 2월의 선교 정보에 의하면, 세람포르에는 12개의 학교에 250명의 학생들이 있었고, 벵갈의 비르홈(Beerbhum), 다까(Dacca), 치타공(Chitagong), 제쏘레(Jessore)에도 여학교들이 있었다.

그중 주목할 만한 것은 타밀 나두(Tamil Nadu) 주 티루넬벨리(Tirunelveli)에 있는 교회선교협회(The Church Missionary Society) 산하의 메리앤쿡학교(Mary Ann Cooke's School)와 마하라슈트라(Maharashtra) 주 아흐메드나가르(Ahmednagar)에 있는 신시아 패러(Cynthia Farrar)가 세운 미국선교학교(American Missionary School)이다. 1827년 인도에 입국한 패러는 34년 동안 선교 활동을 하며 남학교와 여학교를 세웠고, 당시 여성 교육을 반대하던 시대적 상황 속에서 여성의 가치를 보여주고 복음을 증거하기 위해 노력했다.[193] 1845년에는 동인도회사 소속 클라우드 마틴(Claude Martin)[194] 대장에 의해 남녀 학생이 나뉘어서 교육을 받는 마르티니에르대학(La Martinière College)이 설립되었다. 이 학교에서 채택한 B.A. 학위 과정은 이후 캘커타 대학의 표준이 되었다.

1840년대에 인도에 도착한 미혼 여성 선교사들은 주로 여성과 어린이들을 대상으로 사역하며 교육과 전도에 힘썼다. 여성 교육에 대한 인식이 퍼져나가며 영어교육을 받은 남성들이 증가하면서 딸의 교육을 원하는 경우가 많아졌다. 1851년까지 개신교 선교사들은 91개의 영미권 학교와 대학들을 운영했고, 1,166개의 남학교와 371개의 여학교에서 64,000명의 학생이 수학하였다.[195] 1854년 선교사들은 소녀들을 위해 기독 여성을 힌두 가정으로 파송하여 가르치는 규방학교(Zenna School)를 시작했다. 규방학교는 '제나나'(Zenana)라 불리는 여성 전용 거주 공간에 선교사가 직접 방문하는 독특한 형태였다. 당시 상류층과 중류층 여성들은 외부 출입을 제한하는 '푸르다'(Purdah) 관습으로 인해 공적 교육과 의료 혜택에서 소외되어 있었다. 남성 선교사들이 접근할 수 없는 이 사각지대에서 여성 선교사들은 읽기, 쓰기, 자수 등 실용 기술과 함께 복음을 전했다. 규방학교의 성장은 여성 선교사 파송의 증대로 이어졌고, 이곳에서의 교육은 점차 정규 교육 제도의 근간이 되었다. 규방학교의 보건 및 기초 교육은 이후 설립된 정규 여성 학교의 핵심 커리큘럼으로 계승되었으며, 여기서 훈련받은 현지 여성들이 초기 학교의 교사로 활동하며 교육의 자생력을 높였다. 즉, 규방학교라는 특수한 모델은 복음 전파의 통로이자, 인도 여성을 근대적 지성과 전문성을

---

193 Pierson, *The Dynamics of Christian Mission*, 256.
194 클라우드 마틴(Claude Martin)은 프랑스 출신의 군인이자 교육·건축가이다. 그는 프랑스군 복무 후 동인도회사(East India Company)의 벵골 군(Bengal Army)에서 장교로 복무하며 최종적으로 대장(Major General)이 되었다. 그는 군사 및 행정가로서 인도에서 부를 축적했으며, 막대한 유산을 교육·자선 목적으로 남겼다.
195 Sarwar,"Christian Missionaries and Female Education in Bengal during East India Company's Rule," 42.

갖춘 크리스천 리더로 성장시키는 영적 모판 역할을 수행했다.

　이러한 사역은 점차 고등 교육체제로 확산되었다. 1859년 미국장로교 선교회(The American Presbyterian Mission)는 데라둔(Dehradun)에 소녀들을 위한 기숙학교를 설립했다. 이후 캘커타대학교가 최초로 여학생 입학을 허가하며 인도의 여성 교육은 근대적인 정규 교육 시스템으로 안착하기에 이르렀다. 1870년에는 감리교회 소속 선교사 이사벨라 토번(Isabella Thoburn)이 와서 장차 이사벨라토번대학교(Isabella Thoburn Colledge)가 될 학교를 설립했다. 1884년에는 두 명의 인도인 기독교 여성 학생이 처음으로 봄베이대학의 입학 허가를 받으면서 고등교육 영역에서도 여성의 진출이 가시화되기 시작했다. 이러한 변화의 흐름 속에서 라마 바이(Rama Bai)는 인도 여성사에서 중요한 인물로 부상했다. 그는 브라만 가문 출신으로 산스크리트어에 탁월한 학문적 역량을 인정받아 '빤디따'(Pandita, 학자)라는 칭호를 얻었으며, 이후 기독교로 개종한 뒤 여성 교육과 과부 및 아동 보호를 위한 사회 개혁 활동에 헌신했다. 특히 샤라다 사단(Sharda Sadan)과 묵티 미션(Mukti Mission)을 설립·운영하며 여성의 교육과 자립을 실질적으로 지원했고, 이를 통해 인도 사회에서 여성의 지위 향상에 커다란 영향을 미쳤다.[196]

196　샤라다 사단(Sharda Sadan)은 1889년 라마 바이(Rama Bai)가 설립한 인도 최초의 기독교 여성 교육기관 중 하나로 사회적으로 소외된 과부와 젊은 여성들에게 교육과 직업 훈련을 제공하여 자립을 돕는 기관이다. 묵티 미션(Mukti Mission)은 1898년 인도 마하라슈트라(Maharashtra) 주 케드가온(Kedgaon)에 설립된 여성과 아동을 위한 공동체 선교 기관으로, 교육·의료·주거를 통합적으로 제공하며 기독교 신앙에 기초한 전인적 회복을 지향했다. '묵티(Mukti)'는 산스크리트어로 '해방' 또는 '자유'를 뜻하며, 이러한 명칭은 사회적 억압 속에 있던 여성들을 향한 이 기관의 비전을 잘 드러낸다. 묵티 미션은 대규모 여성 공동체를 이루었고, 20세기 초 인도 부흥 운동과도 연결되며 여성 중심 선교의 상징적 공간이 되었다.

5장 미국의 비즈니스 발전과 일터선교의 폭발적 성장

20세기 이후 미국 사회에서 개신교 평신도들의 비즈니스 활동은 자본주의의 발전과 기업 문화 형성에 중요한 영향을 미쳐 왔다. 신앙을 개인의 경건 영역에 국한하지 않고 사업 운영과 사회적 책임으로 확장한 평신도들은 경영 현장 속에서 기독교적 가치 실현을 추구하며 새로운 신앙 실천의 장을 열었다. 이러한 흐름은 신앙 기반의 경영 모델과 기독 비즈니스 리더십 운동의 확산으로 이어졌고, 교회 안에서 평신도의 역할 역시 수동적 참여자에서 사역의 동역자로 재정의되었다. 더 나아가 MBA 과정의 등장과 함께 자본주의 윤리, 프로테스탄트 신앙, 리더십 교육이 결합되며 비즈니스와 선교의 접점이 제도적으로 확장되었다. 그 결과 BAM(Business as Mission), 전문인 선교(Tentmaking / Professional Mission), 리더십 훈련, 그리고 일터선교(Workplace / Marketplace Mission)는 현대 선교의 주요 영역으로 자리 잡게 되었다. 이러한 일터 중심 선교 운동은 교회의 사역 지형을 확장하는 동시에, 교회의 구조와 운영 방식에도 새로운 변화를 가져오는 계기가 되었다.

1. 20세기 전반(1900~1950년대)

20세기 전반은 개신교 신앙이 개인의 경건을 넘어 일, 자본, 조직, 사회 참여의 영역으로 확장되며 미국 사회의 구조 형성에 깊이 관여한 시기였다. 이 시기 평신도들은 개신교 일 윤리를 바탕으로 비즈니스 문화와 직업 세계를 형성했고, 산업화와 경영 전문화의 흐름 속에서 신앙과 직업을 통합하려는 다양한 시도를 전개하였다. 또한 대공황이라는 위기 속에서 구제와 고용, 공적 책임을 결합한 신앙 실천이 나타났으며, 비즈니스 선교와 사회 개혁 참여를 통해 일터와 사회를 향한 기독교적 책임 의식이 구체화되었다.

1) 개신교 일 윤리와 미국 비즈니스 문화의 형성

20세기 전반 미국 사회에서 개신교 평신도들은 '근면, 절제, 성실'이라는 개신교 일 윤리(Protestant Work Ethic)를 경제 활동의 도덕적 토대로 삼아 안정적인 중산층을 형성해 갔다. 이들에게 일은 생계 수단을 넘어 하나님께서 부여하신 거룩한 소명으로 이해되었으며, 성실한 일과 절제된 삶, 그리고 책임 있는 자본 축적은 신앙의 진정성을 증명하는 삶의 양식으로 받아들여졌다. 이러한 신앙적 세계관은 개인의 경건에 머물지 않고 기업 운영과 직업윤리의 전 영역으로 확장되었다. 이는 시간 규율, 엄격한 계약 관계, 성과에 대한 책임, 상호 신뢰의 강조와 같은 미국 비즈니스 문화의 규범적 기반을 형성하는 데 결정적인 기여를 했다. 특히 평신도 사업가들은 축적한 자본을 바탕으로 기독교 윤리에 기초한 기업 문화와 사회 제도를 세워 나갔다. 그 과정에서 정직한 거래와 신뢰 기반의 조직 운영, 그리고 사회적 책임은 경영의 핵심 가치로 격상되었으며, 신앙은 기업 운영의 실천적 원칙으로 뿌리내리게 되었다.

2) 평신도의 신앙과 기업 문화의 통합

평신도들은 축적한 자본을 통해 기독교 윤리에 기초한 기업 문화와 사회 제도를 형성했다. 이들의 신앙은 일 윤리, 계약 관계, 시간 관리, 성과에 대한 책임감으로 구체화되어 미국 비즈니스 문화의 규범적 토대가 되었다. 평신도 사업가들은 정직한 거래와 신뢰 기반의 조직 운영, 사회적 책임을 중요한 경영 가치로 인식하며 자신의 신앙을 일 윤리와 기업 운영의 원칙으로 삼아 실천했다. 이러한 가치관은 19세기 후반부터 시작된 YMCA, 기독학생운동(Student Volunteer Movement, SVM), 기독청년회 등과 연결된다. 19세기 말부터 이 단체들에서 훈련받은 청년들이 사회로 진출하여 사업가나 전문 경영자로 성장했다. 이들은 기업 운영의 기준으로 세속적 효율성만을 따지지 않고, 자신들이 체득한 크리스천 가치와 공공선을 실천하고자 했다. 그 결과 기독교적 가치와 소명 의식을 공유하는 비즈니스 리더들의 자발적 모임들이 형성되었다. 이러한 모임은 1920년대와 30년대를 거치며 크리스천 비즈니스 리더들의 네트워크로 발전했다. 지역별로 개최된 비즈니스 포럼은 경영 현장에서 마주하는 난제들을 신학적으로 성찰하고 대안을 모색하는 장이 되었다.

3) 경영 전문화와 평신도 비즈니스 리더

산업화가 본격화되면서 기업 규모가 확대되고 조직 관리가 복잡해지자 전문 경영인에 대한 필요성도 급격히 증가했다. 이에 대한 역사적·제도적 응답이 바로 1908년 설립된 하버드 비즈니스 스쿨(Harvard Business School,

HBS)과 세계 최초의 경영학 석사 과정인 MBA(Master of Business Administration)다. 1908년 이전까지 비즈니스는 주로 도제식 교육을 통해 전수되는 개인의 '경험'이나 '수완'의 영역에 머물러 있었다. 그러나 HBS의 초대 학장 에드윈 게이(Edwin Gay)는 비즈니스를 부를 축적하는 기술이 아닌 의사나 변호사와 같이 고유한 이론 체계와 윤리 강령을 갖춘 '전문직'(Profession)으로 격상시키고자 했다. 이는 '경영'(Management)이 학문적 토대를 갖춘 독립된 전문 영역이자 사회적 책임을 동반하는 공적 활동으로 정착되어감을 의미했다.

이후 시카고대학교, 노스웨스턴대학교, 스탠퍼드대학교 등 주요 대학들이 잇따라 MBA 과정을 도입하면서 경영학은 미국 비즈니스 문화의 핵심 제도로 자리 잡았다. 이러한 경영 교육의 확산은 효율성과 성과 중심의 합리성을 강화하는 동시에, 리더십과 윤리, 사회적 책임을 경영의 필수 요소로 포함시켰다. 특히 초기 경영 교육이 강조한 '청지기 정신'은 리더십이 결코 가치 중립적일 수 없음을 시사한다. 이는 훗날 리더십 연구의 권위자 로널드 하이페츠(Ronald Heifetz)가 강조했듯이 리더십이란 본질적으로 그 주체의 가치관이 개입되는 행위라는 학술적 정의로 계승되었다.[197]

이러한 변화는 경제와 신앙, 리더십을 통합하려는 평신도 비즈니스 리더들의 움직임과 맞물렸다. 이제 직업과 경영은 개인의 성공을 위한 수단이 아닌 공공선과 사회적 책임을 감당하는 '소명'의 영역으로 재해석되었다. 1968년 설립된 리젠트 칼리지(Regent College)는 이러한 흐름에 신학적 영혼을 불어넣은 대표적인 기관이다. 리젠트 칼리지는 MBA가 다루는 고도의 경영 기법 위에 '성경적 목적'을 입히는 작업을 통해 평신도들이 비즈니스 현장에서 전문성과 신앙이 결합된 진정한 청지기적 리더십을 발휘할 수 있는 이론적 토대를 형성하였다.

---

197 Ronald Heifetz, *Leadership Without Easy Answers*, 김충선·이동욱 역, 『하버드 케네디스쿨의 리더십 수업』(서울: 더난출판, 2008), 23-29.

특히 리젠트 칼리지의 폴 스티븐스(R. Paul Stevens) 교수는 이러한 일터사역의 기틀을 마련하며, 비즈니스 현장이 곧 평신도의 사역지임을 역설했다. 그는 경영의 전문성이 신앙과 분리된 세속적 영역이 아니라 하나님 나라의 공공선을 실천하는 가장 강력한 수단임을 강조하며 수많은 비즈니스 리더들에게 새로운 정체성을 부여하는데 크게 기여했다.

4) 대공황과 기독교적 실천

1930년대 세계 대공황기는 미국의 실업율이 25%까지 치솟으며 그간 공고하게 쌓아온 개신교적 일 윤리와 자본주의 체제가 심각한 위기에 봉착한 시기였다. 전례 없는 대규모 실업과 기업 붕괴의 소용돌이 속에서 신앙을 가진 평신도들은 경제 활동과 신앙의 관계를 근본적으로 재성찰하기 시작했다. 이 시기 그리스도인 사업가와 직장인들은 단회적인 경제 지원을 넘어, 영적 회복과 사회적 책임을 결합한 다각도의 신앙 실천에 나섰다. 이들은 신앙을 바탕으로 '구제'와 '고용'이라는 두 축에서 구체적인 대안을 제시했다.

대표적으로 구세군(The Salvation Army)은 1930년대 초반 미국 전역의 대도시에서 긴급 구호 활동을 전개했다. 구세군은 1932년 한 해 동안에만 미국에서 약 1,200만 건 이상의 식사를 제공하고, 500만 명 이상의 실직자에게 숙박을 지원했다. 특히 이들은 단순 배급에 그치지 않고 '사회사업 센터'(Social Service Centers)를 통해 고철이나 낡은 가구 등을 수집·수리하는 재활 작업장을 운영했다. 이를 통해 실업자들은 일의 대가로 숙식을 제공받거나 소액의 임금을 지불받는 실질적인 고용 프로그램에 참여할 수 있었다.

또한 1902년 감리교 목사 에드가 헬름스(Edgar J. Helms)에 의해 설립된 굿윌(Goodwill Industries)은 대공황기인 1930년대에 비약적으로 확산되었다.

굿윌은 시민들로부터 기부받은 의류와 잡화를 실직자들이 직접 수선하여 재판매하게 하는 비즈니스 모델을 정착시켰다. 이 과정에서 실직자들은 수선 기술과 유통 실무라는 직업 훈련(Vocational Training)을 받았으며, 굿윌은 판매 수익금의 대부분을 다시 노동자의 임금으로 배분했다. 1934년 기준 굿윌은 미국 전역 약 60여 개 도시에서 운영되며 수만 명의 취약 계층에게 일자리를 제공했다. 이러한 평신도 주도의 활동들은 정부 주도의 뉴딜(New Deal) 정책이 본격화되기 전 민간 영역에서 '일을 통한 자선'이라는 실무적 대안을 정착시킨 사례로 평가받는다.

5) 평신도 지도자 네트워크와 공적 책임 의식의 형성

1930년대 중반부터는 기업가와 시민 지도층이 결집하는 기독교적 연대 활동이 본격적으로 활성화되었다. 그 중심에는 노르웨이 이민자 출신의 평신도 지도자 아브라함 브레이드(Abraham Vereide, 1886-1969)가 있었다. 그는 대공황으로 인한 경제적 몰락과 극심한 노사 갈등, 그리고 공산주의 확산에 따른 사회적 불안을 목격하며, 사회 상층부 지도자들의 영적 각성이 사회 안정을 위한 시급한 과제라고 판단했다. 브레이드는 1935년 4월 시애틀의 비즈니스 리더 19명과 함께 첫 번째 조찬 기도 모임을 조직했다. 이 모임은 개인의 경건을 추구하는 데 그치지 않고, 지도층이 가진 사회적·공적 책임을 재확인하는 장이 되었다. 시애틀에서 시작된 이 운동은 급격히 확산되어 1937년에는 시애틀 시내에만 20개 이상의 조찬 기도 그룹이 형성되었고, 약 500여 명의 비즈니스 리더가 참여하는 규모로 성장했다.

브레이드의 활동은 점차 워싱턴 D.C.로 거점을 옮기며 정치·경제 권력의 핵심부와 연결되었다. 그는 1942년 '전국 조찬 기도 모임'(National Committee for Christian Leadership, NCCL)을 조직하였는데 이는 훗날 '더 펠로우

십'(The Fellowship) 또는 '더 패밀리'(The Family)로 불리는 강력한 평신도 네트워크의 기초가 되었다. 이러한 민간 네트워크의 성장은 1953년 드와이트 아이젠하워(Dwight D. Eisenhower) 대통령이 참석한 제1회 대통령 조찬 기도회(Presidential Prayer Breakfast)의 개최로 이어졌다. 대통령 조찬 기도회는 이후 국가조찬기도회(National Prayer Breakfast)라는 공식적인 제도로 정착되었다. 이는 비즈니스 리더들의 사적인 신앙 모임이 국가적 차원의 공적 네트워크로 제도화된 중요한 역사적 사건이다.

6) 비즈니스 선교 운동과 사회 개혁 참여의 확대

당시 미국에는 크리스천 기업가 모임인 CBMC 외에도 Business Men's Evangelistic Clubs(BMEC) 등 복음주의 성격의 여러 단체가 등장했다. 이들 조직은 일터를 복음 전도의 장으로 정의하고, 기업가 정체성을 신앙 실천과 결합하려는 시도를 지속적으로 확장했다. 그 과정에서 일터를 선교의 장으로 이해하려는 평신도 중심의 비즈니스 선교 운동이 형성되었고, 이는 일터선교와 전문인 선교의 중요한 토대가 되었다. 한편 산업화와 도시화의 심화는 빈곤, 일 착취, 사회적 불평등과 같은 구조적 문제를 동반했다. 이에 평신도들은 비즈니스 영역에만 머물지 않고 사회 개혁에도 적극 참여했다. 노동자의 권리 보호와 공정 임금, 사회 정의 실현을 위한 활동은 신앙에 기초한 시민적 책임으로 인식되었다.

여성 평신도들은 19세기 말부터 20세기 초 여성 참정권 운동에서 여성의 도덕적 지도력과 공적 참여의 정당성을 주장하며, 1920년 여성 참정권의 제도적 확립에 중요한 역할을 담당했다. 이러한 흐름은 이후 여성선교회(Women's Missionary Societies)를 중심으로 교육, 의료, 구제 사역으로 확장되었으며, 20세기 중반에는 인종차별 철폐와 시민권 운동으로 이어졌다.

1950-60년대 미국 흑인 인권운동은 종교적 신앙, 정치적 비전, 사회 개혁이 결합된 복합적 운동이었는데 이 운동의 지속적인 동력은 마틴 루터 킹 목사의 영적 지도력과 더불어 일상의 현장에서 신앙을 실천한 평신도들의 헌신이었다.

2. 20세기 중후반(1950~1990년대)

20세기 중후반 미국 교회는 사회 구조의 변화와 맞물려 사역 방식과 조직 운영 전반에서 새로운 전환을 경험했다. 이러한 교회 구조의 변화는 평신도의 역할 확대와 리더십에 대한 인식 변화로 이어졌으며, 나아가 신앙과 비즈니스, 일터를 유기적으로 연결하려는 실천으로 확장되었다.

1) 교회 구조 변화와 경영 논리의 유입

1950년대 이후 미국 사회의 전후 경제 호황과 도시화는 교회의 물리적 규모를 폭발적으로 팽창시켰다. 1945년부터 1960년 사이 미국의 교회 등록 교인 수는 약 7,100만 명에서 1억 1,400만 명으로 급증했으며, 이는 교회의 재정 및 시설 관리 규모를 전문적인 경영이 필요한 수준으로 끌어올렸다. 이 시기 교계에서는 IBM이나 제너럴 모터스(GM)와 같은 거대 기업의 조직 관리 체계(Organizational Management)를 벤치마킹하기 시작했다.

이러한 경향은 1970년대부터 1990년대까지 교회성장운동(Church Growth Movement)을 통해 이론적으로 체계화되었다. 풀러 신학교의 도널드 맥가브란(Donald McGavran)이 정립한 원리는 통계학적 분석과 인구통계학적 접근을 목회에 도입한 것이었다. 피터 와그너(C. Peter Wagner)는 이를 확장하여 교회의 '비전'(Vision)과 '미션'(Mission)을 기업의 핵심 가치 선언문처럼 명문화하도록 권고했다. 이러한 시도는 교회의 조직적 효율성을 획기적으로 높였으며, 사역의 전문성을 강화하는데 일조하였다. 1980년대에 들어서며 많은 교회는 목표에 의한 관리(MBO)나 전략적 기획(Strategic Planning)과 같은 경영 기법을 도입하여 연간 목회 계획을 수립했다.

실제 목회 현장에서는 빌 하이벨스(Bill Hybels)가 1975년 설립한 윌로크릭 커뮤니티 교회(Willow Creek Community Church)가 대표적인 사례다. 하이벨스는 설립 초기 경영학의 대부 피터 드러커(Peter Drucker)의 자문을 구했다. 그는 교회를 '자원봉사자에 의해 운영되는 비영리 조직'으로 재정의하고, 분업화된 팀 시스템을 구축했다. 1990년대 릭 워렌(Rick Warren)의 새들백 교회(Saddleback Church) 역시 경영학적 마케팅 기법인 '표적 집단'(Target Group) 분석을 통해 구도자 중심의 예배 모델을 표준화했다. 이와 같은 변화 속에서 목회자의 역할이 전통적인 설교자나 목회적 돌봄 제공자에서 최고경영자(CEO)형 리더, 즉 전략 수립과 인사 관리를 책임지는 조직 관리자로 재정의되는 현상이 생겨났다.

2) 평신도의 전문화와 교회 리더십 구조의 변화

1950년대 이후 고등 교육을 받은 전문직 종사자와 화이트칼라 계층의 증가라는 사회적 배경은 교회의 인적 구조를 근본적으로 변화시켰다. 이 시기 평신도들은 주중 일터에서 축적한 경영 기법, 회계 지식, 인사 관리 역량을 교회 운영과 사역 전반에 직접 이식하기 시작했다. 특히 평신도 신학(Laity Theology)의 확산은 이들을 수동적 수혜자가 아닌 '사역의 주체'로 재정의했고, 교회는 이들의 전문 영역에 맞추어 홍보부, 인사위원회, 재정기획팀 등 기업식 분업 구조를 도입하여 조직적으로 배치했다.

이러한 전문화는 교회의 의사결정 구조와 목회자 청빙 기준에 가시적인 변화를 가져왔다. 1970년대 이후 미국의 주요 교단에서 담임목사를 청빙할 때, 신학적 소양 외에도 수백 명의 직원을 관리하는 조직 관리 능력과 수백만 달러 규모의 예산을 집행하는 전략 수립 능력이 필수 요건으로 포함되기 시작했다. 이는 담임목사의 직무를 '설교와 심방'에서 '비전 제시와 조직 통합'을 책임지는 최고경영자(CEO)형 리더로 변모시켰으며, 교회 내 중직자의 구성 역시 변호사, 경영인, 회계사 등 전문직군 중심으로 구성되는 현상을 낳았다.

그러나 이러한 조직화는 교회 내에 성과 중심의 경영 논리를 고착시키는 결과를 초래했다. 교회의 건강성은 '출석 교인 수'(Attendance), '건물 규모'(Buildings), '헌금 액수'(Cash)라는 이른바 ABC 지표로 계량화되어 평가받기 시작했다. 또한 교인을 서비스의 수혜자로 보는 소비자주의(Consumerism)가 확산되면서 교회는 고객 만족을 위해 대형 집회와 세련된 마케팅 기법을 동원하는 등 영성의 상업화 양상을 나타내기 시작했다. 결과적으로 평신도의 전문성은 교회의 사회적 실행력을 증대시키고 참여를 확대하는 계기가 되었으나, 동시에 목회를 신앙 공동체 형성이라는 본질적 사역보다 효율성을 극대화하는 '조직 경영'으로 왜곡시켰다는 의도치 않은 결과를 양산했다.

3) 사회 변화와 기독교 리더십의 성숙

제2차 세계대전 이후 미국 기업의 규모가 거대화되면서 전문 경영인에 대한 사회적 수요는 폭발적으로 증가했다. 1950년대 약 5,000명 수준이었던 연간 미국 MBA 학위 수여자는 1970년대에 이르러 약 25,000명으로 5배가량 급증했으며, 이는 경영이 체계적인 교육 시스템을 갖춘 '전문직'으로 완전히 안착했음을 의미했다. 이 과정에서 경영 리더십은 생산성 관리를 넘어 조직 내 인간관계와 사회적 책임을 포함하는 고도의 전문 영역으로 확장되었다.

이러한 리더십의 질적 변화를 주도한 인물 중 하나는 AT&T의 경영 연구 부사장이었던 로버트 그린리프(Robert K. Greenleaf)다. 그는 1970년 발표한 에세이 『리더로서의 서번트』(*The Servant as Leader*)를 통해 리더십의 본질을 '지배'가 아닌 '섬김'으로 재정의했다. 이는 권위주의적 경영이 주류였던 당시 비즈니스계에 큰 파장을 일으켰으며, 기독교적 가치가 보편적 경영 이론으로 수용되는 가교 역할을 했다. 1982년 『1분 경영자』(*The One Minute Manager*)로 세계적인 명성을 얻은 켄 블랜차드(Ken Blanchard)는 자신의 경영 원리를 예수님의 리더십과 결합한 'Lead Like Jesus' 사역을 전개하며 섬기는 리더십을 대중화하고 비즈니스 현장에 실천적인 프레임워크를 제공했다.

같은 시기에 리더십 훈련의 대중화도 광범위하게 전개되었다. 존 맥스웰(John C. Maxwell)은 『리더십의 21가지 법칙』(*The 21 Irrefutable Laws of Leadership*)을 통해 '리더십은 영향력이다(Leadership is Influence)'라고 정의하며, 리더십을 직위가 아닌 관계와 성품의 영역으로 확장했다. 그는 1990년대 중반 '인조이'(INJOY)와 '이큅'(EQUIP)을 설립하여 전 세계 국가의 리더들을 성경적 원리로 훈련하는 사역을 전개하고 있다. 스티븐 코비(Stephen R. Covey)는 1989년 출간된 『성공하는 사람들의 7가지 습관』을 통해 인격 중심의 리더십 원칙을 확산시켰다. 풀러 신학교의 로버트 클린턴(J. Robert Clinton)은 1988년 저술한 『리더십 형성』(*The Making of a Leader*)에서 리더십을 특정 기술의 습득이 아닌 하나님이 한 사람을 빚어가시는 평생의 과정으로 정의했다. 그는 리더의 생애를 6단계로 분석하며, 각 단계마다 하나님이 허락하시는 훈련의 목적이 있다고 주장했다.

이러한 인물들의 활동은 비즈니스 리더십이 성과 지표뿐 아니라 리더의 도덕적 성품과 영적 정체성이 통합된 종합적 실천임을 보여준다. 20세기 후반 절정에 달했던 기독교 리더십 운동은 기업가뿐 아니라 일반 평신도와 목회자들에게 일터에서의 신앙 실천을 위한 교육 지침이 되었다. 크리스천 리더십 저자들은 한결같이 일터에서 신앙으로 살아갈 것을 강력히 촉구했다.

4) '신앙과 비즈니스의 결합'과 일터선교 단체의 성장

20세기 후반 신앙과 비즈니스의 통합을 목표로 하는 평신도 운동은 조직적인 네트워크 형성을 통해 제도적 단계로 진입했다. CBMC(Connecting Business and Marketplace to Christ)는 1930년대 시작되어 1970~80년대에 전 세계적으로 확장되었으며, FGBMFI(Full Gospel Business Men's Fellowship International)는 1951년 설립 이후 1980년대까지 100여 개국에 수천 개의 지부를 두며 비즈니스 현장의 영적 각성을 주도했다. 이들은 기독 기업가들이 MBA 과정에서 습득한 경영 전문성을 하나님이 맡기신 자원을 관리하는 '청지기적 직무'로 재정의하도록 훈련하는 데 집중했다. 동시에 미국 사회에서는 성경적 가치관을 기업의 정관과 운영 원리에 명시적으로 반영한 신앙 기반 기업(Faith-based Business)들이 실무적 성과를 입증했다. 1946년 설립된 칙필레(Chick-fil-A)는 '일요일 휴무 정책'을 고수하면서도 미국 내 단위 매장당 매출 1위를 기록하는 경영 효율성을 보였고, 1972년 설립된 하비 로비(Hobby Lobby)는 수익의 상당 부분을 기부하며 기업 운영 지침에 성경적 원칙을 명문화했다. 또한 메리 케이(Mary Kay Ash)는 '하나님, 가족, 직장'이라는 우선순위를 기업 문화의 핵심으로 삼아 여성 중심의 독특한 비즈니스 모델을 구축했다. 타이슨 푸드(Tyson Foods)는 자체 채플린 프로그램을 운영하는 대표적 기업으로 2000년부터 약 115명의 채플린이 11만 5,000명 이상의 직원을 전담하여 돌보고 있다.

이러한 기업들은 사내 사역 시스템인 채플린시(Chaplaincy) 프로그램을 제도화하여 직원 복지에 적용했다. 이를 전문적으로 지원하는 단체인 마켓플레이스 채플린스(Marketplace Chaplains)와 CCA(Corporate Chaplains of America) 등은 계약된 기업에 채플린을 파견하여 직원과 그 가족들을 심방하고 돌보고 있다. 2000년대 초반 기준으로 이 두 단체를 통해 목회적 돌봄을 받는 기업 직원은 수십만 명에 달한다. 이는 교회의 선교적 사명과 기업의 인사 관리적 요구가 상호 보완적으로 기능할 수 있음을 보여준다. 또한 현대 사회의 비즈니스 환경 속에서도 신앙의 가치와 기업 경영이 전략적으로 공존하며 상호 긍정적인 효과를 창출할 수 있다는 사실을 입증한다.

5) 히피문화에 대한 기독교적 응답 : 예수운동과 CCM의 탄생

1960년대 말부터 미국 사회에는 반체제와 가치 전환을 상징하는 히피문화가 빠르고 강력하게 확산되었다. 이는 돌발적인 현상이 아니라 1968년을 전후로 전 세계를 휩쓴 '68운동'의 역사적 맥락 속에서 형성된 결과였다. 68운동은 특정 국가나 단일 이념에 국한된 사건이 아니라, 냉전 체제 아래에서 누적된 정치적 긴장과 사회적 불만, 그리고 전후 세대의 가치 충돌이 한꺼번에 분출된 국제적 운동이었다. 미국에서는 베트남 전쟁의 장기화와 확대가 결정적 계기로 작용했다. 히피문화의 영향은 문화와 생활방식 전반의 변화로 이어졌으며, 특히 대중음악, 패션, 성 해방, 약물 문화, 공동체적 생활 양식 등 일상 문화 영역에서도 기존 규범을 거부하는 움직임을 강화했다. 이 시기의 대중 축제나 콘서트는 히피문화와 같은 대항문화(counterculture)의 확산을 상징하는 현장이었다. 히피족은 권위주의와 물질주의를 거부하고, 사랑과 평화에 대한 이상주의적 신념, 음악과 예술을 통한 자기표현, 제도적 규범으로부터의 개인적 해방을 강조하는 문화를 형성했다. 히피문화는 오랜 세월 사회 안에서 형성된 규범의 틀을 해체하며 성적 자유와 약물 실험, 대안적 영성을 확산시켰다. 히피족은 규범과 획일성에 대한 거부의 상징인 장발, 헐렁한 옷, 맨발, 화려한 의상으로 자신을 표현했고, 도시를 떠나 농촌과 사막, 숲속에서 집단생활을 했으며, 길거리에서 자유롭게 노래하고 춤췄다.

히피문화가 던진 질문에 대한 기독교적 응답으로 등장한 것이 예수운동(Jesus Movement)이다. 히피문화의 확산은 기존 제도 종교에 대한 깊은 불신을 낳았지만, 동시에 영적 공백을 만들어 냈다. 예수 운동은 캘리포니아 남부를 중심으로 시작되어 전국으로 확산된 평신도·청년 중심의 복음 운동으로, 전통적인 교회 공간이 아닌 거리와 해변, 커피하우스, 기숙사, 소규모 청년 모임 등 일상적 삶의 현장에서 복음을 증언했다. 이 운동에 참여한 청년들은 '예수께로 돌아가자'는 메시지를 내걸고 공동체적 삶과 자유로운 예배 형태를 추구했으며, 기존 교회가 충분히 포착하지 못했던 문화적 언어를 적극적으로 활용했다. 록·포크·팝 음악, 비형식적 예배, 개인적이고 자유로운 신앙고백은 이 운동의 중요한 특징이었다. 예수 운동은 단지 새로운 신앙 운동의 등장을 의미하지 않았다. 이는 평신도 청년들이 일상과 문화 속에서 복음을 살아내고 표현하는 새로운 방식이었으며, 교회 건물 안에 머무르지 않고 사회와 문화의 현장으로 나아가 복음을 나누려는 시도였다.

주목할 점은 예수 운동이 선교적 상상력을 확장했다는 사실이다. 교회는 반드시 건물 안에 있어야 하며, 선교는 전문 사역자만의 영역이라는 고정관념을 무너뜨렸다. 신앙은 교회의 의식적인 예배 안에서만이 아니라 일상의 언어와 음악, 관계 속에서도 표현될 수 있다는 가능성이 제시되었고, 이는 이후 캠퍼스 선교, 청년 사역, 대중음악을 통한 복음 전파로 이어졌다. 이러한 과정 가운데 미국 기독교 문화에서 Contemporary Christian

Music(CCM)이 탄생하였다.

CCM은 전통적인 찬송가의 형식이 아니라 록과 팝, 포크 사운드에 기독교 신앙 메시지를 결합한 음악으로 등장했다. 초기에는 'Jesus music'이라 불리며 예수 운동 청년들에 의해 거리와 대중음악 무대에서 연주되다가 점차 음악 선교의 형태로 발전했다. 이 과정에서 마라나타 뮤직(Maranatha! Music), 스패로우 레코드(Sparrow Records), 워드 레코드(Word Records) 등 평신도들이 설립한 기독교 음악 기업들이 등장했다. 이들은 현대 기독교 음악(CCM)을 복음 전파와 문화 선교의 핵심 수단으로 활용했고, CCM을 전 세계에 확산시켰다. 찬양과 대중음악의 결합, 자유로운 예배 형태, 비형식적 신앙 표현은 교회의 벽을 낮추고 젊은 세대의 신앙 각성을 이끌었다. 그 결과 미국의 CCM은 1960-1970년대 젊은 평신도 신앙운동과 새로운 문화 언어의 결합으로 탄생하여 교회와 대중문화 모두에 심대한 영향을 끼쳤다.

3. 미국의 항공 여객의 발달과 선교

20세기 항공산업의 발전은 인간의 이동 방식을 근본적으로 변화시켰고 선교의 영역에도 영향을 미쳤다. 특히 미국을 중심으로 형성된 항공 여객 산업의 성장은 개신교 선교의 참여 방식을 확장하며 단기선교라는 새로운 선교 형태를 등장시키는 결정적 계기가 되었다.

1) 항공 여객 산업의 형성과 대중화

20세기 초 항공 기술의 등장은 인간 이동 방식에 점진적 변화를 가져왔다. 1910~1920년대 상업 비행과 항공 우편이 실험 단계에서 시작되며 우편

수송과 단거리 여객 운항 중심으로 항공산업의 기초가 형성되었다. 당시 항공은 위험 부담이 큰 교통수단이었으나, 점차 육로와 해로를 보완하는 혁신적인 이동 방식으로 주목받기 시작했다. 1930년대와 1940년대에 접어들어 공항 건설이 본격화되고 항법 체계가 정비되면서, 항공은 비로소 제도화된 교통 체계로 자리 잡았다. 특히 제2차 세계대전 기간에 축적된 항공기 생산 기술은 전후 민간 항공으로 전환되는 중요한 기반을 제공했다.

1950년대와 1960년대는 제트 여객기의 등장으로 항공 여행이 대중 사회에 본격적으로 편입된 시기였다. 대륙 간 비행시간이 획기적으로 단축되면서 항공은 장거리 이동의 표준 수단으로 정착했다. 좌석 등급도 퍼스트·비즈니스·이코노미 등으로 분화되었다. 이 시기 미국을 중심으로 항공 수요가 급증했으며, 여객 수는 수 배 이상 증가했다. 이는 항공이 소수 엘리트의 전유물에서 점차 대중교통으로 전환되고 있음을 의미했다.

1970~1980년대에는 항공산업의 구조적 전환이 일어났다. 특히 1978년 항공 규제 완화법(Airline Deregulation Act) 제정 이후 정부의 노선·운임·운항 일정에 대한 통제가 크게 줄어들면서 항공사 간 경쟁이 치열해졌다. 이 변화는 항공 요금 인하와 노선 확대를 가져왔고, 항공 여행은 중산층과 학생, 종교 단체까지 접근할 수 있는 이동 수단이 되었다.

1990년대 이후에는 세계화와 항공 기술 혁신, 그리고 저가 항공사의 확산으로 국제선 운항이 급격히 증가했다. 항공 네트워크는 북미를 넘어 전 지구적으로 확장되었고, 국경을 넘는 이동은 이전보다 훨씬 일상적인 경험이 되었다. 발전된 항공산업은 전 지구적 네트워크로 확장되며 인류의 이동과 교류 방식을 근본적으로 변화시켰다.[198]

---

198 Yurii Putrik, Olga Nelzina, Andrei Borisov, Dmitry Tsapuk, "Air Transport Impact on the Development of the Tourism Industry," *Nexo Revista Científica* 35/4 (2022): 1017-1018.

2) 항공 여객의 발달과 단기선교 모델의 등장

항공 여객 산업의 기술적 혁신은 복음 선교의 물리적 장벽을 제거하며 선교 형태에 근본적인 변화를 가져왔다. 1958년 보잉 707과 같은 제트 여객기의 도입은 대서양 횡단 시간을 12시간에서 6시간으로 단축시켰다. 이어 1970년대 보잉 747의 등장과 항공 노선의 다변화는 1인당 항공 운임을 획기적으로 낮추는 결과를 가져왔다. 이러한 이동의 대중화는 과거 선교사가 선박을 이용해 특정 지역에 수개월에 걸쳐 이동하고 정착하던 방식에서 탈피하여, 수일 내에 전 세계 어디든 도달할 수 있는 단기선교(Short-term Mission) 모델을 탄생시켰다.

특히 1970년대 이후 항공료 인하와 국제노선의 확대는 지역 교회 차원의 단기선교팀 조직을 본격적으로 활성화했다. 미국 내 단기선교 참여 인원은 1960년대 중반 연간 수백 명 수준이었으나, 항공 여행이 본격화된 1980년대 후반에는 연간 약 12만 명, 1990년대 중반에는 약 45만 명 이상으로 급증했다. 장거리 이동에 소요되던 시간과 비용이 크게 줄어들면서 목회자와 평신도, 전문직 성도들이 비교적 짧은 일정으로 선교 현장을 방문할 수 있게 되었다. 그 결과 의료·교육·건축·구호와 같은 전문 영역을 중심으로 한 참여형 선교가 확산되었고, 선교는 목회자와 선교사의 전유물이 아니라 교회 공동체 전체의 사역으로 인식되기 시작했다.

단기 방문은 일회성 행사에 그치지 않았다. 선교지 방문 이후에도 재방문과 장기 후원, 기도 네트워크, 인적 교류가 이어지며, 파송 교회와 현지 공동체 사이에는 지속적인 협력 관계가 형성되었다. 항공 이동의 발달은 선교지를 '먼 타국'이 아니라 반복적으로 오갈 수 있는 사역 공간으로 재정의하며, 파송 교회와 선교지를 물리적 단절이 아닌 상호 의존적인 관계로 묶는 역할을 했다.

3) 항공 기반 단기선교의 확산

항공 이동을 활용한 단기선교 모델을 가장 먼저 제도화한 선교단체는 Youth With A Mission(YWAM)이었다. 1960년대 초 YWAM은 수 주에서 수개월 단위의 훈련과 파송 프로그램을 구성해 청년과 평신도들로 이루어진 선교팀을 비행기를 통해 유럽과 아시아, 중동, 아프리카 지역으로 파송했다. 이들은 현지 교회와 협력해 전도, 교육, 구제 사역에 참여한 뒤 다시 본국으로 귀환했고 이후 반복적으로 재파송되었다. 항공산업의 발달은 이와 같은 '훈련·파송·귀환·재파송'의 순환 구조를 가능하게 하며 단기선교를 일회적 사건이 아니라 지속적 참여가 가능한 사역 형태로 정착시켰다.

캠퍼스 크루세이드 포 크라이스트(Campus Crusade for Christ, 현 Cru) 역시 항공 이동을 활용한 단기선교 프로젝트를 확대했다. 1960~1970년대 대학생과 청년들은 여름 방학 기간을 이용해 항공편으로 아시아, 라틴아메리카, 유럽의 주요 도시로 파송되었으며, 캠퍼스 전도와 문서 사역, 대규모 집회 사역에 주도적으로 참여했다. 항공 여객의 발달은 학업을 중단하지 않고도 해외 선교에 참여할 수 있는 현실적 조건을 제공했다. 이는 선교를 특정 소수만이 감당하는 특별한 소명의 영역이 아니라 모든 크리스천이 일상 속에서 참여할 수 있는 실천 가능한 사명으로 인식하게 했다.

오퍼레이션 모빌라이제이션(Operation Mobilization, OM)의 사례에서도 항공산업의 영향은 분명하게 드러난다. OM은 'OM Ships Ministry'로 널리 알려져 있으나, 실제 단기 선교팀의 이동에는 항공편을 적극 활용했다. 1960~1970년대 OM은 수개월 단위의 단기 팀을 항공편으로 중동과 남아시아, 북아프리카에 파송하여 문서 배포와 구호, 전도사역을 수행했다. 항공 이동은 지리적으로 접근이 어려운 지역에 대한 선교적 접근성을 획기적으로 높였다. 또한 단기 사역자들이 위험 지역에서도 제한된 기간 동안 집중적으로 사역하고 철수할 수 있는 유연한 사역 구조를 가능하게 했다.

4) 한국교회의 단기선교

여기에서는 앞서 살펴본 미국의 항공 여객 발달과 단기선교 모델이 한국교회에 어떻게 수용 및 확산되었는지를 간략히 살펴보고자 한다. 한국교회의 단기선교 역시 항공 여객 산업의 발달과 긴밀하게 맞물려 전개되었다. 한국전쟁 이후 해외 이동이 극히 제한적이던 시기를 지나 1970년대 후반부터 국제 항공 노선이 확대되고 항공료 접근성이 점차 개선되면서 한국교회는 본격적으로 해외 선교 현장을 직접 방문할 수 있는 조건을 갖추기 시작했다. 1980년대 이후 항공 이동이 대중화되고, 서구 교회의 단기선교 모델을 적극 수용하는 분위기 속에서 청년들을 중심으로 단기선교가 급증하였다.

한국교회의 항공 기반 단기선교는 선교단체를 중심으로 먼저 형성되었다. 1970~1980년대 CCC(한국대학생선교회), YWAM Korea, OM Korea와 같은 국제 선교 네트워크와 연결된 단체들은 항공편을 이용해 대학생과 청년 단기 선교팀을 아시아와 중동, 아프리카 지역으로 파송했다. 이들은 주로 방학 기간이나 일정한 훈련 과정을 마친 뒤 수 주에서 수개월 단위로 해외 선교지를 방문해 전도, 교육, 구호, 현지 교회 협력 사역에 참여했다.

1980년대 후반에서 1990년대에 이르러 한국교회의 단기선교는 새로운 국면에 접어들었다. 해외 파송 선교사의 수가 급격히 증가하면서 장기 선교지와 본국 교회 사이의 연결을 강화할 필요성이 커졌다. 이 과정에서 항공편을 활용한 단기 선교팀이 장기 선교사 지원과 협력의 수단으로 자리 잡았다. 단기 선교팀은 장기 선교사가 사역하는 지역을 방문해 현지 교회 건축, 성경학교 지원, 의료사역, 어린이·청소년 교육 프로그램 등을 수행했고, 귀국 후에는 선교 보고와 재정 후원, 기도 후원을 이어 갔다.

1990년대 이후에는 지역 교회 주도의 항공 기반 단기선교가 본격화되었다. 중·대형 교회를 중심으로 단기선교위원회나 선교부서가 조직되었고, 교회는 자체적으로 선교지를 정해 연 1회 또는 수차례 단기 선교팀을 파송했다. 이 시기 단기선교는 더 이상 청년층에 한정되지 않고, 장년과 전문직 평신도까지 참여 범위가 확대되었다. 의사와 간호사로 구성된 의료선교팀, 교사와 교수들이 참여한 교육선교팀, 기술자와 건축 전문가들이 참여한 건축선교팀이 항공편을 이용해 동남아시아, 중앙아시아, 아프리카, 중남미 지역을 오갔다.

항공 이동의 발달은 한국교회의 선교 인식을 변화시키는 계기가 되었다. 선교지는 한 번 파송하면 오랜 기간 소식을 기다려야 하는 먼 곳이 아니라, 비행기로 몇 시간 또는 하루 이틀 사이에 도달할 수 있는 사역의 현장으로 인식되었다. 이에 따라 단기선교는 장기 선교의 준비 단계이자 장기적 협력의 수단으로 자리 잡았다. 동일한 선교지를 수년간 정기적으로 방문하며 현지 교회와 인적·재정적 관계를 강화하는 사례가 늘어났다. 한국교회의 항공 기반 단기선교는 장기 선교를 대체하기보다 보완하는 역할을 했다. 단기 선교팀은 장기 선교사의 사역을 지원하고, 다음 세대 선교 헌신자를 발굴하는 통로가 되었다. 동시에 성도들에게는 미전도 지역을 비롯한 세계 곳곳에서 복음을 전하는 기회를 제공하며, 선교를 교회의 부수적 활동이 아니라 신앙 실천의 주요 영역으로 인식하게 만들었다.

결과적으로 항공산업의 발전은 선교를 '한 번 떠나고 끝나는 파송'에서 '반복적 방문과 장기적 협력'의 형태로 전환시켰다. 비행기는 교회가 세계를 인식하고 복음의 사명을 실천하는 방식을 바꾸어 놓은 매개체가 되었으며, 세계 선교의 지평을 실질적으로 확장한 하늘의 다리가 되었다.

6장 대한민국 국군과 군선교: 1004 군인교회의 설립

한국 군선교는 20세기 중반에 시작되어 한국교회의 성장과 함께 놀라운 결실을 맺어 온 선교 영역으로, 국가 안보와 교회의 선교적 사명이 교차하는 독특한 사역이다. 군이라는 폐쇄된 공간 속에서 신앙을 지닌 크리스천 군인들의 헌신으로 출발한 군선교는 시간이 흐르며 다음 세대와 기성세대를 잇는 청년 선교의 중요한 거점으로 자리 잡았다. "하나님을 위하여! 나라를 위하여!"라는 구호 아래 해방 이후의 사회적 혼란과 이념 대립, 그리고 한국전쟁이라는 국가적 위기 속에서 군선교는 국가 안보와 국민 단결을 수단으로 인식되었으며, 동시에 청년 복음화를 위한 핵심 전략으로 교회 안에서 적극 수용되었다. 이 과정에서 군선교는 종교 활동을 넘어 국가 재건과 사회 통합에 기여하는 공공적 성격을 지니며, 70여 년 동안 시대적 상황과 사회적 요구 속에서 발전해 왔다. '군'이라는 폐쇄된 일터에서 신앙을 지닌 군인들은 군선교를 일으켰고, 대한민국 국군의 창설과 한국전쟁의 과정에서도 중요한 역할을 감당했다. 또한 크리스천 기업들은 이른바 1004개 군인교회의 건축과 운영에 참여함으로써 군선교 확장에 크게 기여했다. 본장에서는 통제와 규율이 지배하는 군대라는 특수한 환경 속에서도 복음을 삶으로 실천하며 군선교를 일으켜 온 믿음의 역사를 살펴본다.

1. 대한민국 국군 창설

해방 직후 대한민국 국군의 창설 과정은 군 조직의 형성이 아니라 일제 강점기 독립운동의 유산과 신앙적 가치가 국가 제도화되는 과정으로 이해해야 한다. 이 시기 육·해·공군의 창설에는 독립운동과 기독교 신앙의 전통을 공유한 지도자들이 깊이 관여했으며, 그들의 신념과 헌신은 이후 군선교가 태동하는 역사적 배경이 되었다.

1) 대한민국 육군의 창설

대한민국 육군의 창설은 1945년 해방 직후 한반도의 정치·군사적 공백 속에서 시작되었다. 일본의 패망으로 일제강점기의 일본군은 해체되었으나 독자적인 군사 조직이 부재한 상황에서 38도선을 경계로 북에는 소련군이, 남에는 미군이 진주하며 남한에는 미군정이 수립되었다. 미군정은 1946년 1월 15일 미군정청 산하에 남한의 치안 유지와 방위를 담당할 '조선국방경비대'(朝鮮國防警備隊, Korean Constabulary)를 창설하였다.[199] 이 조선국방경비대가 대한민국 육군의 전신이다. 조선국방경비대는 미군의 감독과 지원 아래 치안 유지와 국경 경비를 수행하였으나, 일본군·만주군·광복군 출신 인사들이 혼재된 장교단 구성으로 인해 정체성과 지휘 체계 확립 과정에서 혼란을 겪었다. 1946년 5월 1일 군사영어학교가 설치되어 장교 양성이 시작되었고 이는 훗날 육군사관학교로 발전했다. 이 시기 경비대는 아직 '국군'이라는 명칭이나 주권 국가의 정규군이라는 법적 지위를 갖지 못했지만 남한 방위의 핵심 전력이었다.

1948년 8월 15일 대한민국 정부 수립 이후, 9월 1일 조선국방경비대는

---

199 전쟁기념사업회, 『현대사 속의 국군』 (서울: 대경문화사, 1990), 276-277.

대한민국 국군으로 편입되었고, 9월 5일 대한민국 육군으로 공식 개편되면서 주권 국가의 정규군으로 출범했다.[200] 초대 육군참모총장 채병덕을 중심으로 육군은 보병 위주의 군 구조를 바탕으로 병력 증강과 부대 편성을 추진했으나 중화기와 장비는 극히 제한된 상태였다. 1950년 6월 25일 한국전쟁 발발로 육군은 창설 2년도 채 되지 않은 상태에서 전면전에 투입되었고, 초기의 열세 속에서도 낙동강 방어선을 중심으로 전투 경험을 축적하며 급속한 증편과 재편을 거쳐 현대적 군대로 성장했다.

창설 초기 육군 내부에는 개신교 신앙을 가진 장교와 병사들이 적지 않게 포함되어 있었다. 한국전쟁 전후 육군 부대 곳곳에서는 신앙을 공유한 장병들을 중심으로 기도 모임과 예배 공동체가 자발적으로 형성되었고, 이러한 신앙적 실천은 육군 안에서 군선교가 전개될 수 있는 환경을 마련하는 데 중요한 역할을 했다.

2) 대한민국 해군의 창설

대한민국 해군의 창설은 손정도(1881-1931) 목사의 아들이자 신앙과 애국의 정신을 계승한 손원일 제독과 깊은 관련이 있다. 손정도 목사는 평안남도 대동군(현 평양 인근)에서 태어나 평양신학교를 졸업한 뒤 감리교 목사로 안수를 받았다. 그는 초기 한국교회가 급성장하던 시기에 복음과 민족의식을 함께 강조하며, 신앙이 개인 구원에 머무르지 않고 민족의 해방과 정의 실현으로 이어져야 한다고 역설했다. 이러한 설교는 당시 교계와 청년층에 큰 영향을 미쳤다. 손정도는 1912년 일본 경찰에 체포되어 모진 고문과 옥고를 치른 후 일제의 지속적인 감시를 피해 상해로 망명하였다.[201]

---

200 이찬영 편, 『한국기독교사 연대표』 (서울: 창미서관, 1979), 467.
201 김선덕, 『해군의 아버지 손원일』 (서울: 다몰아사달, 2017), 24-29.

손정도는 대한민국 임시정부에서 임시의정원 초대 의장으로 선출되어 독립운동 세력을 조직적으로 결집하고 임시정부의 제도적 틀을 마련하는 데 기여했다.[202] 임시정부에서 교통총장을 역임했는데, 당시 교통부는 국내외 독립운동 세력 간의 연락, 자금 전달, 정보 수집, 주요 인사의 이동을 담당하는 핵심 조직이었다. 그는 교통총장으로서 임시정부와 만주, 연해주, 미주 지역 독립운동 세력 간의 네트워크를 유지하며 독립운동을 지원했다. '목사 의장'으로 불렸던 손정도는 신앙인이자 정치 지도자로서 임시정부의 도덕적·정신적 중심 역할을 수행했다. 그는 김구, 이승만, 여운형 등 정치 성향이 다른 지도자들 사이에서 중재자 역할을 맡았으며, "신앙과 애국은 둘이 아니며, 사랑과 정의가 없는 독립은 참된 해방이 아니다"라고 강조했다. 손정도의 삶과 사역은 신앙과 정치가 함께 조국의 자유와 정의를 추구할 수 있음을 보여주는 중요한 사례이다.

손원일 제독은 손정도의 장남으로 태어났다. 1919년 3·1운동 당시 평양에서도 만세 시위가 일어났을 때 어린 손원일은 품에 숨겨둔 태극기를 꺼내 사람들에게 나누어 주었다. 1925년 원광중학교를 졸업한 뒤 중국 상해로 건너간 그는 1927년 국립중앙대학 항해과에 입학해 항해술과 해양학을 전공했다. 1930년 졸업 후 중국 해군의 원양 항해사 자격시험에 합격한 후 독일 상선을 타고 세계 일주 항해를 하며 선진 해양 문명을 직접 체험했다. 상해에 머무는 동안 일본 경찰에 의해 독립운동 연락원 혐의로 체포되어 고문을 받았으나 무혐의로 석방되었다.[203] 그는 이후 무역회사 동화양행을 공동 창립해 사업에 성공했고, 그 수익의 일부를 독립운동 자금으로 지원했다.

해방 이전까지 상해에서 무역업에 종사하던 손원일은 "조국을 위해 일

---

202 김선덕, 『해군의 아버지 손원일』, 31-33.
203 이덕주, 『한국 감리교회 군선교 66년사』 (서울: 한들출판사, 2015), 55.

하라"는 부친 손정도 목사의 유언을 가슴에 새기고 1945년 8월 15일 광복 직후 서울로 귀국했다. 그는 "우리의 바다는 우리 손으로 지켜야 한다"는 신념 아래 해군 창설을 결심했다. 그는 동년 11월 뜻을 함께한 70여 명의 동지들과 함께 해방병단을 조직하며 대한민국 해군의 기초를 세웠다. 1946년 1월에는 해군사관학교를 설립하였는데, 이는 3군 사관학교 가운데 가장 먼저 세워진 것이다. 손원일은 1948년 정부 수립과 함께 대한민국 해군이 정식 발족되며 초대 해군참모총장으로 임명되었다. 1949년 그의 지시로 창설된 해병대는 한국전쟁에서 크게 활약하였다.[204]

당시 대한민국은 변변한 전투함 한 척조차 갖추지 못한 열악한 상황에 놓여 있었다. 이런 여건 속에서 손원일은 군함 도입 운동을 주도했다. 그는 전 장병의 월급에서 10%를 자율적으로 공제하는 군함 기금 모금 운동을 일으켰고, 해군 부인회는 삯바느질과 뜨개질로 모은 수익금을 보태 총 1만 5,000달러를 마련했다. 손원일이 이 기금을 들고 이승만 대통령을 찾아가 "해군에도 대포가 달린 전투함이 필요합니다"라고 간청하자 이승만 대통령은 4만 5,000달러를 지원해 주었다.

손원일은 직접 미국으로 건너가 적합한 함정을 물색한 끝에 퇴역 중이던 PC-461급 구잠함 '화이트헤드(PC-701)'를 1만 8천 달러에 구입했다. 그러나 이 함정은 무장이 해제되고 엔진만 남아 있는 상태였기에 그는 장교 15명과 함께 배 위에서 숙식하며 두 달간 직접 수리 작업을 했다. 1949년 12월 인수를 마친 이 함정은 '백두산함'으로 명명되었다.[205] 귀국 길에 하와이에서 3인치 주포를 설치하고 괌에서 포탄 100발을 확보했다. 1950년 4월 백두산함이 진해항에 입항하자 전국 각지의 시민들이 태극기를 흔들며 환영했고, 많은 이들이 새로운 해군의 탄생을 지켜보며 감격을 나누었다.

---

204 이덕주, 『한국 감리교회 군선교 66년사』, 62-63.
205 전쟁기념사업회, 『현대사 속의 국군』, 305.

　　백두산함은 1950년 6월 24일 오후 11시 30분 진해로 귀항해 6월 25일 오후 8시경 북한 무장 수송선을 발견했다. 해군본부의 격침 명령을 받은 백두산함은 6월 26일 새벽 0시 30분경 포격을 개시했다. 이 전투에서 백두산함은 북한 특수부대 약 600명을 태우고 부산으로 침투하던 무장 수송선을 울산 앞바다에서 격침하며, 한국 해군 최초의 해전인 대한해협해전에서 결정적인 승리를 거두었다.[206] 손원일은 "쌍안경으로 보니 갑판에 기관총이 즐비했고, 완전무장한 병사들이 약 600명가량 있었다"고 회고했다.

　　대한해협해전은 한국전쟁의 향방을 좌우한 중요한 분수령이었다. 이 승리로 부산으로 침투하려던 북한군의 후방 침투가 저지되었고, 유엔군이 안전하게 입항할 수 있는 교두보가 확보되었다. 미국에서 어렵게 확보한 100발의 포탄을 아끼기 위해 평시 훈련에서는 실탄 사격조차 할 수 없었던 열악한 환경 속에서도 해군은 첫 교전에서 값진 승리를 이끌어냈다. 더글라스 맥아더(Douglas MacArthur) 장군은 훗날 "전선이 부산까지 밀렸지만, 해군이 우리의 보급로를 열어 주었고 해군의 화력으로 상륙 거점을 끝까지 유지할 수 있었다"고 평가했다. 대한해협해전은 대한민국 해군이 단독으로 수행해 성공한 최초의 작전이었다.

　　1950년 9월 15일 인천상륙작전과 9·28 서울 수복 과정에서도 손원일은 원래 한국군 최고 지휘관으로 맥아더 장군과 함께 배에 머물며 작전을 협의하도록 되어 있었으나, 해병대원들과 함께 상륙정을 타고 최전선에서 싸웠다. 그 결과 그는 탈환한 서울에 가장 먼저 들어온 국군 최고 지휘관으로서 "서울을 되찾았다"는 대국민 포고문을 발표하였다.[207] 1953년 손원일은 국방부 장관으로 임명되어 미국과의 협상을 통해 7억 달러 규모의 군사 원조를 확보하고 10개 예비사단을 창설하는 등 국군 현대화의 토대를 마련

206　김선덕,『해군의 아버지 손원일』, 124-126.; 손준영,『거대한 뿌리』(서울: 비씨스쿨, 2018), 171-175.
207　이덕주,『한국 감리교회 군선교 66년사』, 64-65.

했다. 이후 1958년 초대 서독 대사를 역임했다. 손원일 제독은 평생 신앙과
애국, 헌신의 군인정신을 실천하며 대한민국 해군과 군선교의 기초를 세운
인물로 평가된다.

3) 대한민국 공군의 창설

공군 창설의 주역인 최용덕(1898-1969) 장군 역시 신실한 크리스천이자
독립운동가였다. 그는 중국 군관학교와 항공학교를 졸업하고 중국 공군 장
교로 복무하며 항일 무장투쟁에 참여했다. 해방 후 귀국한 그는 "하늘의 주
권이 없는 나라는 진정한 독립국이 아니다"라는 신념 아래 조국의 항공력
창설을 위해 헌신했다. 최용덕은 1946년 2월 항공건설협회를 조직해 항공
전문 인력의 양성과 항공산업의 기틀 마련에 나섰고, 해방병단과 해안경비
대 등 초기 군 조직과 협력하며 항공 전력을 갖춘 독립 공군 창설의 필요성
을 지속적으로 역설했다. 그는 국방 체계 정비 과정에서 육·해·공 삼군 체
제를 구상했으며, 특히 항공 전력의 독립 필요성을 적극 건의했다. 그 결과
1948년 5월 5일 육군 항공대를 모태로 한 조선국방경비대 항공대가 창설되
었고,[208] 이 부대는 훗날 대한민국 공군의 근간이 되었다.

최용덕은 공군 창설의 제도적 기반을 다지기 위해 국방부 내 항공국을
신설하고, 미군정청 및 미 공군과 협의해 항공기 도입, 조종사 양성, 항공
학교 설립 계획을 추진했다.[209] 이러한 노력의 결실로 1949년 10월 1일 대
한민국 공군은 공식적으로 독립 군종으로 발족했다. 그는 초대 공군참모
총장을 지낸 김정렬 장군과 함께 항공력 확보와 조직 정비를 주도한 공군
의 실질적 창설자였다. 공군 창설 초기의 현실은 매우 열악했다. 항공기라

---

208 전쟁기념사업회, 『현대사 속의 국군』, 309.
209 전쟁기념사업회, 『현대사 속의 국군』, 309-310.

고는 훈련용 단발기 몇 대뿐이었고, 전투기나 폭격기는 전무했다. 그럼에도 최용덕은 "하늘을 지키는 것은 나라의 혼을 지키는 일"이라는 신념으로 장병들을 격려하며 항공 병력의 조직화를 이끌었다. 그의 지도 아래 공군은 1950년 한국전쟁 발발 직전까지 기본적인 훈련 체계와 작전 운용 능력을 갖추게 되었고, 전쟁 발발 이후에는 공중정찰·항공지원·수송 작전에 참여하며 전황 유지에 기여했다. 최용덕은 이후 제2대 공군 참모총장으로 취임해 조직의 기틀을 더욱 공고히 했고, 공군사관학교 설립과 조종사 교육 체계 확립에 힘썼다. 그는 조국의 하늘은 스스로 지켜야 한다는 신념으로 항공 인재 육성에 헌신하며 대한민국 공군의 정신적 기초를 세운 인물로 남았다.

2. 대한민국 군선교의 역사적 발전

군선교는 한국전쟁과 분단 상황에서 시작되어 1970년대 대중 전도운동의 확산과 함께 급속히 성장하였으며,[210] 이후 제도적 기반이 강화되면서 독자적인 선교 영역으로 자리매김했다.

1) 한국 군선교의 태동기(1948-1967)

한국 군선교는 대한민국 국군의 창설과 함께 시작되었다. 군종제도의 도입 필요성을 처음으로 주장한 인물은 미국의 군사제도를 연구한 조선국방경비대 제1연대 부사관 강문봉이었으나,[211] 실제로 군목제도는 해군에

---

210 박응규, "엑스플로 74가 한국교회와 선교운동에 미친 영향," 「복음과선교」 66 (2024): 54-57.
211 박성원, "군종약사(국방부, 육해공군) 소개," 『군선교신학』 (서울: 대한예수교장로회출판국, 1990), 359.

서 처음으로 태동되었다. 이 과정에는 감리교 신앙을 가진 대통령 이승만이 해군제독 손원일을 신뢰했던 점도 중요한 배경으로 작용했다.[212] 손원일 제독은 대한민국 해군의 창설자이자 초대 해군참모총장 및 국방부 장관을 역임한 인물로 '해군의 아버지'로 불린다. 그는 일제강점기를 거쳐 조국의 광복 이후 해양 수호의 필요성을 인식하고, 1945년 해방병단 창설을 시작으로 1948년 대한민국 해군의 기틀을 마련함으로써 국가 안보에 중추적인 역할을 담당했다. 1948년 손 제독의 요청에 따라 이화여고 교목이었던 정달빈이 정훈장교 자격으로 해군 중위로 임관해 최초의 군종 활동을 시작했으며, 1949년 1월 정식 장교로 임명되어 사역을 이어갔다. 손원일은 이어 1950년 3월 군종제도 도입을 정부에 공식 건의하였다.[213]

1950년 한국전쟁이 발발하면서 군인들의 정신적 무장 강화를 위해 군종제도의 필요성이 더욱 부각되었다. 특히 미 제33사단 제10공병대대 소속의 한 카투사 병사가 "성직자가 군에 들어와 전투에 임하는 장병들의 가슴을 신앙으로 무장시키고, 기도로 죽음의 두려움을 이겨내게 해 달라"는 취지의 진정서를 이승만 대통령에게 제출한 사건은 논의를 촉발하는 계기가 되었다.[214] 이를 계기로 극동사령부 군종부장 이반 베넷(Ivan L. Bennett) 군목은 미군 군종참모들을 소집해 감리교 선교사 윌리엄 쇼(William E. Shaw)와 천주교 조지 캐롤(George N. Carroll) 신부와 함께 한국군 군종제도 설립 방안을 논의했다.[215] 이승만 대통령은 1950년 군종제도 설치를 공식 지시하였고,[216] 그 결과 1950년 12월 해군을 시작으로 1951년 2월 육군, 1952년 3월 공군에서 군종 사역이 순차적으로 시작되었다. 한국군 군종단은 1951년 4월 11일

---

212 김선덕, 『해군의 아버지 손원일』, 104-105.
213 김기태, "한국전쟁과 군선교," 『선교와신학』 26 (2010): 45.
214 박성원, "군종약사(국방부, 육해공군) 소개," 360.
215 Allen D. Clark, *A History of the church in Korea* (Seoul: Christian Literature Society of Korea,1992), 319.
216 1950년 12월 21일 대통령 비서실 지시 국방부 제29호. 참조. 육군본부 편, 『육군군종사』 (계룡: 육군인쇄공창, 1975), 40.

공식적으로 출범하였다.[217]

이외에도 군종제도의 도입에는 선교사들과 한국교회 목회자의 역할도 컸다. 미국 북장로교 소속 선교사로, 한국전쟁 당시 미군 군목으로 활동하며 부산과 거제도 등지에서 전쟁포로 선교와 군인 복음화에 힘쓴 옥호열(Harold Voelkel),[218] 북한과 남한에서 선교사역을 펼쳤고, 한국전쟁 중에는 거제도 포로수용소에서 활동한 권세열(Francis Kinsler), 그리고 한경직 목사는 모두 프린스턴 신학교 동문으로서 군종제도의 도입과 운영에 관여했다.[219]

군종목사들은 한국군이 베트남 전쟁(1965-1973)에 파병됨에 따라 함께 파송되었다. 월남에 주둔한 한국군 군종부는 1965년 9월 한국군의 베트남 파병과 동시에 창설되었고, 1966년 7월 1일 중령 박민수 군목이 초대 군종참모로 부임하였다. 군목들은 파병 초기부터 군종 활동과 대민 지원 활동을 수행했고, 여러 교회들을 신축 헌당하였다.[220] 베트남전 당시 한국군이 신축한 교회들은 전쟁 중에도 신앙과 공동체를 지키는 중요한 역할을 했으며, 많은 장병과 현지인들이 교회를 통해 위로와 도움을 받았다.

2) 한국 군선교의 성장기(1968-1987년)

1960년대 한국 사회는 정치적 혼란과 분단의 고착, 통일에 대한 열망이 교차하던 시기였다. 이러한 상황 속에서 교회 지도자들은 복음만이 민족의 구원과 사회 정의, 통일과 근대화를 이룰 수 있다는 확신 아래 대규모 복음화운동을 추진했다. 이 운동은 1961년 장로교 총회(통합) 부회장이었던 이

---

217 United States. Department of the Army, "A Brief History of the United States Army Chaplain Corps", *DA Pam* 165-1, 24 October 1955: 21.
218 대한예수교장로회 총회, 「대한예수교장로회 총회 회의록」 (1952), 162.
219 Harry A. Rhodes and Campbell Achibald, ed., *History of the Korea Mission Presbyterian Church in the U.S.A.: 1935-1959* (New York: Commission on Ecumenical Mission and Relations, the United Presbyterian Church in the U.S.A., 1965), 35-59.
220 박성원, "군종약사(국방부, 육해공군) 소개," 402-404.

기혁 목사의 제안으로 시작되었고, 1962년 그가 총회장으로 선출되면서 교단 차원의 핵심 과제로 본격화되었다.[221] 특히 1964년 개신교 선교 80주년을 계기로 복음화운동은 더욱 확산되며 군선교 영역으로까지 영향을 미쳤다. 같은 해부터 주한 미군 군목들의 지원 아래 군 예배당 건축 운동이 전개되었고, 이를 통해 군인들이 부대 내에서 신앙생활을 지속할 수 있는 환경이 마련되었다.[222] 1967년에는 대대 단위까지 군종 부사관이 배치되면서 군목제도가 활성화되었고, '전군성도화운동'과 결합되어 놀라운 영적 부흥이 일어났다.

(1) 전군성도화운동과 신앙전력화운동

전군성도화운동은 1965년 김활란 박사의 전군 복음화 제안에서 비롯되어 1968년 새시대복음화운동본부의 조직과 활동을 통해 그 기반이 마련되었다.[223] 이는 전군성도화운동이 교회 내부 논의에 머물지 않고, 군과 국가 차원의 공식 운동으로 확장되었다는 점에서 중요한 의미를 갖는다. 1969년 김준곤 목사는 박정희 대통령을 만나 이 구상을 직접 건의하였고,[224] 당시 육군 제1야전군사령관이던 한신 대장의 제안으로 군 차원에서 공식적인 운동으로 전개되었다.[225] 한신(1922~1996) 대장은 함경남도 영흥군 출생으로 1946년 월남한 뒤 육군사관학교 제2기에 입교하였으며, 연대·사단·군단 지휘관을 거쳐 1969년 제1야전군사령관으로 재직하면서 '전군성도화운동'을 공식 제안하였다. 또한 장병 개개인이 종교적 정체성을 갖도록 장려하는 '1

---

221 박완, 『한국기독교백년』 (서울: 성서교재간행사, 1984), 187-188.
222 오덕교, "군복음화 50년의 역사", 『군선교신학 1』 (서울: 한국기독교군선교연합회, 2004), 133.
223 이덕주, 『한국 감리교회 군선교 66년사』, 153-155.
224 김현성, "6.25 전쟁 당시 한국군 최초의 군종 목사는 누구였을까?" 뉴스파워, 2021년 7월 6일 수정, 2025년 10월 5일 접속, https://www.newspower.co.kr/51895.
225 기독교대한감리회군선교회, 『한국 감리교회 군선교 66년사』 (서울: 한들출판사, 2015), 156.

인 1종교 정책'을 주장했다.

1970년 육군사령부는 사단급 이상 군종장교 회의를 통해 성도화운동 지침을 하달하였고, 이는 해군과 공군으로 확산되었다. 1971년부터는 대규모 합동 세례식이 시행되면서 군 내 기독교 성도 수가 급격히 증가하였다. 1970년 약 11만 명이던 군 내 기독교 성도는 1973년에는 약 28만 명에 이르렀으며, 1971년 말부터 1974년까지 총 103회의 진중 세례식에서 약 6만 명이 세례를 받는 등 군 복음화의 정점을 이루었다.[226] 1974년에는 한경직 목사가 전군성도화후원회(이후 군복음화후원회로 개칭)의 회장으로 취임하여 한국교회의 참여를 확대하였고,[227] 국방부와의 협약 체결을 통해 군선교를 위한 제도적 기반을 구축하였다. 1976년 6월 26일 대통령 박정희는 신앙전력화 차원에서 이 운동이 필요하다고 보고 '신앙 전력화' 휘호를 써서 군종감실에 내려보냈다. 이것이 전 군대의 종교시설에 걸리면서 군대의 공식 선교운동으로서의 위상을 갖게 되었다.

전군성도화운동은 한국교회가 군선교에 조직적으로 참여하는 계기를 마련했으며, 민족복음화 전략의 중요한 축으로 자리 잡았다. 이 운동은 1970년대 한국교회의 폭발적인 성장과도 맞물려 군대뿐 아니라 사회 전반으로 확산되었다. 그 결과 1973년 서울에서 열린 빌리 그레이엄 전도집회, 1974년 엑스플로 '74(Explo '74) 대회, 1977년 민족복음화대성회와 같은 대규모 대중 집회들이 개최되며 한국교회는 본격적인 부흥기에 접어 들었다.

한편 한국 군선교는 1967년 기독장교회(OCU, Officers' Christian Union) 주관으로 세계기독군인연합회(AMCF, Association of Military Christian Fellowships) 세계대회를 서울에서 개최함으로써 국제적으로 주목 받기 시작했다. 이 대회는 아시아 지역에서 한국 군선교의 위상과 역할을 부각시키는 계기가 되었다.

---

226 김기홍, "군선교의 역사와 신학," 『군선교신학』 (서울: 대한예수교장로회총회출판국, 1990), 143.
227 이병수, "한경직 목사와 선교," 「복음과선교」 9 (2008): 173-175.

(2) 기독 실업가의 군선교 참여

군선교가 제도화되고 확장되던 시기의 군인교회 건축과 운영은 교회와 군 내부의 노력만으로 이루어진 것이 아니었다. 여러 기독 실업가와 성도들이 재정적·물적 지원을 제공함으로써 군선교는 보다 안정적인 토대 위에서 전개될 수 있었다. 이러한 후원 활동은 그 배경과 동기가 달랐지만, 군인교회라는 공간과 구조를 마련하는 데 중요한 역할을 하였다.

그중 대표적인 사례로 언급되는 기업이 한국유리이다. 1907년 도산 안창호의 평양 강연에 깊은 감화를 받은 이승훈은 교육을 통한 민족 계몽의 필요성을 확신하고 평안북도 정주에 오산학교를 설립하였다. 오산학교의 교장이 된 조만식은 독립운동가이자 교육자로서 평양 YMCA 활동, 산정현교회 장로직, 조선일보 사장 등을 맡아 민족계몽운동을 주도하였으며, 기독교적 가치와 민족의식을 결합한 교육을 실천하였다. 한국유리 창립자 최태섭은 오산학교에서 청소년기를 보내며 받은 영향으로 '경영자는 하나님이 맡기신 것을 관리하는 청지기'라는 경영관을 갖게 되었다. 그의 신앙적·윤리적 기반은 군인교회 건립과 군선교 후원에 적극적으로 참여하는 영적 동력이 되었다.

그 외에도 수많은 기독 실업가와 기업들의 참여는 군인교회 건립을 위한 물질적·조직적 기반을 제공하며 군선교의 핵심 인프라를 형성하였다. 이들은 교회 건축 자금 지원, 부지 제공, 물자 후원, 선교단체 협력 등 다양한 방식으로 군선교를 뒷받침하였다. 이러한 민간 기업의 지속적인 참여는 전군성도화운동과 군복음화운동이 전국적으로 확산되는 과정에서 중추적 기능을 담당했다. 그 결과 군선교는 일회적 운동에 그치지 않고 장기간 유지 가능한 구조를 갖추게 되었다. 이러한 전통은 후대의 크리스천 기업들에게도 영향을 미쳐 지속적인 군선교 후원으로 이어졌다. 오늘날에도 기독 기업들과 실업인들은 CBMC와 같은 일터선교단체를 통해 군선교를 꾸준히 후원하고 있다.

(3) 군진신학의 태동

군선교는 양적 성장에 비해 신학적 성찰과 이론화가 상대적으로 늦게 진행되었다. 이는 군선교가 다른 선교 분야에 비해 제도적으로 안정된 틀 안에서 운영되어 왔기 때문이다[228] 그러나 1980년 제5공화국 출범 이후, 전두환 대통령과 신군부 세력은 군대 내 종교 활동을 정치적 관점에서 해석하며 강력한 통제 정책을 시행하였다. 이는 1979년 12·12 군사반란과 1980년 5·17 비상계엄 전국 확대를 통해 정권을 장악한 신군부가 정치적 불안정과 사회적 저항을 억제하기 위해 군 내부의 모든 집단적 움직임을 경계한 데서 비롯되었다. 특히 군 내 집단적 종교 활동이나 군선교가 정치적으로 악용될 수 있다는 우려가 제기되면서 군 당국은 종교 활동을 자제할 것을 요구하는 공식 지침을 하달하였고. 그 결과 군선교 사역 전반은 심각한 위기를 맞게 되었다.

이러한 조치는 군대 내 예배, 진중세례, 집단 종교 행사 등 신앙 활동을 대폭 제한하였으며, 장병들은 신앙을 개인적 차원에서만 유지할 수밖에 없는 상황에 놓이게 되었다. 전두환 정권은 정교분리 원칙을 명분으로 내세워 군대 내 특정 종교의 영향력 확대를 경계하였고, 이에 따라 종교 활동 전반에 대한 행정적·제도적 통제가 강화되었다. 그 결과 1980년대 초반 군선교는 뚜렷한 침체기를 겪었으며, 군대 내 종교의 자유 역시 크게 위축되었다. 이러한 상황은 사회적 논란과 종교계의 반발을 불러일으켰고, 이후 군 내 종교 정책의 방향을 재검토해야 한다는 논의로 이어지는 계기가 되었다.

---

228 이혜정, 『한경직의 기독교적 건국론』 (서울: 대한기독교서회, 2011), 207.

이와 같은 위기 상황 속에서 군선교의 정체성과 사명을 재정립하고 보다 체계적인 신학적 토대를 마련할 필요성이 제기되었다. 이에 따라 1982년 신학 교수 8인이 참여하여 군선교를 주제로 한 학문적 연구 작업이 본격적으로 시작되었다. 이들은 군선교의 역사, 신학적 의의, 목회적 과제, 군대 내 종교의 역할 등 다양한 주제를 다루며 군선교를 하나의 독립된 신학적 연구 영역으로 정립하고자 하였다. 이러한 연구 성과는 1983년『군진신학』이라는 논문집으로 출간되었으며,[229] 이는 한국 군선교신학의 기초를 마련한 중요한 분기점이 되었다. 또한 한국군선교신학회가 설립되어 1990년『군선교신학』제1권(군선교신학회 논문집)을 발간한 이래 매년 간행해 왔으며, 2017년부터는『군선교, 청년』으로 명칭을 바꾸어 출판하며 군선교의 현장과 신학을 연결하는 작업을 진행하고 있다. 이 논문집은 군목과 군선교, 그리고 관련 사역자들의 연구를 중심으로 구성되었다. 이러한 구성은 군선교의 특수성을 잘 보여주지만, 한편으로는 일반 선교학 분야와 충분히 소통하지 못해 신학교 안에서 군선교가 거의 다루어지지 않게 되었다. 특히 코로나19와 한국교회의 성장 둔화라는 어려운 시기를 지나면서 군선교는 자연스럽게 더 고립된 위치에 놓이게 되었고, 그로 인해 일부 교회를 제외한 많은 교회와 성도들의 후원과 관심이 줄어드는 결과로 이어졌다.

(4) 세계 속의 한국 군선교

1980년대 정치적 압박 속에서 군선교는 군 내부에서의 활동이 위축되는 어려움을 겪었으나, 역설적으로 대외적·국제적 차원의 활동은 오히려 강화되었다. 이를 상징적으로 보여 준 것이 1984년 10월 서울에서 개최된 세계기독군인연합회(AMCF, Association of Military Christian Fellowships) 세계대회였다.

---

229 오덕교, "군복음화 50년의 역사," 143.

이 대회는 1967년에 이어 한국에서 두 번째로 열린 AMCF 세계대회로, 세계 각국의 기독 장교와 군인들이 한자리에 모여 군선교의 방향성과 미래 과제를 논의한 국제적 행사였다. 정치적·사회적 제약이 지속되던 상황 속에서도 한국 군선교가 신학적 성찰과 실천적 사역을 멈추지 않고 이어가고 있음을 국제 사회에 보여 준 중요한 대회였다. 한국의 경제발전과 한국기독장교회의 성장으로 한국에서 대회를 유치하게 되었지만, 한국기독장교회 총회가 해산된 상태여서 대회를 추진할 주체가 없었다. 이때 전 총회장, 육·해·공군연합회장, 국방부 신도회장, 국방부 군종실장 등이 논의하여 대회를 개최하기로 하고 준비위원회를 구성하였다. 국내 대표 343명, 해외 대표 54개국 296명이 참여한 대회는 한국기독장교회가 해산된 어려운 상황에서도 한국 군종 조직과 기독장교회 활동에 의한 신앙전력화의 소개, 분단의 아픔과 통일에 대한 기원, 한국군의 위용을 보여주는 행사였다.[230]

열악한 상황에서도 대한민국 국군은 대회 준비와 운영 과정에서 높은 수준의 조직력과 질서, 그리고 체계적인 진행 능력을 보여주며 해외 참가자들에게 깊은 인상을 남겼다. 3군 사관학교 생도들로 구성된 연합성가대의 특별 찬양은 각국 기독 장교 대표들에게 감동을 주며 한국 군선교의 영적 역량과 공동체성을 보여주기도 했다.[231] 1984년 AMCF 세계대회의 성공적인 개최는 군선교가 국내적 어려움 속에서도 지속적으로 전개되고 있음을 국내외에 확인시켜 주었을 뿐 아니라 한국이 국제 군선교의 중요한 거점 국가로 자리매김하는 단초가 되었다.

---

230 기독교대한감리회군선교회, 『한국 감리교회 군선교 66년사』, 190-192.
231 육사교회 50년사 편찬위원회, 『육사교회 50년사』 (서울: 육군사관학교 교회, 2004), 127.

3) 한국 군선교의 결실기(1988-2020)

이 시기 한국 군선교는 한국교회의 성장과 선교적 열정이 군선교 현장과 직접적으로 연결되면서 복음의 결실이 가시적으로 나타나기 시작했다. 제도적 안정과 민간 교회의 참여가 결합되며 군선교는 양적·질적 성장을 동시에 경험하였고, 군대는 한국교회 청년 선교의 핵심 현장으로 자리잡았다.

(1) 제2차 진중세례운동

1990년대에 접어들며 한국 군선교는 논산 육군훈련소를 중심으로 제2차 진중세례운동을 본격적으로 전개하였다. 1990년 육군교육사령관으로 부임한 김진영 장군은 군종목사들을 초청해 군선교에 대한 전폭적인 지원 의사를 밝히고, 전도와 진중세례 확대를 적극 독려하였다.[232] 김진영 장군은 1938년 경상남도 거제 출신으로 1988년부터 1990년까지 육군교육사령관을 역임하며 침체되었던 진중세례운동을 재점화함으로써 군선교 부흥의 전환점을 만들었다. 그의 리더십 아래 군종목사들의 헌신, 현장 부대의 협조, 그리고 민간 교회의 연합적 후원이 결합되면서 진중세례운동은 빠르게 전국 군부대로 확산되었다. 그 결과 수세자 수는 1992년 약 8만 5천 명, 1993년 약 12만 8천 명, 1996년 약 19만 명으로 급증하였고, 1998년 이후에는 연간 20만 명을 상회하는 규모로 성장하였다.[233] 이로써 약 10년 동안 총 170만 명이 넘는 장병들이 세례를 받는 대규모 복음화 운동이 일어났다.

이 시기의 진중세례운동은 단순한 집단 세례 행사에 머무르지 않았다. 진중세례운동은 군 복음화와 청년 선교를 연결하는 핵심 동력으로 수세자

---

232 오덕교, "군복음화 50년의 역사," 146.
233 한국기독교군선교연합회(MEAK), 『제53차 정기총회 보고서』, 160.

상당수가 전역 이후에도 교회 공동체 안에서 신앙인으로 성장함으로써 한국교회의 성장과 인적 기반 확장에 크게 기여하였다. 또한 논산 육군훈련소의 집단 세례식은 세계적으로도 유례가 드문 대규모 선교사역으로 평가받으며, 한국 군선교의 체계화와 민간 교회와의 연합, 군선교 지원 조직의 확대 등 다양한 후속 효과를 이끌어냈다. 이와 같은 집단적 회심과 급격한 성도 증가에 부응하여 군복음화후원회는 1998년 성도 군인들이 전역 이후에도 신앙을 지속할 수 있도록 민간 교회와 연결해 양육하는 방안을 본격적으로 모색하였다. 이러한 논의의 연장선에서 같은 해 '비전 2020'이 선언되었다.

당시 한국교회는 고도 성장기를 지나며 '열정과 부흥'을 경험한 세대가 교회의 중심을 이루고 있었다. 많은 장병들이 초·중·고 시절 교회의 영향을 받았고, 대학 시기에는 복음주의 선교단체들이 활발히 활동하던 환경 에서 신앙을 경험했다. 이러한 분위기 속에서 한국교회의 해외 선교 역시 급속히 확장되었다. 파송 선교사 수는 1986년 511명에서 빠르게 증가하여 1996년에는 세계 5위, 1998년에는 세계 3위에 이르렀다. 제2차 진중세례운동은 한국교회의 선교적 에너지와 군선교가 결합된 대표적 사례이다.

(2) 비전 2020 운동

비전 2020 운동은 2000년에 시작되어 약 20년간 추진된 대규모 군선교 운동으로, '군 신앙전력화'를 핵심 전략으로 삼았다. 이전 세대에 전개되었던 전군성도화운동은 시간이 지나며 점차 동력이 약화되었으나, 군선교에 헌신한 군목들과 한국교회는 군인교회 건축과 부대별 선교 협력 등 다양한 방식으로 군선교를 지속해 왔다. 이러한 배경 속에서 비전 2020 운동은 군선교를 다시 한번 한국교회 선교 전략의 중심에 위치시키고자 한 시도였다.

비전 2020 운동은 2020년까지 국민 3,700만 명, 즉 전체 인구의 약 75%를 기독교인으로 만드는 것을 장기적 목표로 설정하였다. 이를 위해 군대를 핵심 선교 현장으로 규정하고, 매년 약 20만 명의 장병을 대상으로 진중세례를 시행하여 한국교회의 미래 성도로 양성한 뒤 사회로 파송하는 것을 주요 사역으로 삼았다. 동시에 연간 약 25만 명의 장병을 사회와 교회, 신앙 공동체로 연결하는 사역을 병행함으로써 군선교를 한국교회의 지속적 성장 동력으로 활용하고자 했다. 이 운동을 통해 다수의 장병들이 진중세례를 받고 신앙 공동체와 연결되었으며, 군선교의 조직적 기반과 교회 간 협력 구조 역시 한층 강화되었다. 특히 비전 2020 운동은 군선교를 단기적 성과 중심 사역이 아니라 장기적 안목에서 한국교회의 미래를 준비하는 전략적 사역으로 인식하게 한 기점이 되었다.

군선교의 확장 흐름은 같은 시기 한국교회의 해외 선교 확대와도 맞물려 전개되었다. 파송 선교사 수는 2000년 10,646명으로 만 명대를 돌파하며 세계 2위 수준에 올랐고, 2009년에는 2만 명을 넘어섰으며, 2019년에는 25,745명으로 정점을 기록하였다. 이는 비전 2020 운동이 실시된 시대가 한국교회 전반에 강한 성장 기대와 선교적 자신감이 공유되던 시기였음을 보여준다. 그러나 2020년 이후 선교사 수가 22,259명으로 급감하며 감소세로 전환된 현실은 비전 2020 운동이 전제했던 성장 환경이 구조적으로 변화했음을 드러낸다.

이러한 변화는 비전 2020 운동이 지향했던 성장 기대와 현실 사이의 간극을 보여주는 한 단면이라 할 수 있다. 그럼에도 불구하고 비전 2020 운동은 수많은 장병들에게 진중세례의 기회를 제공하며, 한국 군선교의 양적·조직적 확장을 이끌었다.

비전 2020 운동에 대한 평가는 다음과 같이 정리할 수 있다.

첫째, 비전 2020 운동은 한국교회의 역량과 군선교가 연합되어 이룬 기넘비적인 성과로 평가된다. 이는 한국교회 특유의 '부흥주의'와 '성장 지향성'이 군선교에도 반영된 것이었다.

둘째, '국민 복음화율 75%'라는 비현실적으로 높은 목표 설정과 실제로는 7%에 불과했던 낮은 결연율은 진중세례 운동의 실효성에 대한 찬반 논쟁을 불러일으켰다. 이러한 과도한 목표와 현실의 간극은 군선교 운동의 방향성과 방법론에 대한 또 다른 과제를 안겨주었다.

셋째, 집단 개종이라는 기존 방식의 한계를 인식하고, 이를 보완하기 위한 체계적인 양육 프로그램 개발의 필요성이 대두되었다. 단순히 세례를 베푸는 데서 그치지 않고, 신앙의 지속적 성장과 정착을 위한 후속 양육의 중요성이 강조되었다.

결론적으로 비전 2020 운동은 한국교회의 강점, 성장주의적 특징과 한계를 모두 보여준 운동이었으며, 이는 비전 2030 운동이 감당해야 할 과제로 넘어가게 되었다.

4) 재정립기(2021-현재): 비전 2030 운동

2020년 이후 코로나19 팬데믹을 비롯해 군 복무 기간 단축, 인구 감소, 병영 문화와 법·제도 환경의 변화, 그리고 MZ세대 장병의 등장 등 복합적인 요인들은 한국 군선교 환경에 중대한 변화를 가져왔다. 대면 예배의 제한, 군선교사의 부대 출입 통제, 진중세례 인원 감소, 헌법재판소의 육군훈련소 종교행사 참여 강요에 대한 위헌 결정은 기존의 대규모·집합 중심 군선교 방식이 구조적 한계에 직면했음을 분명히 드러냈다. 이로 인해 군선교의 방향과 전략을 전면적으로 재검토해야 할 필요성이 제기되었다.

이러한 문제의식 속에서 2021년 10월, "한 영혼을 그리스도께로, 백만 장병을 한국교회로"라는 구호 아래 비전 2030 운동이 공식적으로 선언되었다. 비전 2030 운동은 군 입대 청년을 대상으로 세례를 시행하고, 체계적인 신앙 양육과 관리 과정을 거쳐 지역 교회로 연계·파송하는 이른바 '군선교 3대 사역(세례·양육·파송)'을 핵심축으로 삼고 있다. 이 계획은 2030년까지 10년간 매년 약 10만 명의 장병(신규 세례자 6만 명, 기존 세례자 4만 명)을 대상으로 사역하여 총 100만 명의 장병을 한국교회와 연결하는 것을 목표로 설정하였다. 이는 세례 자체에 머무르지 않고, 이후의 신앙 형성과 지역 교회 정착까지 포함하는 통합적 군선교 모델을 지향한다는 점에서 이전 운동들과 구별된다.

비전 2030 운동의 실행을 위해 한국기독교군선교연합회는 비전 2030 기도회, 군인교회 양육교재 TF팀 전략회의, 군선교연합조찬예배 등을 진행하며 실천 과제를 구체화해 왔다. 아울러 군인교회 통폐합 문제, 군선교사 고령화와 인력구조 문제 등 정책적 과제를 점검하고, 군선교의 중장기 발전 방안을 지속적으로 논의하고 있다. 더 나아가 '정상화를 넘어 도약과 비상'을 슬로건으로 내세우며, 문화 콘텐츠를 활용한 선교, 영향력 있는 신앙 콘텐츠와 찬양 사역의 연계, 훈련병 눈높이에 맞춘 복음 전달 매뉴얼 개발 등 새로운 접근을 시도하고 있다. 비전 2030 운동 공식 홈페이지를 중심으로 온라인 예배, 신앙 교육, 멘토링 콘텐츠를 활용한 비대면 양육과 홍보 역시 확대되고 있다.

그러나 비전 2030 운동에 대한 중간 평가는 전반적으로 긍정적이라고 보기 어렵다. 2024년 육군군종목사단장 정비호는 비전 2030에 대해 △군종목사가 주도한 매뉴얼의 이상성, △비전 2020 운동 시기만큼의 교회 자원 동원 실패, △운동 동기에 대한 재검토 필요, △양육 부진과 수세자 감소, △기존 결연·거점교회를 넘어서는 추진 동력의 부재, △지역 통합 선교지 구축의 필요성, △MZ세대 장병에 대한 공감 역량 강화, △기독장병 구국성

회의 전략적 활용, △군선교신학 강화의 필요성 등을 지적하였다.[234]

비전 2030 운동은 출범 이후 절반의 시점을 지나며 기대에 미치지 못한 성과와 구조적 한계를 드러내고 있다. 이는 군선교만의 문제가 아니라 20세기 후반 이후 지속되어 온 한국교회의 성장 둔화와 코로나19 이후 급변한 교회 환경으로 군선교가 교회의 주요 관심 영역에서 점차 후순위로 밀려나며 과거와 같은 역동성을 유지하기 어려운 현실을 고스란히 반영한다.

아직 비전 2030 운동은 끝나지 않았다. 어려운 상황 속에서도 변화된 병영 환경과 세대 특성을 반영한 새로운 군선교 모델을 모색하며 한 걸음씩 전진하고 있다. 2024년부터 각 교단에서 군선교 활성화를 위한 다양한 연구와 모임들이 일어나고 있다. 남은 기간 동안 목표의 현실화, 방법론의 전환, 신학적 재정비를 통해 지속 가능한 군선교 전략을 구축한다면 군선교는 새로운 재기의 발판을 마련할 수 있을 것이다. 비전 2030 운동의 성패는 단순한 수치 달성 여부가 아니라 변화하는 시대적 조건 속에서 군선교가 다음 세대와 신앙을 어떤 방식으로 연결해 낼 수 있는가에 달려 있다.

---

234 정비호, "군 구조 변화에 따른 '비전 2030 실천운동'의 현실과 전망," 「군선교, 청년」 23 (2024); 23-44.

7장 한국의 산업전도: 노동자와 일터선교

한국의 산업선교(Industrial Mission)는 1960년대 국가 주도의 경제개발과 함께 본격화된 산업화 과정 속에서 형성되었다. 급격한 산업화와 도시화는 일 문제와 도시 빈민 문제를 동반했지만, 당시 한국 사회에는 노동자의 권리와 이를 보호할 제도적 장치가 거의 마련되어 있지 않았다. 이러한 상황 속에서 교회와 선교단체들은 공장과 일 현장을 새로운 선교의 공간으로 인식하며 산업선교 사역에 착수했다. 그 결과 도시산업선교회가 태동하여 산업화 과정에서 발생한 일 문제와 도시 빈민 문제에 대응해 노동자의 인권을 옹호하는 선교 활동을 전개했다. 초기에는 산업시설 내 노동자를 대상으로 한 전도 활동이 중심이었으나, 점차 노동자들의 현실과 구조적 문제를 인식하면서 사역의 방향이 확장되었다. 1960년대 산업전도의 형태로 출발한 이 운동은 1960년대 후반에 이르러 도시산업선교로 전환되며 사회 참여적 성격을 갖게 되었다. 본 장에서는 산업선교의 대표적인 두 사례를 살펴본다.

1) 산업전도위원회 설립

한국의 산업화는 1950년대 후반 방직 산업을 중심으로 시작되었고, 1960년대 초 정부의 경제개발계획이 추진되면서 본격화되었다. 산업화의 급속한 진행은 노동자 수의 증가와 함께 열악한 일 조건, 임금 문제, 노사 갈등 등 다양한 사회 문제를 동반했으나, 이를 제도적으로 보호할 장치는 충분하지 않았다. 정부는 1963년 9월 일청을 발족시키고 관제 일조합 체계를 운영했지만 확대되는 일 문제를 감당하기에는 한계가 분명했다. 이러한 상황 속에서 교회는 노동자 문제를 새로운 선교적 과제로 인식하기 시작했다. 1950년대 후반 도림동교회를 비롯한 일부 공장 밀집 지역 교회들은 공장 근로자들을 대상으로 한 전도 활동을 시작했는데 이는 산업 현장을 향한 교회의 초기 대응이었다. 이 시기의 산업전도는 개별 교회 차원의 자발적 활동에 머물러 있었고 교단 차원의 조직적 접근은 1957년에서야 이루어졌다.[235]

1957년 4월 12일 대한예수교장로회 총회는 미국 북장로회 선교협의회의 위촉을 받아 산업전도위원을 임명하고 산업전도 계획을 수립하였다. 이어 동년 9월 교단 총회에서 산업전도 실시를 공식적으로 결정하면서 산업전도는 교단 차원의 사역으로 추진되기 시작했다. 대한예수교장로회 총회 산업전도위원회는 해외 선교 네트워크와의 협력을 통해 이러한 결의를 구체화하였다. 1958년 3월에는 일본 오사카에 주재하던 아시아 지역 산업전도 총무 헨리 존스(Henry D. Jones) 목사를 초청해 자문을 받았고, 동년 11월에는 미국 연합장로교 선교부의 파송을 받은 존 램지(John G. Ramsay) 목사가 내한하여 산업전도위원회의 조직과 운영을 지원했다.[236] 존스는 서울,

---

235 조승혁, 『도시산업선교의 인식』 (서울: 민중사, 1981), 3.
236 유의영, 『지역사회를 섬기는 교회 : 도림교회 70년사』 (서울: 한국장로교출판사, 1997), 295-296.

인천, 대전, 부산, 광주, 전주 등지에서 교역자와 평신도, 노동자들을 중심으로 산업전도연구회를 출범시켜 산업전도에 대한 인식을 확산시켰고, 램지는 이듬해 3월까지 한국에 체류하면서 인천·대전·부산 등 주요 도시에서 산업전도위원회 구성을 도왔다.

마침내 여러 해의 준비 과정을 거쳐 1960년 2월까지 전국 12개 도시에 산업전도위원회가 설립되었다. 이는 한국교회가 산업화로 인한 사회 변동에 대응하여 일터를 새로운 선교의 장으로 인식하고, 조직적·제도적 차원에서 산업전도에 참여하기 시작했음을 보여주는 중요한 전환점이었다.

2) 인천의 산업선교

대표적인 초기 산업선교사는 1960년대 인천산업선교회의 활동을 주도했던 연합감리교 선교사 조지 E. 오글(George E. Ogle, 1929-2020)이다. 조지 오글(한국명 오명걸)은 1929년 미국 펜실베이니아 주 피츠버그에서 태어났다. 피츠버그는 철강왕 앤드류 카네기의 산업 기반이 되는 수많은 제철소와 제조업 공장들이 밀집해 있었고 노사 분쟁이 빈번하게 발생하던 지역이었다. 1881년 12월 미국 일조합 운동의 출발점으로 평가되는 미국일총연맹(American Federation of Labor, AFL) 창립대회가 이곳에서 개최되었다는 점은 이 도시의 역사적 성격을 잘 보여준다. 피츠버그 외곽에서 자란 오글은 제철소와 탄광에서 일했던 자신의 친척들이 겪었던 비슷한 어려움에 익숙했다. 그는 "나는 어디를 가든지 내 배경을 가지고 갈 것이다. 노동자들은 지원이 필요하다. 그들이 지원을 받지 못한다면 그들은 국가 발전에서 소외될 것이다"라고 말했다.[237] 이와 같은 산업·일 환경 속에서 성장한 오글은 듀

---

237 "In Memoriam: George Ogle, 1929-2020," Women Cross DMZ, accessed December 5, 2025, https://www.womencrossdmz.org/in-memoriam-george-ogle-1929-2020/?utm_source=chatgpt.com 2025년 12월 10일 접속.

크대학교 신학교(Duke Divinity School)에 진학하여 프랑스 가톨릭교회의 일 사제 운동으로부터 많은 영향을 받았다. 또한 신학교가 소재한 노스캐롤라이나 주에서 일어난 일 운동에 대해서도 연구했다. 노스캐롤라이나의 주요 산업 중 하나는 섬유산업이었는데 열악한 섬유산업 일 환경으로 노동자들은 1929년부터 1934년까지 노스캐롤라이나와 테네시 전역에 걸쳐 섬유공장 대파업을 일으켰다. 이러한 일련의 과정들을 통해 그는 노동자들의 현실과 그들의 권리에 대해 신학적으로 성찰하게 되었다.[238]

오글은 1954년 신학교 졸업 후 동년 9월에 3년제 선교 프로그램에 참여하여 처음으로 한국 땅을 밟았다. 초기에는 영어를 가르치며 한국어를 배우는 동시에 공장 노동자들과 함께 예배를 드렸다. 이후 미국으로 잠시 귀국했다가 1960년 다시 한국에 돌아와 한국어 학습과 국내 정세 파악에 집중한 뒤 1961년 가족과 함께 인천으로 이동하였다. 당시 인천은 농어업 중심 사회에서 산업 중심 경제로 급격히 전환되는 과정에 있었고, 이러한 변화는 산업선교의 필요성을 더욱 절실하게 만들었다. 오글은 공장 채플린(factory chaplain)으로 1961년 '산업전도위원회'를 조직하고 도시산업 현장 노동자들과 함께하는 사역을 시작했다.[239] 이 사역은 인천산업선교회의 모태가 되었다. 그는 1961년부터 1971년까지 노동자들과 함께 일하며 삶을 나누고 돌보는 산업선교사역을 하며 일 목회자를 양성해 공장 현장에 파송하였다. 동시에 노동자들을 체계적으로 양육하고 훈련하여 평신도 지도자로 세우는 데에도 주력하였다.

1960년대 인천산업선교회의 활동에서 주목할 만한 가장 중요한 것은 '일하는 목회자 프로그램'이다. 이는 선교가 필요하다고 판단되는 공장에 목회자와 전도사가 직접 들어가 노동자로 일하며 선교하는 방식으로, 다

---

238 임인재, "1960년대 인천도시산업선교회의 활동과 조지 오글," 「기전문화연구」 40/2 (2019): 146.
239 "In Memoriam: George Ogle, 1929-2020".

른 산업선교회에서는 찾아보기 어려운 인천산업선교회의 독특한 사역 모델이었다.[240] 1962년부터 1971년까지 대성목재공업주식회사에서 산업선교를 수행한 조승혁 목사는 노동자들과 함께 일하며 가장 큰 과제로 '동화(同化)'의 문제를 지적하였다. 일 현장에서 인격적 존중이 부족하고 언어 사용이 거칠며 때로는 음란한 분위기가 형성되는 현실은 소통을 어렵게 만들었다. 이에 대해 그는 교회 용어가 기독교인만 사용하는 은어가 되어서는 안 되며 교회와 가장 멀리 떨어진 사람들과도 소통할 수 있는 다리가 되어야 한다고 강조했다. 1963년부터 1966년까지 인천 부두에서 사역한 김치복 일 목사는 사역의 경과를 다음과 같이 보고하였다.

> 이야기가 끝날 무렵에 옆에 앉았던 48세 정도의 장년 한 분이 나에게 이렇게 말하였습니다. "내가 과거에 술에 취해 가지고 집에 들어가다가 도중에 교회 옆을 지나게 될 때에는 가슴이 두근거리는 양심의 가책을 당했는데 지금은 교회 옆을 지날 때마다 이유 없는 반항심이 나온다"면서 교회는 우리와 같은 노동자와 무슨 관계가 있느냐고 하는 말을 들을 때에 노동자들의 교회관이 어떠한 것을 깨닫게 되었습니다. 그 후 4년이 지난 오늘은 그들 스스로가 교회의 필요성을 말하며 가정교회에 나오는 이가 있게 되었습니다.[241]

오글은 안식년을 맞아 미국으로 건너가 위스콘신대학교(University of Wisconsin)에서 국제산업관계(International Industrial Relations)를 전공으로 박사

---

240 일 목회자들은 인천 판유리, 대성목재, 인천중공업주식회사, 인천부두, 흥한방적, 동일방직, 이천전기, 중앙도자기, 인천공작창 등에서 산업선교를 진행하였다. 참조. 조승혁, 『도시산업선교의 인식』, 28-29.
241 김치복, 「부두 전도 활동 보고서(특히 조합 비정화운영문제를 중심하여)」(인천산업선교위원회, 1967), 11: 임인재, "1960년대 인천도시산업선교회의 활동과 조지 오글," 157-158에서 재인용.

학위를 취득한 뒤 한국으로 돌아왔다. 귀국 당시 인천산업선교회는 동역자들에 의해 사역이 안정적으로 이어지고 있었기에, 그는 선교회로 직접 복귀하지 않고 서울대학교 상과대학에서 노사관계론과 일시장 관련 강의를 맡았다. 오글은 강의와 공적 발언을 통해 일 문제 해결을 위한 정부의 역할과 기업의 협조를 촉구하며 산업선교의 필요성을 지속적으로 역설하며, 여러 매체를 통해 노사 협조와 노동자 권리 보호의 중요성을 강조하였다.

그러나 이러한 활동은 당시의 정치적 상황과 충돌하게 되었다. 1974년 인혁당 사건과 관련해 기소된 8명의 부인들이 오글을 찾아와 도움을 요청하였다. 그들의 남편들은 군사 법정에서 사형을 선고받은 상태였고 모든 항소는 기각되었다. 그들이 원하는 것은 단 하나였다. 오글에게 민간 법정에 재심을 청해달라는 것이었다. 오글은 즉답하지 않았으나 정치적 식견을 가진 한국 친구들에게 조언을 듣고는 자신이 할 수 있는 것을 하기로 결심했다. 당시 정부에 의해 구속된 천여 명의 사람들 중 많은 사람들이 기독교인이었고, 그들을 위한 기도회가 서울 기독교회관에서 매주 목요기도회로 진행되고 있었다.[242] 1974년 10월 9일 오글은 목요기도회에서 인혁당 사건으로 구속된 8명을 위해 기도했고, 이로 인해 중앙정보부에 연행되어 심문을 받았다. 이때 오글이 요구받은 것은 다음과 같다.

> Mr. 윤은 내가 사과하고 다음부터는 조심하겠다고 약속하는 각서를 써야 한다고 말했습니다. 각서의 내용은 첫째, 다시는 인혁당 사람들을 위해서 기도하거나 설교하지 않고, 둘째, 모든 한국 정부의 정책에 순종하겠다고 약속하는 것이었습니다. 이것은 물론 제 마음에 들지 않았습니다. (중략) 오랜 실랑이 끝에 다시 그

---

242 George E. Ogle, "우리의 마음도 여러분들과 함께 울고 있습니다", 『시대를 지킨 양심 : 한국 민주화와 인권을 위해 나선 월요모임 선교사들의 이야기』 (서울: 오름, 2007), 56-57. 37-70.

들이 양보해서 내가 사인한 각서는 나의 설교에서 인혁당에 대
한 어떠한 일도 언급하지 않겠다는 것이었습니다.[243]

오글은 중앙정보부와의 긴 논쟁 끝에 설교에서 그들에 대해 말하지 않
을 것이라는 진술서에 서명을 하고 석방되었다. 일주일 뒤 중앙정보부는
다시 오글을 찾아와 도시산업선교회에 대한 내부 정보와 대학 강의에 대한
보장권을 교환하자고 제안했지만,[244] 오글은 이 제안을 거부함으로써 1974
년 12월 10일 추방되었다. 이렇게 그는 해방 이후 한국에서 추방된 첫 번째
선교사가 되었으며, 그의 추방은 이후 이어지는 선교사 추방 사례의 선례
가 되었다.

조지 오글을 비롯한 도시산업선교의 신학을 논할 때 자주 언급되는 개
념 가운데 하나가 해방신학이다. 1970년대 들어 도시산업선교를 향해 제기
된 공산주의 또는 용공 세력이라는 비판 속에서 해방신학이 그 사상적 배
경으로 지목되었다. 그러나 해방신학이 본격적으로 이론화되기 시작한 시
점은 1968년 이후이다. 오글의 선교신학과 산업선교는 그 이전에 선교 현
장 속에서 형성되고 적용되고 있었다는 점에서 해방신학과 오글의 관계에
대해서는 분명한 분리가 필요하다.

추방 이후 오글은 미국으로 돌아가 에머리대학교(Emory University) 캔들
러 신학대학원(Candler School of Theology)에서 사회문제와 신학을 가르치며
활동을 이어갔다. 그는 한국에서 '노동자·빈민의 아버지', '민주화 운동의 옹
호자'로 불렸으며, 이러한 공로를 인정받아 2020년 대한민국 정부로부터
'민주주의 발전 유공 포상' 국민포장을 수여받았다.

---

243 George E. Ogle, 「오글 목사 중앙정보부 연행기」, 1974 : NCCK인권위원회, 『1970년대 민주화운동
　　II』(서울: 한국기독교교회협의회, 1987), 520에서 재인용.
244 임인재, "1960년대 인천도시산업선교회의 활동과 조지 오글," 149.

3) 영등포의 산업선교

1950년대 후반 이후 한국의 산업화는 방직 산업을 중심으로 시작되었고, 1960년대 초 정부의 경제개발계획이 추진되면서 급속히 확산되었다. 이러한 변화 속에서 공장지대였던 영등포에는 전국 각지에서 유입된 청년 노동자들이 밀집하게 되었고, 영등포는 수도권 최대의 경공업 단지로 성장하였다. 교회는 이 지역을 산업화 시대의 새로운 선교 현장으로 인식하게 되었다.

초기 영등포 지역의 산업전도는 도림교회를 비롯한 공장지대 인근 교회 목회자들이 '공장 전도'라는 명칭으로 공장을 순회하며 심방과 전도를 수행하는 형태로 이루어졌다. 이러한 개별적 시도는 1958년 4월 9일 대한예수교장로회 총회 전도부의 파송을 받아 산업전도를 담당하던 강경구 전도사가 합류하면서 보다 조직적인 형태를 갖추게 되었고, 이를 계기로 영등포지구 산업전도회가 결성되며 산업전도 사역이 본격화되었다.[245]

이후 산업전도는 개교회 단위를 넘어 공장별 조직으로 확산되었다. 1964년 도림교회를 시작으로 1965년에는 양평동교회와 영남 지역에도 개교회 산업전도회가 발족되었고, 이는 점차 공장별 산업전도회로 분화·발전하였다. 도림교회 성도 김용백의 주도로 1964년 8월 29일 미왕산업에서 최초의 직장 산업전도회가 설립되었으며, 같은 시기 대동모방, 한영방직, 해태제과, 조선피혁, 종아염직, 대한모직, 동신화학 등 여러 공장에서도 산업전도회 모임이 조직되었다.[246] 이들 전도회는 성경공부, 기도회, 신앙상담, 헌신예배 등을 통해 노동자들에게 복음을 전하고 영적 양육을 제공하는 데 주력했으며, 이러한 활동은 1960년대를 거쳐 1970년대로 이어졌다.

---

245 유의영, 『지역사회를 섬기는 교회 : 도림교회 70년사』, 296.
246 유의영, 『지역사회를 섬기는 교회 : 도림교회 70년사』, 299-300.

영등포 산업전도 사역이 비교적 안정적으로 유지·확대될 수 있었던 배경에는 독특한 사회적·교회적 기반이 존재했다. 영등포지구 산업전도회의 임원진은 계효언(위원장, 명수대교회), 방지일(부위원장, 영등포교회), 이정학(총무, 양평동교회), 박조준(서기, 영은교회), 정석복(회계, 영락교회 장로·대동모방주식회사 상무), 정영삼(전도부장, 영문교회), 이춘학(봉사부장, 반도상공 사장) 등으로 구성되었는데 이들은 모두 월남 기독교인 출신이었다.[247] 이들은 지역을 분담하여 공장 개척 전도에 헌신하였다.

1959년 대한예수교장로회가 합동과 통합으로 분열되면서 재정적 어려움이 발생했으나, 미국 로스앤젤레스 한인교회 여전도회의 후원을 통해 인건비와 사역비 상당 부분을 충당하였다. 또한 기독 여성단체들로부터 전체 재정의 40~100퍼센트에 이르는 후원이 이루어졌다. 1968년부터 1979년까지는 여전도회전국연합회가 주도적으로 지원하였다. 이 밖에도 경기여전도회, 서울3여전도회연합회, 여순교자기념회 등이 후원하였다. 영등포 지역 노동자의 다수가 여성이었던 점은 여성 단체들의 지속적인 관심과 지원을 이끌어 냈고, 이에 따라 예장 총회는 창립 초기부터 여성 전도사를 산업전도 실무자로 파견했다.

영등포 산업전도 사역에 결정적인 전환점을 가져온 사건은 1964년 한국교회 최초로 '산업선교목사'로 안수를 받은 조지송 목사가 영락교회의 후원을 받아 부임한 것이었다. 영락교회는 1965년부터 1979년까지 영등포 산업전도 사역을 지속적으로 후원했으며, 1975년까지는 국내 지원금의 약 40퍼센트를 담당하였다. 한경직 목사는 1966년 서독 베를린 전도대회에서 빌리 그레이엄이 군대·학교·공장을 복음 전도의 핵심 대상으로 설정한 '황금어장론'을 사역에 적용했다. 영락교회의 산업전도 후원은 한경직 목사가 주

---

247 영등포산업선교회 40년사 기획위원회, 『영등포산업선교회 40년사』 (서울; 영등포산업선교회, 1998), 54.

도한 1965년 전국복음화운동과 1973년 민족복음화운동과도 밀접한 관련이 있었다. 전국복음화운동의 사업계획에는 공장 노동자, 윤락 여성, 소년 교도소, 병원 등 특수 분야 사역이 포함되어 있었고, 조지송은 전국복음화운동위원회 특수전도위원회 위원으로 활동하였다.

산업선교에 대한 전문적 훈련을 받은 조지송은 초기의 개인전도 중심 사역을 넘어 노동자 인권과 공장 내 노동 환경 개선을 중요한 선교 과제로 인식하며 사역의 방향을 확장해 나갔다. 이러한 변화는 1971년 대한예수교장로회 통합 제56회 총회가 '산업전도'라는 명칭을 '산업선교'로 변경하며 제도적으로 확인되었다. 이는 노동 현장을 향한 교회의 사역을 보다 포괄적인 선교 개념으로 재정립한 결정이었다. 다만 이 과정은 보수적인 교회 지도자들과의 긴장과 갈등을 초래하였고, 산업선교의 초점이 노동자의 권익 옹호로 이동하면서 정부의 감시와 탄압 대상이 되기도 했다. 1970년대 후반에는 청와대에 산업선교 대책 특별기구가 만들어지기도 했다.

1970-80년대 산업선교는 한국 사회가 겪던 성장과 갈등, 변화의 한복판에서 민주화 운동 및 노동운동과 연결되었다. 그러나 이러한 전개는 보수 교단과의 관계를 더욱 어렵게 만들었고, 그 결과 산업선교는 초기의 전도 중심 사역과는 다른 궤적을 걷게 되었다.

> 1980년대에 들어와서 정치 상황이 바뀌자 이념 문제가 대두되었다. 우리는 이념 문제에는 전혀 매이지 않고 일문제에만 전념했다. 이것은 한국 정부에서도 알고 미국 대사관에서도 알고 있었다. 빨갱이가 아닌 것을 알고 있으면서도 산업선교를 못하게 하고 사회에서 매장시키려고 하니까 빨갱이로 만드는 수밖에 없었던 것이다. 그래서 빨갱이로 몰아 부친 것이다. 우리가 일할 때는 학생들도 몇 명 없었다. 노동자들과 만나는 일도 시키지 않았

다. 그런데 탄압이 시작되자 이 사람들이 지하화한 것이다. 그
러면서 이 사람들이 차차 사회주의, 주체사상에 눈을 뜨게 됐
고, 교회에서 일문제, 산업선교, 빈민선교하는 사람들이 그쪽으
로 눈을 뜨게 되었다. 예수만 가지고는 안 되겠다. 막스 레닌을
가져야 되지 않겠는가 그러는 거다. 그래서 우리가 참 많이 욕했
다. 그러면 안된다.[248]

1980년대에 들어 교회가 산업선교 영역에서 점차 주춤하는 사이 일운동
은 시민사회 전반으로 확산되며 새로운 국면에 접어들었다. 산업선교회의
활동을 둘러싼 평가는 학계와 교계 내에서도 일치되지 않으며, 이 글에서는
그에 대한 신학적 논쟁을 본격적으로 다루지는 않는다. 다만 "그때는 교회
가 아니면 전혀 불가능했다"[249]는 조지송의 후일 증언은 열악한 일 현장에서
신앙을 기반으로 전개된 산업선교가 당시 얼마나 많은 변화를 이끌어 내고,
얼마나 많은 사람들을 보호하며 지켜냈는지를 되돌아보게 한다.

교회가 주체로 참여했던 산업 현장의 변화 지점에서 기독교가 점차 물
러난 이후 일 문제에 대한 접근은 주로 이념적 언어로 재구성되었다. 산업
선교의 역사는 어떤 일터에서도 기독교 신앙과 윤리가 사회적 책임으로부
터 분리되어서는 안 된다는 사실을 명확하게 보여준다. 산업선교의 성과와
한계를 함께 고려할 필요는 있지만, 산업선교가 한국교회 역사 속에서 중
요한 선교적 유산이라는 사실은 분명하다. 그럼에도 불구하고 오늘날 산업
선교는 그 역사적 의미에 비해 선교학적 논의에서는 상대적으로 주변화된
영역으로 남아 있다.

---

248 유의영, 『지역사회를 섬기는 교회: 도림교회 70년사』, 334
249 유의영, 『지역사회를 섬기는 교회: 도림교회 70년사』, 334.

8장 해외 일터선교 단체와 실천 사례

해외에서 일터선교는 다양한 방식으로 실천되고 있다. 여기서는 미국의 일터 채플린(marketplace chaplain) 단체들과 프랑스 기업에서 일어나고 있는 선교사역들에 대해 알아본다. 미국의 일터선교 기관들은 1980년대 중반부터 생겨나기 시작해서 현재는 많은 일터선교 기관들이 기업과 계약을 맺고 사역을 진행하고 있다. 미국의 일터선교 기관들은 그 외 지역에 있는 일터선교 기관들의 모델이 되며 유럽과 아시아 여러 국가에 퍼져나가고 있다.

1. 마켓플레이스 채플린스(Marketplace Chaplains)

마켓플레이스 채플린스(Marketplace Chaplains, MC)는 미국 기업들에 채플린을 파송하는 대표적인 기관이다. 길 스트릭클린(Gil Stricklin, 1934년~)[250]이 1984년 1월 1일 텍사스 주 댈러스에 설립한 MC는 설립 이래 지속적으로 확

---

250 MC의 창립자 Gil Stricklin은 공군 ROTC로 복무한 후 저널리스트로 일하다가 사우스웨스턴침례신학대학원(Southwestern Baptist Theological Seminary)에서 M.Div를 취득하고 22년 간 군목으로 섬겼다. Billy Graham의 글로벌 전도사역에 동역하기도 한 그는 MC를 설립하고 지속적으로 Chaplain Ministry에 헌신하고 있다.

장되어 현재는 캐나다와 멕시코에 있는 기업들과도 협업하고 있다. MC는 채플린 사역이 근로자들이 가지고 있는 수많은 문제를 해결하는데 도움이 될 것이라는 확신 가운데 직원들과 그 가족을 돕는 '직원 및 가족을 위한 돌봄 서비스'(Personal Care for Employees and Their Families)를 제공하고 있다.

채플린들은 직원들이 가지고 있는 인생의 여러 문제들을 헤쳐 나갈 수 있도록 돕는데 이는 직장에서 발생한 문제들에 한정되지 않는다. MC 채플린들은 직원들의 경조사와 직계 가족들의 어려움을 돌보고 요청이 있을 때는 장례식 예배를 인도하거나 참석한다. 또한 수감된 직원들과 가족들을 방문하고 그들이 사회에 복귀할 수 있도록 도움을 주며, 신앙생활을 하기 원할 때는 교회 목회자와 연결해 준다. MC는 교회와는 다른 기관으로서의 정체성을 인지하고 있으며, 기업 환경에서 사역을 한다는 사실을 알고 있다. 따라서 채플린들은 기독교 신앙을 전면에 내세우는 전도 활동을 주 사역으로 삼지 않는다. 그러나 MC는 기독교 신앙으로 움직인다.

우리 채플린들은 직원들을 하나님이 그들을 보시는 것처럼 보고 있으며, 직원들이 그들 자신과 동료들, 가족들 그리고 궁극적으로 회사를 위해 도랑에서 빠져나와 더 나은 목적지, 더 나은 영향력을 미칠 수 있는 곳으로 나아가는데 도움을 줄 수 있도록 회사 리더로부터 승인을 받았습니다. 전문적인 우리 채플린들은 일터에서 사람들을 돕는 일에 부름을 받았습니다. 채플린들은 직원들의 정서적 건강을 지원하는데 전념합니다. 우리는 직원들을 사랑하고, 스트레스, 동료와 상사와의 갈등, 장시간 일과 업무 불만족의 문제들을 다루기 때문에 일터를 이해합니다. 채플린 케어팀은 훈련과 관리가 잘 이루어지고 있고 전임 리더들로

MC 채플린들의 사역은 세 가지 영역, 즉 '일터 방문'(Worksite Visits), '외부 방문'(Offsite Visits), 그리고 '온라인 케어'(Connect Care)를 통해 주 7일 24시간 동안 이루어진다. 일터 방문은 매주 정기적으로 직장을 방문해 직원들을 케어하는 것이고, 외부 방문은 카페, 가정, 병원, 장례식장, 교도소 등에서 직원이나 그의 가족들과 만나 교제하며 돌보는 것이다. 온라인 상에서 이루어지는 돌봄 서비스(Connect Care)는 마이챕(MyChap), 이메일, 화상 챗 등을 이용해 재택 근무자나 외근 운전자 등이 케어를 받을 수 있도록 한다. 이와 같은 사역들은 전문적으로 훈련된 채플린 케어팀(Chaplain Care Team)이 담당한다. 채플린 케어팀에 소속된 채플린들은 평균 20년의 사역 경험을 가지고 있으며 많은 채플린들이 석사와 박사 학위를 가지고 있는 전문 인력들이다. MC 채플린들은 정기적으로 모임을 갖고 서로를 격려하며 모범 사례를 공유한다. 또한 보다 나은 사역을 하기 위해 추가 교육도 지속적으로 받는다.

MC는 설립 당시 스트릭클린 한 명의 채플린으로 시작되었지만, 현재는 2천 5백 명이 넘는 채플린들이 사역하고 있으며 1,368개의 일터에서 약 130만 명에 달하는 근로자와 그 가족들을 돌보고 있다. 1984년 창립 이후 13년이 지난 1997년 로스앤젤레스 타임스(Los Angeles Times)는 "Firms Turn to Chaplains to Counsel, Aid Workers"(기업들, 직원 상담과 지원을 위해 채플린 도입에 눈 돌려)이라는 제목의 기사에서 다음과 같은 내용을 실었다.

거대 기업에서 소규모 상점에 이르기까지 점점 더 많은 회사에서 직원 지원 프로그램의 일환으로 채플린을 채용하고 있다. 채

---

251 "Chaplain Interviews," accessed August 8, 2022, https://mchapusa.com.

플린은 회사에서 일주일에 몇 시간을 보내거나 직장 밖에서 직
원들을 만난다... 채플린은 관리자가 할 수 없는 방식으로 직원
들과 친구가 될 수 있다.[252]

이 기사는 기업체에 파송된 MC 소속 전임 채플린이 2년 동안 사역한 내
용들을 담고 있다. 채플린은 직원들과 자녀 양육, 연로한 부모 돌보기, 결
혼 문제, 우울증, 재정 그리고 크리스마스 쇼핑에 이르기까지 다양한 주
제에 대해 이야기를 나누고, 결혼식과 장례식을 주례하고, 병원을 방문
한다. 2004년 뉴욕 타임스(The New York Times)에 실린 "Face of Employee
Assistance Is Often a Company Chaplain"(근로자 지원의 실질적인 창구는 채플
린이다)라는 제목의 기사에 의하면 채플린들은 주로 개신교 교단을 대표하
는 남부와 서부에 있는 기업들에서 오랫동안 사역해 왔지만, 이제는 채플
린 채용 비율이 매년 10% 이상 증가하면서 채플린을 요청하는 기업들이 확
산되는 추세라고 하였다. 이 기사는 채플린 사역의 핵심을 다음과 같이 정
확히 파악하여 보도했다. "대부분의 경우 사업주와 경영진이 채플린 사역
의 원동력이다."[253]

2022년도를 기준으로 채플린이 파송된 기업 중 가장 규모가 큰 곳은 2
만 8천명의 직원이 근무하는 제이비에스 푸드 그룹(JBS Foods Group)의 필그
림스(Pilgrim's)이며, 가장 규모가 작은 곳은 2명의 직원이 근무하는 케온 파
이낸셜(Kennon Financial)이다. MC는 미국에서만 63개 주에서 사역하고 있기
때문에 케어를 받는 직원이나 가족이 다른 주에 살아도 연계 사역을 통해

---

252 Donna Abu-Nasr, "Firms Turn to Chaplains to Counsel, Aid Workers," Los Angeles Times, March 6,
    1997, accessed August 8, 2022, https://www.latimes.com/archives/la-xpm-1997-03-06-fi-35222-story.
    html.
253 *Workforce Management Magazine*의 Carroll Lachnit는 채플린 사역에서 사업주와 경영진의 중요성
    을 강조하며 그 예로 1991년 17,000명의 직원을 위해 채플린을 채용한 Pilgrim's Pride가 2001년 7,500
    명의 직원이 있는 Wampler Foods를 인수하며 채플린 사역의 범위를 넓힌 것을 사례로 제시한다.
    참조. Laurie J. Flynn, "Face of Employee Assistance Is Often a Company Chaplain," *The New York
    Times*, January 4, 2004, accessed August 10, 2022, https://www.nytimes.com.

케어를 받을 수 있다. MC에 채플린을 요청하려는 기업에 조건은 없으며 어떠한 일터라도 채플린 사역을 적용하길 원한다면 MC에 신청한 후 기업의 특성을 고려한 채플린 파견 및 요청 사항 등을 조율하면 된다.

MC에 소속된 채플린들은 각 분야의 전문가들로 팀을 이뤄 사역한다. MC는 채플린들이 '현장 중심'으로 사역에만 집중할 수 있는 환경을 제공한다. 채플린에게는 서류 작성과 같은 행정 업무를 하거나 새로운 채플린을 발굴하거나, 새로운 기업을 연결해야 하는 그 어떤 의무도 주어지지 않는다. 그들에게 요청되는 것은 도움이 필요한 직원들에게 집중하는 사역을 성실히 진행하는 것이다. 채플린 케어팀은 남성과 여성, 다양한 인종의 사역자로 구성되며 한 기업체에서 전임 또는 파트로 근무한다. 채플린들은 매주 일터를 방문하여 직원들과 교제하고 관계를 쌓으며 그들의 문제들을 공유하고 직원 스스로가 해결책을 찾을 수 있도록 격려한다.

MC의 채플린들이 사역한 기업체들이 만족하는 부분은 채플린들로 인해 팀웍이 강화되고 직원들이 동기부여가 되며, 개인적인(특히 가정적인) 문제들이 해결되면서 업무 집중도가 올라가고 조직이 안정된 것이다. MC는 기업체의 필요를 파악해 맞춤형 채플린을 파송한다. 영어를 구사하지 못하는 직원들이 있는 경우에는 직원이 사용하는 언어가 가능한 채플린을 파송하고, 주간과 야간 근무조가 분리되어 있는 경우에는 각각의 시간에 채플린을 파송한다. 아메리칸 캐스팅스(American Castings)의 인사관리팀장 로리 니콜스(Lori Nichols)는 "일정 규모 이상의 기업은 근로자 지원 프로그램(Employee Assistance Program)들을 운용한다. 직원들은 필요시 전화나 이메일로 상담 예약을 할 수 있지만 바쁜 일터에서 이를 이용하기란 쉽지 않다. 이와 달리 직원들은 채플린을 직접 만나고 신뢰를 쌓고 관계를 맺어갈 수 있다. 이것은 매우 개인적으로 이루어진다."[254] 또한 채플린은 직원들의 윤리

---

254 "Role of a Chaplain," *Marketplace Chaplains*, accessed August 8, 2022, https://mchapusa.com/role-of-a-chaplain/.

적인 부분들에도 영향을 미치며 기업이 좀 더 건강한 조직이 되는데 긍정적인 영향을 미친다.

MC의 사역이 지속적으로 확장된 사회적 배경에는 소통의 역설적 상황이 있다. 그 어느 때보다 많은 의사소통이 이루어지는 시대임에도 불구하고, 직장에서의 신뢰 관계는 거의 형성되지 않고 있다. 비대면 소통의 증가로 인해 직원들은 민감하거나 개인적인 문제들을 회사에 알리지 않게 되었으며, 이로 인해 내적인 문제들이 더욱 악화된다. MC는 "현장에서 직원들의 정신 건강을 돕는 것"(Frontline Support for Your Employees' Mental Health)이라는 자사 슬로건처럼 직원들과 직접적이고 개인적인 관계들을 맺으며 그들을 위해 기도하며 영혼들을 돌보고 있다.

2. 코퍼레이트 채플린스 오브 아메리카(Corporate Chaplains of America)

코퍼레이트 채플린스 오브 아메리카(Corporate Chaplains of America, CCA)는 마크 크레스(Mark Cress, 1956년~)[255]에 의해 1996년에 설립된 비영리 채플린 기관이다. CCA는 삶을 변화시키는 복음을 위협적이지 않은 방식으로 나눌 수 있는 관계를 구축하는 것을 사명으로 삼고 있다. 2022년 기준 500여명의 채플린들이 50만명 이상의 직원들과 가족들을 돌보고 있다. 채플린 사역은 세 그룹, 즉 기업주와 최고 경영자, 인사 관리자, 직원들을 대상으로 진행된다. 채플린은 종교 여부와 상관없이 기업 내 모든 사람들을 존중하며 한 사

---

255 Mark Cress는 기업가로서 성공적인 경력을 쌓아가던 중 일터사역에 대한 부르심을 받고 기업체를 매각한 후 사우스이스턴 침례신학대학원(Southeastern Baptist Theological Seminary)에서 M.Div 과정을 이수했다. 이후 CCA를 설립하여 첫 번째 채플린이 되었으며 아내 Linda Cress는 행정과 회계를 맡아 섬겼다. 2015년 은퇴 시 CCA는 1,000여 개의 기업들에 채플린을 파송하는 단체로 성장해 있었다. 참조. "Dr. Mark and Linda Cress," *Corporate Chaplains of America*, accessed August 9, 2022, https://chaplain.org/avodah-fellowship/cress/.

람 한 사람이 하나님의 형상으로 창조된 엄청난 가치를 가진 존재임을 믿고 그들이 삶의 위기를 해결해 나갈 수 있도록 돕는다. 채플린은 돌봄의 문화, 긍정적인 일터문화를 세우는 것에 집중한다. 짐 허드슨 오토모티브 그룹(Jim Hudson Automotive Group)의 케이트 허드슨(Keith Hudson)은 CCA의 채플린 사역에 대해 다음과 같이 평가한다.

> 채플린이 나의 직원들과 만나고 기도하며 개인적인 관계들을 쌓아가는 것이 내게는 매우 큰 평화와 평안을 줍니다. 직원들은 채플린과 만나 생각과 고민을 나누는 것을 편안하게 느끼고 채플린에게 마음을 엽니다.[256]

CCA의 채플린들은 매주 현장을 방문하여 직원들을 만나는데 이는 직원들의 자발적 의사에 기반하며 기밀이 유지된다. 짧은 만남으로 시작되지만, 대부분의 경우에는 가족 문제, 재정 문제 등 직원의 삶에 커다란 영향을 미치는 문제들로 확장되어 '케어 세션'(Care Session)으로 연결된다. 이 단계는 동료들과의 관계를 촉진하고 팀원을 돌보는 행동과 관련된 것으로 배려와 존중의 기업 문화를 만드는 기초가 된다. 기독교적인 나눔은 직원들이 자발적으로 원할 때에 이루어진다.

CCA는 기업이 전임 채플린을 채용함으로써 얻을 수 있는 유익을 낮은 이직률, 업무 만족도 증가, 지각 감소, 생산성 향상, 교육을 위한 비용 절감, 장기 결근 감소, 기업 문화 향상의 7가지로 설명한다.[257] 채플린의 자격으로는 직장 경력과 신학적인 교육 및 훈련의 두 가지가 요구되며 전임 사역과

---

256 *Corporate Chaplains of America*, accessed August 9, 2022, https://chaplain.org.
257 CCA는 채플린사역의 도입으로 직원의 이직율이 34.5% 감소한다고 하며, 삶에 문제가 있는 직원은 그렇지 않은 직원보다 생산성이 10% 낮고, 직원들의 문제가 해결되는 기업의 경쟁력은 20% 상승한다고 말한다.

파트 사역 모두 가능하다. CCA 사역 역시 MC와 같이 복음 전도를 전면에 내세우지 않지만, 직원들과 신뢰 관계가 형성되면 자연스럽게 복음을 듣고 경험할 수 있도록 한다.

3. 그룹 비블리끄 당뜨레프리즈(Groupes Bibliques d'Entreprises)

프랑스는 종교개혁자 칼빈을 배출했고 초기 개신교 개혁교회가 세워 진 나라이지만 현재 대부분의 프랑스인들은 칼빈을 모른다. 종교개혁이 일 어난 16세기에는 총인구의 20% 이상이 개신교인이었고 2천 개가 넘는 교 회가 있었지만, 1685년 가톨릭교도인 루이 14세에 의해 낭트 칙령이 폐기 되며 2세기에 걸쳐 핍박받았다. 그 결과 개신교회는 거의 사라졌고 1905년 정교분리법이 선포될 때까지 로마 가톨릭교회는 유일한 권위를 가진 합법 적 종교로 군림했다. 2022년 기준 프랑스의 개신교인은 전체 인구의 2%인 130여만 명이고 그중 30%가 복음주의 개신교회 소속이다. 파리모두제자교 회의 채희석 목사는 "세속화되어 가는 프랑스 사회에서 소수의 기독교 신 앙이 역류처럼 솟아 올라와 영향력을 사회에 미치고 있다. 복음주의 기독 교가 프랑스 사회에 던져 주는 종교적 정체성과 충격은 무시할 수 없을 정 도"[258]라고 말한다.

이러한 종교사회적 상황 속에서 대니얼 돈즐(Daniel Donzel, 1938~)은 1982 년 그룹 비블리끄 당뜨레프리즈(Groupes Bibliques d'Entreprises, GBE)를 설립

---

258 프랑스 개신교는 구개혁교회와 루터교회의 연합인 프랑스 개신교연합교단(EPUdF: Eglise Protestante Unie de France), 알사스-모젤 협정(Concordat en Alsace-Moselle)에 소속된 개신교회, 그리고 프랑스 복음주의 전국위원회(CNEF: Conseil National des Évanéliques de France)에 소속 된 복음주의 교회로 이루어져 있다. 이 중 복음주의 교회는 지난 50년간 놀라운 성장을 하여 1945 년 5만 명의 성도에서 2015년 기준 12배 성장한 60여만 명의 성도로 부흥하였다. 참조. 최덕성, "프 랑스 복음주의 교회, 성장하고 있다," 「기독일보」, 2016년 3월 12일, 2022년 9월 3일 접속, https:// kr.christianitydaily.com/articles/87272/20160312/프랑스-복음주의-교회-성장하고-있다.

하였다. 창립자인 돈즐은 오늘날 유럽 국가들이 겪는 경제적 혼란과 비관적 상황은 교회와 기독교 신앙의 개혁을 거부했기 때문이라고 말하며 복음으로 돌아갈 것을 강력하게 주장한다. 그는 프랑스인의 99%가 복음주의 교회를 모르는 현 상황에서는 교회가 그들에게 나아가야 한다고 말하며 크리스천은 주일 오전 10시부터 정오까지만 기독교 신앙으로 사는 사람이 아니라고 말한다. 그는 이웃과 만나는 크리스천의 일상적인 행동에서 하나님의 영광이 나타나야 하는 것처럼 일터에서도 신앙적 삶이 나타나야 한다고 역설한다.[259]

GBE는 기업에서 성경그룹을 중심으로 복음을 전하는 일터선교 기관이다. 이 단체는 프랑스의 대학성경그룹(Groupes Bibliques Universitaires) 및 복음주의 개신교회(Église Protestante Évangélique)와 연결되어 있고, 프랑스 복음주의 전국위원회(Conseil National des Évangéliques de France, 이하 CNEF)의 정회원이다.[260] GBE는 성경이 모든 교파를 초월하여 예수의 인격과 그분의 구원 사역을 알리는 가장 탁월한 도구라고 믿으며 로잔운동의 비전을 공유한다. 그들은 일반 사회가 일의 세계와 신앙의 세계를 분리하는 경향이 있더라도 직장은 복음을 증거하고 나누는데 특별히 도움이 된다고 강조하며 이에 기반해 사역한다. 세속화된 프랑스 사회에서 GBE는 매우 예외적인 위치에 있다. 프랑스 회사에는 자체적인 규칙과 관습이 있으며 성경은 금기 사항이지만 GBE는 기독교를 직접적인 방식으로 일터에 심는다. GBE는 일터의 크리스천들이 '기독교인, 기업의 직원, 하나님의 고용인'이라는 세 가지 정체성을 가지도록 돕는다. 또한 직장을 '일의 장소, 갈등의 장소, 소통의 장

---

259 "Genèse des GBE," Groupes Bibliques des Écoles et Universités, accessed August 19, 2022, https://cdn.website-editor.net/cf9ac55c521c47fb91244830fbf52374/files/uploaded/GENESE%2520DES%2520GBE.pdf.

260 GBE는 국제기독교상공회의소(ICCC, International Christian Chamber of Commerce), 세계기독증인회(CTM, Chrétiens Témoins dans le Monde), 그리고 일터사역기관 C-Proactif과 협력하며, 프랑스 복음주의 연합체인 CNEF(Conseil National des Évangéliques de France)의 정식 회원 단체로 활동하고 있다. 또한 GBU(프랑스 대학생 성경모임) 운동의 흐름 속에서 탄생한 단체로, 성경 중심의 일터 소그룹 사역을 다양한 기독 전문인 네트워크와 연대하여 전개하고 있다.

소, 사랑의 장소'로 인식하고 '일의 세계'와 '신앙의 세계'라 분리되는 시대적 상황에서도 복음을 전하는데 도움이 되는 장소로 이해한다.

전도는 GBE의 가장 중요한 목표이지만 전도 과정이 문제가 되지 않도록 세심하게 사역한다. GBE는 급진적인 방식의 개종 태도를 보이지 않으려고 노력한다. 동료들을 전도하여 교회에 등록시키는 것이 그들의 목표가 아니다. GBE는 직원들이 예수 그리스도의 인격에 관심을 가질 수 있는 간증을 통해 전도하고 '은밀한 그리스도인'이 되지 않도록 격려한다. 그들은 주변에 있는 사람들이 크리스천 직원들이 '기독교인'이라는 사실을 아는 것은 정상적이고 바람직한 일이라고 강조한다. GBE는 교회의 요청에 따라 일에 대한 성경적 비전을 나누는 세미나와 맞춤형 훈련을 제공한다. GBE의 또다른 목표는 기업에 '영적 세포'를 만들고 조직에 활력을 불어넣는 것이다. 크리스천들이 직장에서 더 나은 신앙생활을 할 수 있도록 돕고, 하나님을 신뢰하고, 업무 향상을 도모하고, 동료들과 좋은 관계를 유지하도록 격려한다. GBE는 기업의 기존 그룹들, 동역자들, 그리고 크리스천들을 서로 연결하기 위해 노력한다.

GBE 사역에서 가장 중심이 되는 것은 '성경그룹'으로 GBE는 기업의 기존 성도들을 중심으로 성경공부 그룹을 세우고 성경을 공부하며 역동을 만들어 낸다. 이 그룹의 목적은 직장에서 성경을 중심으로 사람들을 모아서 가능한 많은 주변 사람들에게 소개하는 것이다. 성경공부 모임은 전도의 매우 효과적인 방식으로 그 안에서 성경 공부와 신앙 나눔, 때로는 건설적인 토론을 하며 구성원들의 다양한 필요를 충족시킨다. 자원하는 직원들을 대상으로 그룹을 운영하고 함께 기도하며 직원들이 직면한 주제와 상황을 공유한다. 기성도들의 영적인 회복이 동료들에게 증언되며 힘겨운 일상을 이겨낼 수 있도록 도와준다.

GBE는 기업의 사명이 광범위하고 다양하다는 것을 알고 있으며 이에 근거해 기업과 구성원들의 상황에 적합한 그룹들을 구성한다. GBE는 기독교 윤리와 사회 내 여러 문제들에 대해 자유롭게 토론하며, 직원들이 성경공부 이외에도 영적 휴식을 누릴 수 있도록 주중 정기모임을 권장한다. GBE의 사역은 진지하지만, 부담이 되지 않는 한도 내에서 자율적이고 가볍게 진행된다. GBE는 기존의 업무 방식과는 다른 방식으로 일하기 원하고 직원들 간의 관계를 경험하고자 하는 사람들에게 대안을 제공한다. 기쁨과 어려움을 나누고, 조언을 주고 받으며 서로를 격려할 수 있는 기회들을 마련한다. 많은 사람들이 GBE의 일원이 되어 위기 상황에서 지원과 격려를 받았고, 내적 평화를 위한 소중한 원천을 얻었으며, 매우 바쁜 생활 중에 활력을 얻었다고 간증한다.[261]

최근 들어 프랑스 개신교 인구는 전체 인구의 약 3~4% 수준으로 빠르게 성장하고 있다. 이는 약 200만 명에서 250만 명에 달하는 규모이다. 특히 아프리카 및 카리브해 지역에서 온 이주민 성도들이 대거 유입되면서 개신교 공동체의 활력이 한층 높아지는 추세이다. 과거 프랑스 개신교는 전통적인 개혁교회 중심이었으나, 최근에는 복음주의(Evangelical) 성향의 성도들이 급증하여 프랑스 개신교인의 약 절반 이상이 복음주의권에 속한다. 프랑스 복음주의 협회(CNEF)의 자료에 따르면 프랑스에서는 평균 10일에 하나의 새로운 복음주의 교회가 개척되고 있다.[262]

---

261 "Des Groupes Bibliques d'Entreprise pour quoi faire?," Croire et Vivre 139 (September 2015), accessed August 23, 2022, https://www.croirepublications.com/croire-et-vivre/reflexion/article/des-groupes-bibliques-dentreprise-pour-quoi-faire.

262 CNEF(Conseil National des Évangéliques de France), "La croissance des Églises évangéliques en France" (2023). 프랑스 복음주의 협회의 통계에 따르면 1970년 761개였던 복음주의 교회는 2023년 기준 약 2,700개로 증가했으며, 이는 지난 50년 동안 3.5배 성장한 수치이다.

9장 한국 일터선교단체와 실천 사례

산업화 이후 일터는 더 이상 교회 밖의 세속 영역이 아니라 신앙이 살아 움직이는 중요한 선교 현장이 되었고, 이에 따라 다양한 일터선교 단체와 실천 모델이 등장해 왔다. 본 장에서는 한국의 대표적인 직장·기업 선교 단체와 기업 내 채플린(사목) 사역, 그리고 일 환경의 변화 속에서 확장된 이주 근로자 사역을 중심으로 한국 일터선교가 어떤 방식으로 구조화되고 실천되어 왔는지를 조명한다.

1. 한국기독교직장선교연합회

1956년 벽산그룹이 단성사에서 종업원 예배를 시작한 이후, 70년대에 금융기관, 한국전력, 한국통신, 현대, 대우, 정부종합청사 등에서 신우회가 발족되었고 이 신우회들이 모여 1981년 한국기독교직장선교연합회(이하 한직선)가 창립되었다. 충무교회 박홍일 장로에 의해 주도된 한직선은 2021년 5월 기준 43개의 지역연합회와 50개의 직능연합회, 8,000개 단위 직장선교회, 90만 회원을 둔 국내 최대의 평신도 단체이다.[263] 박홍일 장로는 워싱턴 직장선교연합회를 비롯해서 미국, 필리핀, 인도네시아, 영국, 독일 등의 직장선교연합회 창립을 도왔다. 그가 처음 직장선교를 시작했을 때에는 도시산업선교회처럼 근로자의 일·인권 문제에 집중하는 것이 아닌가 하는 오해를 받았지만, 순수한 복음선교운동이라는 차별화를 이루어내며 연합회는 성장했다. 한직선은 직장 내 신우회를 조직하고 그를 중심으로 활동하며, 지역교회의 직장인 정오예배 협력, 제사 및 고사 미신추방운동, 헌혈운동, 올림픽 등 국제적 행사 시 직장선교를 국내외에 알리는 홍보활동, 전국지역 및 직능 단위의 예술제와 직장선교대회, 불우이웃돕기, 외국인유학생 초청 위로잔치 등을 펼치고 있다. '모든 직장에 직장선교회를!', '모든 직장인을 그리스도에게로!'라는 표어로 사역을 진행하고 있는 한직선의 직장선교운동은 직장으로 부름 받은 성도들이 성경적인 확고한 직업관을 가지고 일터에서 주의 나라와 의를 구하며 일상생활을 통해 복음을 전하는 생활신앙 운동이다.

한직선은 1998년 종교교회에서 직장선교대학을 설립한 이후 평신도 직장선교사 및 직장선교 지도자를 양성하기 시작했다. 1995년부터는 전도와 양육 중심의 교육체제로 전환하여 현재까지 1,400여명의 직장선교사를 양육, 배출하였다. 직장선교연합회(43개)와 직능별 연합회(44개)로 양분화되어 운영된다. 지역별 직장선교연합회는 주로 시 단위의 지역으로 묶여 활동하고, 직능별 연합회는 국가조찬기도회를 비롯해서 서울특별시청기독선교회, 정부과천/세종청사기독선교연합회, 한국경찰기독선교연합회, 한국기독언론인연합회, 태영건설기독선교회 등 정부기관과 공기업, 일반 기업이 포함되어 활발히 사역하고 있다.

---

263 임보혁, "일터선교사, 직장이 곧 임지… 평신도 전문인 선교 시대 연다," 「국민일보」, 2021년 5월 12일, 2023년 2월 25일 접속, http://news.kmib.co.kr/article/view.asp?arcid=0924191535&code=23111114&cp=nv.

한직선과 관련해 빼놓을 수 없는 것이 교회들과의 관계이다. 1979년 종교교회는 '직장인을 위한 목요정오예배'를 시작했고 이 예배가 한직선의 태동으로 이어졌다. 이후 종교교회는 목요직장인예배를 지속하고 있고 새문안교회와 연동교회, 정동제일교회, 남대문교회, 서소문교회, 충무교회. 상암동교회, 잠실중앙교회 등 수십여 교회가 매주 점심시간을 이용해 직장인을 위한 예배를 드린다. 영락교회는 1969년 9월 6일 박조준 부목사가 직장인성경공부를 인도하면서 금요직장인예배를 시작한 이래 현재까지 매주 금요일 정오 직장인 예배를 드리고 있다. "금요일 점심은 하나님과 드세요!"를 표어로 내걸고 '생명의 양식'과 '육체의 양식'을 나눈다. 이 시간을 통해 크리스천 직장인들은 충전의 시간을 갖고 비기독교인 동료들을 자연스럽게 초대하기도 한다. 영락교회는 크리스천 직장인들이 예배에 직접 참여할 수 있도록 기도와 특송 등의 기회를 주고, 직장인들로 구성된 찬양대를 1980년부터 조직하여 활동하고 있다. 직장인 예배 담당 목사는 인근 지역의 직장 신우회 관계자들과 교제하며 전도 활동을 전개하는 '찾아가는 직장선교'를 시행한다. 직장인예배를 진행하는 교회들은 일터선교를 특수목회로 인식하여 사역 대상자의 독특한 문화와 환경을 고려할 필요가 있음을 강조한다. 직장선교에 관한 박홍일 장로의 견해는 한국의 일터사역자들이 공통적으로 주장하는 내용들이기도 하다.

직장선교의 특성은 평신도, 평일(6일), 직장(삶의 현장), 말씀과 기도, 전도 중심이다. 한국교회가 '모이는 교회, 건물 중심의 교회, 보이는 교회'라면 직장선교는 '흩어지는 교회, 삶의 현장에서 복음을 실천하는 보이지 않는 교회'라고 할 수 있다. 한국교회의 특성은 '교역자 중심, 주일 중심, 교회당 중심, 예배 중심'이다. 직장선교는 '평신도 중심, 평일 중심, 직장 중심, 성경과 기도, 전도 중심'이다. 교회와 직장선교의 특성은 상대적으로 대칭 관계로 보이지만 이 둘은 상호보완적인 협력관계다. 그래서 직장선교는 교회의 사명과 책임이다. 모든 성도들을 직장으로 파송한 '평신도 선교사'로 인식하고 이들을 훈련하고 사역에 대한 매뉴얼을 제공할 필요가 있다. 아울러 교단과 교파를 초월한 직장선교 네트워크를 지원하고 평신도신학, 일터신학을 연구, 발전시켜 나가야 한다.[264]

한직선은 창립 이래 직장선교를 통한 민족복음화, 세계선교의 비전을 품고 말씀과 기도에 의한 생활과 봉사, 초교파 평신도 연합운동, 정치적 중립, 노사 협력의 촉매제 화해자 역할, 교회와 사회의 십자가 가교역할 등을 위해 노력하고 있다. 국내 최대의 평신도 선교단체답게 풍성한 사역기구의 전문화 및 세분화, 네트워크를 이용해 활발하게 사역하며 한국 직장사역의 한 축을 이루고 있다.

2. 한국 기독실업인회

한국 기독실업인회(Connecting Business & Marketplace to Christ, CBMC)는 한국 개신교회 최초의 일터사역단체로, 실업인들과 전문인들에게 복음을 전하여 예수 그리스도가 구주이심을 증거하고 주님의 지상명령을 성취하는 국제적 복음단체이다. 한국 CBMC는 미국 CBMC와의 연결로 시작되었다. 미국 CBMC는 세계경제대공황이 일어난 1930년 미국 시카고에서 7명

---

264 박종언, "성결인 파워 인터뷰, 한직선 초대회장 박홍일 장로," 「한국성결신문」, 2021년 5월 12일, 2023년 2월 25일 접속, https://www.kehcnews.co.kr/news/articleView.html?idxno=140400.

의 크리스천 실업인이 가진 모임에서 시작되었다. 그들은 1931년 1월 시카고 개릭(Garrick) 극장에서 영적부흥을 위한 전도집회를 6주 동안 진행했는데 첫 모임부터 800석의 극장이 가득 차며 많은 사람들이 모여들었다. 이 전도집회는 1956년까지 26년 동안 이어졌다. 시카고에서 시작된 실업인 모임은 샌프란시스코, 시애틀 등 미국 대도시들에도 결성되었고 이 모임들이 연대하여 1937년 미국 CBMC가 공식적으로 발족했다. 1938년 시카고에서 개최된 최초의 국제대회는 각국에서 참가한 회원들의 단합과 헌신을 촉진하는 계기가 되었다. 1978년 CBMC 본부를 테네시(Tennessee) 주 채터누가(Chattanooga)로 옮기며 국제 이사회와 미국 이사회로 분리해 국제 CBMC(CBMC International) 사역 체계를 독립적으로 수립했다. 현재 국제 CBMC 본부는 애리조나(Arizona) 주 투손(Tucson)에 있다. 국제 CBMC는 세계적으로 확산되고 성장하여 현재는 90개국 이상에 45,000명 이상의 회원을 보유한 세계적 네트워크를 가진 일터사역 단체가 되었다.

미국 CBMC는 한국 전쟁 중이던 1951년 한국에 소개되었다. 미 군사고문단(KMAG)의 일원으로 참전한 세실 힐(Cecil Hill) 대령이 민의원이자 「기독공보」 부사장인 황성수 박사에게 CBMC를 소개했다.[265] 이로 인해 1951년 9월 26일 대구 CBMC가 설립되고 이후 경주, 부산, 서울, 수원 지역에 CBMC가 세워졌다. 1965년 네 번째로 수원 CBMC가 설립되는 것은 김장환 목사와 관련이 깊다. 한국전쟁 중 미군 칼 파워스(Karl Powers) 상사의 주선으로 미국 유학길에 오른 김장환 목사는 힘든 생활 속에서 왈도 예거(Waldo Yeager) 장로의 도움을 받았다. 예거 장로는 미국 CBMC의 핵심 인물로 후에 미국 CBMC의 이사장이 되었다. 예거 장로와 CBMC 기도모임에 동석한 김장환 목사는 귀국 후 1964년 수원 기독병원 설립을 위해 매일 아침 성경

---

265 CBMC에 관한 기사는 1952년 「기독공보」(1952년 7월 21일)에 게재되며 전국적으로 알려졌다.

공부모임을 하였는데 이것이 수원 CBMC의 모태가 되었다.[266] 1967년 한국 CBMC가 공식 출범한 이후에는 국제 본부와 긴밀한 유대관계를 맺어 활동하고 있다. 한국 CBMC는 사단법인으로 등록되어 국내 284개 지회, 연합회 31개, 해외 137개 지회(39개국)를 두고 있으며 7천5백여 명이 회원으로 활동하고 있다. 한국 CBMC는 국제 CBMC의 목적과 신앙고백에 입각하여 복음 사업을 연구 및 실천하며, 국제 CBMC와 해외 각국 및 해외교포 지회와 유대를 긴밀히 하여 기독 실업인에게 맡겨진 선교적 사명을 감당하고 있다.

한국 CBMC는 여의도광장 부활절 연합예배, 통일 찬송가 제정, 나라를 위한 연합조찬 기도회(현 국가조찬기도회) 창립에 기여하며 대한민국 기독교사에 뚜렷한 족적을 남겼다. '비즈니스 세계에 하나님 나라가 임하게 한다'라는 한국 CBMC의 비전을 이루기 위해 CBMC 회원들이 감당해야 할 사명은 실업인과 전문인을 전도하고 양육하여 그들을 영적 재생산자로 세우는 것이다. 비즈니스 세계의 리더인 실업인과 전문인을 전도하고 양육하기 위해 CBMC는 초청 모임과 방문 사역, 체계적인 양육 과정을 운영하며, 전문지식과 경험을 갖춘 책임자들이 이를 담당한다. CBMC는 목적을 달성하는 데 필요한 기본과정인 기도, 전도와 양육, 리더십 개발, 일터 변화를 위한 다양한 교육훈련과 프로그램을 제공한다.[267] CBMC는 70여년의 역사를 계승하며 하나님 나라에 대한 비전을 가지고 성경적 원리에 근거한 경영을 하기 위해 노력하고 있다.

---

266 한국 CBMC T/F, 『한국 CBMC 70년사, 은혜의 70년 여호와께로 돌아가자』 (사단법인 한국기독실업인회, 2021), 77-78.
267 한국 CBMC 운영지침서 개정판 Ⅶ.

3. 이랜드 채플린 사역

이랜드 그룹은 1980년 박성수 회장이 창업한 이대 앞 2평 옷 가게에서 시작되어 패션산업을 필두로 성장 신화를 일구었다. 이랜드는 창업자의 기독교 신앙에 입각해 설립되고 기독교적 토양에서 성장했다. 초창기부터 이익의 10%를 선교사업과 사회사업에 기부하고 있으며 음주문화가 없는 기업 문화를 유지하고 있다. 초창기 이랜드의 폭발적인 성장은 기독교 윤리가 기업 윤리로 승화된 것과 관련된다. 이랜드는 종교와 기업이 만났을 때 성공할 수 있음을 보여주는 사례로 꼽힌다. 이랜드의 성장기는 한국교회의 성장이 정점에 달했던 시기와 겹친다.

박성수 회장의 기독교적 창업정신이 전 직원들에게 공유되고 경영 현장에서 실천될 수 있었던 것은 창업 초기부터 동역한 방선기 목사와 채플린들의 사역이 뒷받침되었기 때문이다. 창업 초기 멤버 중 많은 직원이 처음에는 비성도였으나 동료 크리스천들과 함께하는 찬양과 예배, 큐티(QT) 모임을 통해 기독교를 접하고, 회사의 정직한 경영에 신뢰와 호감을 갖게 되며 신앙인이 되었다. 초기 채플린들 중에는 네비게이토를 비롯한 선교단체 출신들이 다수 있어서 네비게이토의 제자훈련, 성경공부, 성경암송이 활용되었다. 직원들과 채플린들의 격식없이 자연스러운 관계와 신앙문화는 초창기 이랜드의 친절한 기업 분위기를 형성하는데 크게 기여했다. 반면 직원들의 회심을 이끄는 과정에서 영적으로 준비되지 않은 비성도들을 대상으로 진행한 다소 무리한 시도들도 있었다. 이랜드 채플린들은 '기업 안에서의 사역'이라는 영역에서 개척자적인 위치여서 여러 시행착오를 겪었다.

방선기 목사는 지난 2017년 12월 은퇴할 때까지 30여 년 동안 이랜드에서 영적 리더십을 발휘하며 성경적 직업관과 문화사역 확산을 위해 헌신했다. 그는 한국교회에 채플린 사역(사목 사역)이라는 새로운 분야를 소개했고, 일터사역에 대한 영적 대부로 현재까지 활동하고 있다. 방선기 목사는 이랜드의 채플린으로 사역했을 뿐 아니라 여러 한국교회와 합신대에서 일터사역 강의를 하고 다수의 책을 저술했다. 방선기 목사는 채플린 사역의 발전 가능성과 시행착오를 경험하며 한국적 일터사역의 확장을 위해 관련 단체들의 네트워크 강화에 힘썼다. 그러나 그의 은퇴와 함께 이랜드 채플린실과 그룹 내에 있던 16개의 교회는 폐쇄되었고 채플린들도 일괄 사직했다. 이후 소수의 채플린들이 채플린 파송단체인 엠씨컨설팅(MC Consulting) 소속으로 이랜드에 파송되어 사역했다. 현재는 다른 형식으로 신앙문화를 유지하고 있다.

이랜드 채플린실에는 한때 58명에 이르는 채플린들이 소속되어 있었다. 채플린의 수가 많았던 이유는 첫째, 채플린들이 서울 본사뿐 아니라 전국 지점과 매장 직원들까지 돌보았기 때문이고, 둘째, 주 5일 근무하는 전임 채플린 외에도 파트 채플린을 함께 채용했기 때문이며, 셋째, 남성 채플린과 여성 채플린이 함께 사역하며 성별에 따른 돌봄의 공백이 생기지 않도록 했기 때문이다. 채플린 사역은 남성·여성 채플린, 목회자·평신도 채플린이 함께 동역하는 방식으로 이루어졌다. 목회자 채플린에게는 일정 기간 이상의 교구 사역이나 담임목회 경험을 요구하였다. 이는 하나의 법인을 맡아 교구나 교회처럼 운영하며 각종 모임과 예배, 설교, 성찬식, 그리고 경영진과의 영적 소통을 담당해야 했기 때문이다. 평신도 채플린은 상담 또는 코칭 분야의 전문 자격을 갖춘 이들이 맡았다. 목회자와 평신도 채플린 모두에게 일터사역에 대한 이해가 요구되었고, 직장생활 경력이 선호되었다. 법인의 특성에 따라 남녀 채플린이 함께 사역하기도 했지만, 대개는 한 명이 단독으로 법인을 맡아 사역하였다. 여성 직원과 여성 경영진이 많았기 때문에 여성 채플린의 리더십에 대한 문제 제기는 없고, 오히려 채플린 개인의 인성과 역량이 더욱 중요시되었다. 채플린이 교회를 담임하고 있는 경우, 전도한 직원을 자신의 교회로 이끄는 것도 가능했다. 채플린들은 정기적인 회의와 기도모임을 통해 사역을 공유하고 기도제목을 나누었다.

이랜드 사역의 가장 큰 장점 중 하나는 기업 내에 채플린의 위치가 명확히 정해져 있었다는 점이다. 채플린 사역 시스템이 창립 초기부터 구축되어 있었기 때문에 채플린들은 공식적인 채널을 통해 직원들을 만나고 사역을 수행할 수 있었다. 이랜드 채플린들의 주요 사역은 신앙 케어와 정서 케어로 구분되었다. 신앙 케어에는 제자훈련, 성경공부와 큐티, 기도회, 설교 등이 포함되었고, 정서 케어는 직원들에게 상담과 코칭을 제공하는 사역이었다. 이랜드 채플린 사역은 '직원'을 우선하는 사역이었다. 채플린이 앞에 드러나는 것이 아니라 직원들이 세워지도록 돕는 것을 핵심 가치로 삼았다. 예를 들어, 수련회 역시 직원들이 주도적으로 기획하고, 채플린은 뒤에서 지원하는 역할을 감당하였다.

채플린 사역은 변화가 많은 기업에서 이루어지기 때문에 전통적인 교회 사역과 달리 사역의 세부 내용은 지속적으로 업그레이드되어야 한다. 또한 경영진의 협력이 매우 중요한 영향을 미친다. 경영진도 일터선교에 대한 이해를 계속적으로 확장하고 발전시켜야 현장에 있는 채플린들과 원활한 의사소통이 가능하고, 기업의 신앙문화를 지속할 수 있다. 현재 이랜드는 비성도 비율이 80%를 넘기 때문에 채플린의 사역은 자칫 종교 강요로 비칠 수 있고 실제로 오해를 받기도 한다. 시대와 기업의 변화에 따라 최근에는 자원하는 직원들로 구성된 신우회를 중심으로 사역을 진행하는 방향으로 전환하고 있다. 현재의 이랜드는 이전과 같은 형식을 유지하지 않지만, 이랜드 채플린 사역의 특성은 일터선교 사례로서 유의미한 가치를 지닌다.

4. 이주 근로자 사역

1990년대 외국인 근로자들이 한국사회에 들어온 초창기부터 노동자의 인권보호를 위해 무료 법률상담을 제공하고, 새로운 이주민을 위한 선교적 노력을 기울인 곳은 종교시설들이었다. 이주 근로자는 1988년 석탄 공사의 인력 유입을 시작으로 1990년대 중반 이후부터 급속하게 증가하여 2023년에는 취업 자격 근로자의 수가 522,571명[268]에 이르렀다.[269] 이주 근로자의 유입과 함께 미등록 근로자의 숫자도 증가하자 정부는 1991년 법무부 훈령 제255호 '외국인 산업 기술 연수자증 발급 등에 관한 업무 처리 지침'과 1994년 법무부 훈령 제294호 '외국인 상업 기술 연수 협력사업 운용요령'을 거쳐 2007년 산업연수제를 폐지하고 외국인 고용허가제로 일원화했다.[270] 근로자 유입 초창기부터 중국(동포 포함), 필리핀, 인도네시아, 몽골, 페루에서 온 근로자들을 대상으로 사역하는 교회들이 생겨났다. 이 시기의 이주 근로자들은 한국인 예배에 참석하고 통역을 통해 소통했다. 근로자 선교는 1992년 5월에 자양동성당의 필리핀 노동자 사역으로 시작되어 1992년 12월에 갈릴리교회, 1994년에는 온누리교회 등으로 확장되었다.[271] 온누리교회가 안산에 세운 M센터는 안산 지역의 공단 근로자들에게 복음을 전하는 한국의 대표적인 이주 근로자 시설이 되었다. 1994년 3월 인천 남동공단에 외국인 쉼터를 설립한 남동선교회는 의료와 상담, 노무 등의 사역과 봉사 활동을 이어가고 있다. 2007년 서울 서문교회가 무슬림 이주노동자들을 선교하기 위해 설립한 경기도 광주 서문센터는 초창기에는 의료와 법률 서비스를 제공하였고 현재에는 한국어반, 상담, 쉼터를 개설하며 복음을 전하

---

268 법무부, "연도별 인구대비 체류외국인 현황."
269 2023년 기준 한국 거주 전체 고용 외국인은 92만 3천 명이다. 참조. 통계청, "이민자체류실태 및 고용조사."
270 조귀삼, 『현대사회의 다문화선교』 (안양: 세계로미디어, 2022), 46.
271 구성모, "이주민선교 사역자 육성의 실태와 훈련방법," 『복음과선교』 51 (2020): 57.

고 있다. 튀르키에 이주노동자들을 위해 의정부에 설립된 안디옥 열방교회
는 의료와 노무, 한국어, 상담 사역을 통해 튀르키에 뿐 아니라 다양한 국적
의 근로자들을 섬기고 있다.

초창기 근로자 선교에서는 폭행, 임금 체불, 열악한 근로 조건 등에 관
한 법률적 구제를 돕는 사역이 중요했고 실제로 이주 근로자의 인권 향상
에 많은 도움을 주었다. 이후 근로자의 수가 빠른 속도로 증가함에 따라 근
로자들이 많이 거주하는 공단 등을 중심으로 근로자 선교센터들과 교회들
이 들어서며 국가별 예배와 모임들이 자리를 잡았다. 다수의 교회와 선교
단체들이 이주 근로자들을 위한 사역에 헌신하지만, 비정주 형태의 특성상
사역의 지속성이 떨어지고 가시적 열매를 맺는데 어려움을 겪고 있다. 초
창기에는 교회가 동일 출신국 근로자 간 교제의 장소, 법률적 구조와 상담
의 처소, 한국 사회와의 가교역할을 수행했다. 그러나 유입된 근로자 수가
급증하고 각종 정보가 축적되었으며, SNS를 통해 동일 민족과 인종의 커뮤
니티가 강력하게 형성되면서 한국교회의 도움이 예전만큼 절실하지 않은
상황이다.

그러나 교회와 선교단체들은 한국에 온 이주 근로자들에게 가장 적극적
으로 다가가 사랑의 손길을 내밀고 있다. "1990년대 초반 비슷한 시기에 이
주민 지원을 시작했지만 가장 활발한 활동을 하는 종단은 개신교"임을 불
교와 천주교 모두 인정하고 있다.[272] 1980년대까지 이어진 한국교회의 부흥
의 열기와 1990년을 기점으로 불타오른 선교 열정이 이주민 선교에까지 영
향을 끼친 것이다. 다문화 사회에 진입한 한국사회에서 이주 근로자 사역
은 새로운 전환점을 맞이하고 있다.

목회데이터연구소에서 발표한 〈이주민의 종교실태 조사〉(2022)에 의하

---

272 2013년 8월에 발표된 불교사회연구소의 〈다문화 사회와 한국불교의 역할〉 보고서와 그에 대한 가
    톨릭신문(2013년 8월 25일)의 평가와 반응은 이주민 선교에 대한 개신교의 노력을 인정하고 있음을
    보여준다.

면 이주민의 71%가 한국에서 전도받은 경험이 없다. 이 수치는 한국교회와 선교단체들이 더욱 적극적으로 이주민 선교에 나설 것을 촉구하지만 현실적으로 교회와 선교단체의 활동만으로 이 수치를 극적으로 낮추기는 어렵다. 이 수치를 낮출 수 있는 가장 실제적이면서도 효과적인 방법은 일터의 평신도들을 통해 이주민 선교의 전방위적 확장을 이루는 것이다. 이주 근로자 사역은 일터선교를 통해 지평을 넓힐 수 있다. 일터선교는 교회와 선교단체, 평신도 모두 참여할 수 있다. 높은뜻 연합선교회와 같이 선교적 차원의 '사회적 기업'을 세워 탈북민의 경제적 자립을 돕는 경우부터 교인이 운영하는 일터에 이주민을 직원으로 고용하는 경우, 신우회 등을 통해 동료 이주민을 돌보는 경우, 크리스천의 정체성으로 일터의 이주민을 공정하게 대우하는 노력, 일터선교사를 채용하여 한국인 직원과 이주민 직원에게 복음을 전하고 화합을 도모하는 경우, 의료 봉사 등 다채로운 일터선교가 실천될 필요가 있다.

10장 타종교의 일터선교 실천 사례

종교는 서로 다른 신학과 생활 교리를 지니고 있으나 일과 직업, 그리고 일상의 공간을 신앙 실천의 장으로 삼아 왔다는 점에서는 공통된 흐름을 보여 왔다. 본 장에서는 시간적·역사적 간극을 넘어 20세기 후반부터 전개된 한국 천주교의 일터선교 사례와 17세기 이슬람의 일터선교 사례를 함께 살펴봄으로써 타종교가 일터를 선교적 측면에서 어떻게 이해하고 활용해 왔는지를 살펴본다.

1. 한국 천주교 서울대교수 직장사목[273] 사례

한국 천주교회 서울대교구는 1993년 평신도사목국 직하 직장사목부(현 직장사목팀)를 설립하며 직장인 사역을 시작해 현재까지 이르고 있다. 설립 이듬해 직장인 사목부 사제로 부임한 이기양은 직장인 사역을 "직장인 사역은 직장생활이 하나님이 주신 소명임을 깨닫고 하나님 창조사업의 협

---

273 천주교에서 사용하는 '사목'이라는 용어는 개신교의 '사역'을 의미한다. 본서에서는 '직장사목부'와 '직장사목팀'이라는 고유 명칭을 제외하고는 개신교의 용어인 '사역'으로 대체하여 사용한다.

조자로서 세상의 빛과 소금이 되도록 돕는 사역을 말한다. 직장인 사역은 직장을 찾아가 그곳에 성도 모임을 만들고 활성화시켜 세상의 빛과 소금의 역할을 할 수 있도록 돕는 것이다"[274]라고 정의했다. 20세기 중반을 넘어서며 한국 천주교회는 괄목할 만한 성장을 하며 밀려드는 예비 성도들로 많은 교회 건축이 이루어지고 세례를 위한 예비자 교리반들이 생겨나는 부흥기를 맞이했다.

그러나 1984년을 기점으로 부흥 곡선은 하강하기 시작했고 내부에서는 2006년에는 성장 속도가 멈출 것이라는 예측이 나왔다. 이러한 위기를 인식한 천주교회는 '속지주의' 형태의 사역 구조에 '속인주의' 형태의 사역 구조를 더하는 다변화를 시도하였다. 중세 농경문화를 배경으로 형성된 속지주의 사역 형태로는 도시 사회에서 살아가는 성도들을 점점 더 포용하기 어려워졌다는 것을 인정하고 새로운 길을 모색한 것이다.[275] 그리고 속인주의 사역의 일환으로 직장인 사목부(현 직장사목팀)를 출범시켰다.[276] 이후 꾸준히 지속된 직장사역 활동은 현재까지 이어지며 비성도들을 전도하는 통로가 되고 있다.

천주교 직장사목은 두 개의 축, 즉 미사와 성사로 이루어진다. 직장사목팀은 교우회(개신교의 신우회)가 조직된 직장을 정기적으로 방문하여 미사를 집전하고 세례성사와 견진성사를 거행한다. 비성도를 초대하여 미사를 함께 드리고, 여기에서 신앙의 결단을 한 사람들을 대상으로 세례교육을 실시하고 세례성사를 준다. 천주교회에서 세례를 받은 기성도들에게는 신앙을 견고하게 세우는 교육을 하고 견진성사를 준다. 또한 연례 피정과 국내

---

274 이기양, "서울대교구 내에서의 직장인 사목의 현실 및 전망," 「사목연구」 4 (1996): 43.
275 이기양은 로마 가톨릭의 교계제도와 사목의 형태가 중세 유럽의 농경문화에 뿌리를 둔 '속지주의'에 근간한다고 말한다. 이러한 속지주의 사목에서 모든 성도들에 대한 사목의 권한은 본당신부(개신교의 담임목사)에게 있다. 반면 현대사회는 대부분의 시간을 도시의 직장에서 보내는 구조이기 때문에 천주교회는 속인주의 사목을 추가적으로 수용하나 전통적인 속지주의 사목 형태를 버린 것은 아니었다. 참조. 이기양, "서울대교구 내에서의 직장인 사목의 현실 및 전망," 42-43.
276 서울대교구 직장인 사목부는 1993년 181개의 직장인 모임(교우회)으로 시작했다.

외 성지순례, 학술 세미나, 신앙대회 등을 정기적으로 진행한다. 특히 세례성사와 견진성사를 위한 예비자 교리교육과 견진 교리교육을 신청하는 직장들에는 평신도 교리교육 교사들을 파견한다. 정기적으로 미사를 진행하는 대표적인 직장으로는(2018년 기준) 청와대, 외교부, 통일부, 헌법재판소, 국회, 서울시청, 서울 메트로, 국민건강보험공단, KOTRA, KIST, 한국은행, 선수촌, SK 건설 등이 있고, 소방공무원 사역과 스포츠 사역은 따로 구분될 정도로 규모가 크다.

직장사목부는 설립 이래 소속 사제의 수가 변동이 있기는 하지만 주로 3명 안팎이다. 맡겨진 직장 공동체의 수에 비해 대단히 적은 인원이 직장사목을 담당하고 있는데 이는 천주교 사제 공급의 어려움 때문이다. 천주교는 사제 지원자의 수가 적기 때문에 교인과 교회 수가 증가하여도 사제를 늘릴 수 없다. 따라서 기관사역을 담당하는 사제의 수는 최소한으로 둔다. 그럼에도 불구하고 직장사역이 가능한 것은 지역교회 사제들, 수도회 그리고 교육받은 평신도들과 협업하기 때문이다. 지역사제들과 수도회 수사들은 직장사목팀의 요청으로 교구 내 직장공동체의 미사와 성사, 상담을 도와준다. 또한 사제 후보생인 대신학교 학생들이 직장사역을 경험할 수 있도록 한다. 한국 천주교회는 직장사역에 있어서 평신도 역할의 중요성을 잘 알고 있다. 평신도의 활동이 선행되어야 직장사역이 시작될 수 있고 유지될 수 있기 때문이다. 평신도 사역은 교회법 제3권 교회의 교도 임무 제2장 「교회의 선교 활동」에 근거해 촉진, 시행되고 있다.[277]

한국 천주교회가 직장사목을 어떻게 이해하고 있는지는 직장사목부 담당 사제였던 최수호의 주장에 잘 나타나 있다. 그는 "교회 대부분의 구성원

---

[277] 교회법 제3권 제2장 「교회의 선교 활동」 제784조 선교사들 즉 교회 관할권자로부터 선교사업을 수행하도록 파견되는 이들은 본토인들이거나 아니거나, 재속 성직자들이든지 봉헌 생활회나 사도 생활단의 회원들이든지 그 밖의 평신도들이든지 선발될 수 있다. 제785조 ① 교리교사들 즉 합당하게 교육받고 그리스도교인 생활에 뛰어난 평신도들이 선교사업 수행에 채용되어, 선교사의 지휘 아래 복음의 가르침을 제시하고 전례 거행과 애덕 사업을 편성하는 데 헌신하게 하여야 한다.

을 차지하는 직장인들을 대상으로 하는 직장사역의 활동은 단순한 특수사
역의 활동이라기보다는 새로운 사역적 대안이고 가장 현실적인 사역활동"
이라고 주장하며, "직장사역은 교회의 중심이 되는 2050세대들의 직장 공
동체를 교회와 공동체를 연결하는 고리이자 가교역할을 해오고 있다"[278]고
평가했다. 더불어 그는 교회가 지향하고 있는 지역의 복음화, 더 나아가 사
회의 복음화에 가장 적합한 모델이 직장사역이라고 강조했다.

한국 천주교회 역시 성장세가 둔화 및 소폭 감소하고 있기 때문에 새로
운 전도의 통로를 찾아야 할 과제를 안고 있는 상황에서 직장사역은 미래
사역의 대안으로 꼽히고 있다. 사제수급불균형으로 인해 과거 특수사역 사
제들에게 한정되었던 사역적 분야들이 지역 성당사역과 통합되고, 평신도
를 적극 활용함으로써 직장사역은 꾸준히 성장하고 있다.

2. 이슬람의 일터선교 사례

이슬람은 많은 지역에서 정복 전쟁과 상업 활동이라는 두 축을 통해 확
장되었다. 그 중 동남아시아에서는 정복보다는 상업 활동을 통한 일터선교
가 이슬람화의 주요 전략으로 작동했다. 초기 이슬람 공동체는 7세기 무렵
이미 아라비아 상인들이 구축해 둔 인도양 해상 무역망을 활용하여 자신들
의 생업을 이어갔으며, 그 상업 활동 속에서 자연스럽게 신앙이 전파되었
다. 동남아시아를 중심으로 진행된 이 확산 방식은 군사적 정복과는 다른
성격을 지녔고, 이슬람이 삶의 터전과 직업적 관계 속에서 어떻게 문화를
바꾸어 나갔는지를 보여주는 대표적 사례로 평가된다.

말라카 해협을 중심으로 번영하던 동남아시아의 항구 도시에는 7세기

---

278 최수호, "2040세대를 위한 교회 모델 직장사목부의 역할과 전망," 「사목정보」 6/9 (2013): 30-32.

이후 아라비아·페르시아 무슬림 상인들이 꾸준히 방문했는데, 이들의 목적은 전도(다와, dawah)라기보다 상업 활동이었다. 그러나 이 상업적 관계는 단순한 경제 활동이 아니라 사회적·문화적 교류의 장을 형성했고, 이 속에서 무슬림 상인은 자연스럽게 신앙 전도의 매개자가 되었다.[279] 이슬람의 거래 관습, 계약의 신뢰, 공동체적 윤리, 형제애의 실천은 기존 힌두·불교 문화권의 주민들에게 신뢰와 호감을 주었고, 이 경제적 신뢰는 때로 교리적 설득보다 더 강력한 전도의 기반이 되었다. 다시 말해, 시장과 항구라는 일터가 자연스럽게 다와의 장이 된 것이다.

13세기 이후 인도 구자라트 출신 무슬림 상인들이 본격적으로 지역에 출입하면서 이슬람은 단지 일상적 접촉이 아니라 정치·경제적 구조 속에서도 영향력을 확대하기 시작했다. 말레이반도와 수마트라, 자와 등지의 지배층은 무슬림 상인들과의 안정적 교역, 국제 무역망 편입이라는 실질적 이익을 인식하며 전략적 차원에서 이슬람을 수용했다.[280] 이러한 지배층의 개종은 종교 변화가 아니라 지역 전체의 문화적 전환을 촉진하는 결정적 사건이 되었고, 항구 도시를 중심으로 이슬람 공동체가 형성되는 기반을 제공했다.

이후 이슬람의 대중화는 수피즘(Sufism)의 역할을 통해 가속화되었다. '수피(Sufi)'란 말은 양모(Wool, Suf) 옷을 입고 금욕 생활을 했던 초기 신비가들에서 유래한 것으로, 초기 수피들은 '신의 사랑을 직접 경험하는 것'을 신앙의 핵심으로 삼아 내적 순결·명상·기도를 강조했다. 수피 지도자들은 설교보다 삶의 모범과 공동체 형성을 중시하며, 현지 문화·언어·전통을 존중하고 상황화하는 방식으로 다와를 수행했다. 수피즘은 상업과 신앙을 대립

---

279 E. M. Wherry, *Islam and Christianity in India and the Far East* (New York: Fleming H. Revell, 1907), 84-93.

280 Kenneth R. Hall, *A History of Early Southeast Asia: Maritime Trade and Societal Development, 100–1500* (Lanham: Rowman & Littlefield, 2011), 307.

시키지 않았다. 오히려 수피 상인은 세속적 활동을 통해 신의 뜻을 드러내는 경제적 영성을 통해 기존의 힌두·불교 관습과의 충돌을 피하면서 이슬람을 지역 사회 속에 이식하였다. 그들은 무역로를 따라 상품만이 아니라 '신앙'을 전파했으며, 꾸란적 정의와 신뢰에 기초한 상거래 방식을 고수했다.[281]

이러한 상업 기반의 평화적 접촉은 이슬람 전도 방식의 성격을 더욱 분명히 드러낸다. 동남아시아에 진출한 무슬림 상인들과 종교 지도자들은 현지인들에게 강압적으로 개종을 요구하지 않았으며, 경제적·정치적 우위를 이용해 현지 사회를 착취하지도 않았다. 오히려 이들은 상업 관계 속에서 형성된 신뢰와 윤리적 삶의 방식, 그리고 수피즘이 제공한 포용적 영성을 통해 자연스럽게 종교적 소통을 이어갔다. 수피즘의 상황화 능력은 기존 힌두·불교 문화와의 갈등을 최소화하며, 이슬람이 지역 문화 속으로 적대적 충돌 없이 스며들도록 하는 데 중요한 역할을 했다.

이 부분에서 상기해야 할 것은 인도네시아가 17세기 이후 서구 개신교 선교가 지속적으로 전개되었던 지역이었다는 점이다. 1602년 설립된 네덜란드 동인도회사(VOC)는 인도네시아에 진출해 상업적 식민 통치 체제를 구축했고, 네덜란드 개혁교회는 목회자와 교리교사들을 파견해 행정·교회·교육 영역에서 선교사역을 펼쳤다. 1605년 암본에는 아시아에서 최초로 세워진 개혁교회로 평가되는 '네덜란드령 인도네시아 개신교회'(De Protestantsche Kerk in Nederlandsch-Indië)가 조직되었다. 이후 1619년 수도가 바타비아(현 자카르타)로 옮겨지면서 이곳에도 개혁교회 공동체가 형성되어 1620년에는 VOC 채플린과 직원들을 중심으로 교회가 세워졌다.[282] 이 교회들은 현지에 학교들을 세우고 말레이어로 성경을 번역하는 등 교육과 번역 사역을 선교

---

281 강재춘, "이슬람 상인들의 상업활동을 통한 다와에 관한 고찰: 마울라나 말릭 이브라힘의 활동을 중심으로," 「FIM 이슬람 세미나 자료집」 (2025): 3.
282 Puspitasari, "The History of Christianization," 86.

의 중요한 수단으로 활용하였다.

　이러한 전개는 제국주의 시대를 거치며 겉으로 보기에는 기독교 상인들과 개신교 선교가 상업과 교육, 행정 영역에서 승리한 것처럼 보이게 한다. 그러나 제2차 세계대전 이후 식민체제가 붕괴되고 인도네시아가 독립한 뒤, 이 나라의 경제와 종교적 주도권은 이슬람 공동체로 넘어갔다. 이는 기독교는 침략자의 종교로 인식된 것과 같은 여러 요인들이 복합적으로 작용한 결과이지만, 이슬람이 뿌리를 내릴 수 있었던 다와 방식은 우리에게 커다란 시사점을 안겨준다. 개신교 선교에서는 상인과 목회자의 역할이 비교적 분명히 구분되었고 식민 권력과의 연관성이 강했던 반면, 이슬람의 경우에는 상인이 곧 수피 선교자이기도 한 경우가 많았다. 따라서 종교, 생업, 영성이 분리되지 않은 채 다와가 이루어졌고, 그만큼 문화적 충돌이 상대적으로 적었다. 그 결과 오늘날 이슬람은 동남아시아 최대의 단일 종교가 되었고, 인도네시아는 동남아시아 무슬림의 약 90%가 거주하는 세계 최대의 무슬림 국가가 되었다.[283]

　이러한 인도네시아의 이슬람화 과정은 현대 크리스천들에게 뼈아픈 교훈을 남긴다. 인도네시아의 종교적 판도를 결정한 것은 기독교와 이슬람 두 종교가 파송한 선교사들의 헌신도나 물량지원 정도가 아니었다. 그것은 인도네시아 사람들의 일상에 소리 없이 스며들 수 있었던 이슬람의 선교방식 때문이었다. 이슬람의 선교는 교회가 아닌 일터에서 이루어졌고, 종교적 언어가 아닌 시장 언어로 소통되었다. 결국 일터선교의 핵심은 직업과 신앙의 분리를 극복하는 데 있다. 제도와 권력에 기댄 사역은 시대의 변화에 따라 쉽게 무너질 수 있으나, 한 명의 성도가 일상에서 보여주는 삶의 예배는 어떤 문화적 상황에서도 견고한 공동체를 세우는 뿌리가 된다. 인도

283　Greg Feay, "Islamisation and politics in Southeast Asia : The contrasting cases of Malaysia and Indonesia," *Islam in World Politics* (New York: Routledge, 2005), 153.

네시아 사례는 오늘날 한국의 크리스천 사역자들이 왜 다시 '일터의 제자도'에 주목해야 하는지를 보여주는 선교의 상처이다.

오늘의 일터선교: 적용과 쟁점

1장 일터영성: 신앙과 일의 통합 실천

"일터는 신앙의 중립 지대가 아니다"

근대사회에서 시작된 산업화는 현대사회에 접어들며 서구사회를 중심으로 많은 나라들에 영향을 미쳤다. 19세기 중엽에는 '일과 삶의 통합'(Work-Life Integration)[284]이 긍정적인 개념으로 비추어졌다. 일과 삶이 잘 통합된 안정적인 삶을 통해 자신이 속한 사회에 깊이 뿌리내려지는 것으로 이해했다. 그러나 20세기에 들어와 일과 삶의 통합은 재앙으로 여겨졌다. 현대사회에서는 일과 삶을 분리한 '일과 삶의 균형'(Work-Life Balance)이 일에 대한 가장 건전하고 이상적인 대응으로 떠올랐다. 일은 점점 파편화되었고, 개인의 성실한 일이 자기 발전과 신분 상승으로 이어진다는 전통적인 일 윤리는 붕괴되었다. 기업가는 근로자가 가진 '일에 대한 도덕적 헌신'에 더 이상 의존할 수 없게 되었다. 기업들이 고용된 근로자의 근로 의욕을 높이는 동기부여에 관심을 갖게 되면서 인사 부서가 일 윤리를 대신하고 근로의 동기로 작용했던 도덕성을 대체했다.[285] 인사 부서의 목적은 활기차고 협조적인 직원들을 만드는 것이었고, 여기에는 근로자의 감정까지도 포함

---

284 '일과 삶의 통합'은 개인이 물리적인 출퇴근 없이 가정에서 일터의 업무를 수행하는 것 혹은 개인이 일터에서 가정과 같은 삶을 영위하는 것으로, 가정과 일터 간의 경계가 명확하지 않고 이 둘을 통합하는 경향을 갖는다.

285 C. Wright Mills, *White Collar: The American Middle Classes* (New York: Oxford University, 1951), xvii.

됐다. 1960년대에 이르러 기업의 '권위주의적인 고용주' 모델은 '감성적인 경영자' 모델로 대체되었다. 기업들이 일터의 정서를 통제하는 것의 중요성을 깨달으며 현대사회에서 기업가들은 다양한 방식으로 일터의 정서를 만들고 있다.

반면 기독교는 현대사회에 들어서며 '신앙과 일의 통합'이 실천되어야 할 일터의 중요성을 인식했다. 기독교는 성속이원론의 영향으로 오랫동안 신앙과 일을 분리해 왔고, 복잡한 현대사회에서 평신도들은 둘 사이의 괴리로 혼란을 겪으며 여러 문제들에 봉착했다. 20세기 중반을 넘어서며 선교의 주요 주제로 떠오른 '일터선교'는 이러한 배경 가운데 발아했고 성장했다.

일터선교 혹은 일터사역이 무엇인가에 대한 정의들은 표현의 차이는 있을지라도 의미에 있어서는 대동소이하다. 오스 힐먼(Os Hillman)은 모든 일터에서 일하는 사람들이 그들의 일과 삶을 하나님이 주신 거룩한 소명으로 이해하고 직업을 통해 하나님의 목적을 이루어 간다고 본다.[286] 방선기 목사는 일터 사역을, 크리스천들이 성경적 직업관을 가지고 일하며 삶을 통해 신앙을 드러내고 복음을 전하는 것을 목적으로 하는 사역이라고 정의한다.[287] 한국교회에는 주로 켈러와 스티븐스의 저서들을 통해 일터와 관련된 신학적 기초, 사역론 등이 소개되어 알려졌다. 일터선교사들은 공통적으로 신앙과 일의 통합의 중요성을 역설하는 동시에 세속적 기업가들의 필요에 위해 진행되는 '일터영성'(Spirituality in Workplace, 혹은 Workplace Spirituality)을 경계한다.

---

286 Os Hillman, The 5 to 5 Window, 조계광 역, 『일터사역 : 믿음으로 일터를 변화시키는 일』 (서울: 생명의말씀사, 2015), 38-39.
287 방선기, 『일터사역론』 (서울: 직장사역연구소, 2018), 3.

1. 일 중심성과 우상화

　시대와 문화에 따라 일에 대한 정의는 다르게 내려졌다. 현대사회에서의 일 개념은 18세기 자본주의 시장이 성립된 이후 형성되었다. 그 이전까지 일은 인간의 생계유지를 위해 필요한 활동으로 이해되었으나 산업화 시대에서의 일은 주로 일시장 내 고용관계와 연결된 개념으로 축소되며 자본주의적 방식으로 조직되었다. 급격한 산업화로 인해 장시간 일, 저임금, 아동 일, 열악한 작업 환경이 만연했고, 이에 대한 조직적 저항으로 일운동이 확산되었다. 특히 1886년 5월 1일 미국 전역에서 약 35만 명의 노동자가 총파업에 돌입했고, 그들의 가장 주된 요구는 법정 8시간 일제였다. 격렬한 투쟁이 이어졌고 그 중심지는 시카고였다. 5월 4일 경찰의 강제 해산 과정에서 정체불명의 폭탄이 폭발하며 경찰과 시민 사망했다. 이후 일운동 지도자들이 증거 불충분에도 사형·중형 선고된 시카고 헤이마켓 사건(The Haymarket Affair)이 발생했다. 이 사건은 전 세계적으로 일절이 제정되는 계기가 되었다. 1889년 프랑스 파리에서 열린 제2인터내셔널(국제 사회주의 노동자 연맹)에서 매년 5월 1일을 노동자의 날로 기념하기로 선언하면서 국제 일절(International Workers' Day, May Day)이 제도화되었다.[288] 이 선언은 시카고 노동자들의 희생을 국제적 기억으로 제도화하며, 일 문제를 국가 단위가 아닌 국제적 연대의 문제로 승격시켰다. 1890년 5월 1일 첫 국제 일절을 맞아 유럽, 남미, 아시아 등지에서 동시다발적 집회·시위·행진이 이어졌고 이후 다수 국가에서 일절(5월 1일)이 법정 공휴일로 지정되었다.

　산업의 발달과 함께 일이 인간의 삶에 미치는 영향력은 커졌고 1980

288　세계 최초의 일절은 뉴질랜드에서 제도화되었다. 뉴질랜드는 1840년대부터 8시간 일제(Eight-hour day)에 대한 강한 전통을 지니고 있었으며, 이를 기념하기 위해 노동자들은 매년 집회와 퍼레이드를 열었다. 1890년 10월 28일 노동자들이 전국적으로 조직된 형태의 일 기념행사를 개최하였는데 이는 세계 최초의 일절 행사로 평가된다. 이후 뉴질랜드 정부는 1899년 이를 법정 공휴일(Labour Day)로 공식 지정하였다.

년에 이르러서는 일의 의미와 일과 관련된 사회적 가치와 규범들을 연구하는 국제적 조직 MOW(Meaning of Work)가 설립되었다. 1987년 MOW-International Research Team에서 발표한 MOW 모델은 일의 의미를 6가지 측면[289]에서 재구성하는데 그 중 '일 중심성'(Work Centrality)은 현대인과 일의 관계를 잘 나타내는 핵심 개념이다. 일 중심성은 일이 개인의 삶에서 갖는 중요성을 의미하는 것으로 여가, 친구 또는 가족과의 시간보다 일을 더 중요하게 여기는 것이다. 이는 일의 가치와 중요성에 관한 개인의 규범적 신념으로 이루어지며, 일 중심적인 개인은 자기 자신과 일의 영역에서의 역할을 동일시한다. 일 중심성이 높은 사람은 삶의 다양한 영역에서 존재하는 다양한 역할 중 일에서의 역할을 중요하게 생각하기 때문에 많은 에너지를 일에 투자한다. 그로 인해 일터에서 발생하는 각종 문제들과 업무 관련 스트레스에는 상대적으로 잘 대처하지만, 가정과 같이 일터 이외에서 이루어지는 역할 수행 측면에서는 여러 어려움을 겪는다. 현대인의 삶의 특징 중 하나는 그 어느 시대보다 일 중심성이 높다는 것이다. 일이 인간의 삶에서 중심적이고 근본적인 역할을 한다는 이러한 주장은 산업화된 국가들의 경험에 의해 뒷받침된다.[290]

일은 누구나 기피하는 노예들의 행위라는 고대로부터의 인식이 이제는 자신의 정체성과 삶의 질을 결정짓는 중요한 요소로 바뀌었다. 포스트모더니즘 사회에서 일은 절대적 진리나 보편적 가치가 아닌, 철저히 개인의 선택과 실용적 '이성'에 의해 형성되고 움직인다고 인식된다. 이러한 인식은 급격한 과학기술의 발전 및 미래의 불확실성과 결합하여, 일을 현대인의 삶을 지배하는 새로운 우상으로 만들었다. 켈러는 '목적 없는 수단'이라는

---

289 MOW-International Research Team은 '일 중심성', '자격 규범', '의무 규범', '도구적 지향', '내적 지향', '대인관계'의 차원에서 일의 의미를 재구성한다.
290 Itzhak Harpaz, "Expressing a Wish to Continue or Stop Working as Related to the Meaning of Work," *European Journal of Work & Organizational Psychology* 11/2 (2002): 179.

포스트모더니즘의 우상이 비즈니스 세계를 장악했다는 점을 지적하며, 성도들이 인간의 행복을 더 본질적인 차원에서 바라보고 현대 문화의 집합적인 우상들이 빚어내는 강력한 흐름에 대항해야 한다고 역설한다.[291]

현대사회에서 일의 가치는 하나님 앞에서 그것이 얼마나 실제적이고 선한 유용함을 지니는가에 의해 평가되지 않고, 오히려 시장에서의 교환가치에 의해 규정된다.[292] 결국 왜곡된 자본주의와 과열된 소비 지상주의는 인간을 일의 세계로 몰아넣고 그것을 위해 살아가게 만든다. 일 중심성은 일이 자신을 규정하는 수단을 넘어서 일 중독증으로, 일의 우상화로 이어졌다. 하나님의 선물이었던 일이 하나님을 대신해 우상의 자리를 차지하며 현대사회는 영적 공허함과 소모적인 경쟁으로 가득 차게 되었다.

> 종교가 더 이상 지난날처럼 일상을 지배하지 못한다. 종교의 자리를 차지한 것은 바로 일이다. 우리 대다수에게 일은 새로운 아편이다. 마약과 마찬가지로, 일도 어떤 사람들에게 기분 좋은 목적의식이 솟구치게 한다. 하지만 동시에 우리가 일에 취해 갈피를 못 잡게 함으로써 주의를 흩뜨려 다른 곳에서 삶의 의미를 찾지 못하게 막는다.[293]

일 중심성을 구성하는 것은 두 가지 요소이다. 첫째는 개인의 비전을 현실화하는 과정에서 비롯되는 것이고, 둘째는 두려움에서 비롯되는 것이다. 일은 성취감, 규율, 소속감, 규칙성, 자기 효능감, 물질적 필요 충족감 등의 다양한 욕구들을 충족시키며 유·무형의 사회적 혜택들을 제공한다. 따라서

---

291 Keller, *Every Good Endeavor*, 114-150.
292 Ben Witherington III, *Work : A Kingdom Perspective on Labor* (Grand Rapids: W.B. Eerdmans, 2011), 31.
293 Daniel Susskind, *A World Without Work*, 김정아 역, 『일의 시대는 끝났다』 (서울: 미래엔, 2020), 315-316.

근로자에게 가장 두려운 것은 '일이 없는 상태'가 되는 것이다. 근로자들은 회사가 경쟁력을 위해 언제든지 해고를 단행할 것이라는 사실을 알고 있다. 두려움은 사람들로 하여금 일을 하게 만드는 가장 오래된 방식이다. 미래의 불확실성에서 오는 미묘한 두려움은 근로자들로 하여금 필사적으로 일에 매달리도록 한다. 경쟁에서 뒤처지는 것은 해고의 대상이 된다는 의미이므로 근로자들은 경쟁에서 이기기 위해 일에 매진한다.

일터에서의 헌신이 더 오랜 시간 근무하는 것으로, 충성이 보수의 대가로, 신뢰가 법적 계약으로 한정되면, 일터는 도덕적 파산 상태가 된다.[294] 근로자들은 일터에서 '도덕'을 기대하지 않고, 많은 경우 침묵하며 냉소적이 된다. 이러한 냉소주의는 일터를 넘어 사회 전반으로 침투하며 교회의 복음화 사역에 커다란 장애물이 된다. '그저 어떻게 사느냐가 아니라 어떻게 잘 사느냐'에 관한 근본적인 삶의 목표를 숙고하기도 하지만, 오랜 시간 일에 매여 살던 습관은 십자가상의 예수 그리스도에 집중하지 못하게 한다.

이와 관련해서 번바움(John A. Bernbaum)과 스티어(Simon M. Steer)는 인간은 본질적으로 종교적인 존재로 창조되었기 때문에 하나님을 섬기거나 하나님이 아닌 그 무엇을 섬길 수밖에 없다고 말하며 로마의 성도들에게 보낸 바울의 경고에 주목한다.[295] "너희는 이 세대를 본받지 말고 오직 마음을 새롭게 함으로 변화를 받아 하나님의 선하시고 기뻐하시고 온전하신 뜻이 무엇인지 분별하도록 하라"(롬 12:2). 이 말씀은 단지 개인의 내면적 경건을 요구하는 권면이 아니라, 일터를 포함한 삶의 모든 영역에서 어떤 가치와 질서를 궁극적 기준으로 삼을 것인지를 분명히 선택하라는 사도의 일성이다.

---

294 Joanne B. Ciulla, *The Working Life: The Promise and Betrayal of Modern Work*, 안재진 역, 『일의 발견』 (서울: 다우, 2005), 225.

295 John A. Bernbaum and Simon M. Steer, *Why work? : Careers and Employment in Biblical Perspective* (Grand Rapids: Baker Book House, 1986), 81.

직업적 차원에서 볼 때, 어떤 일을 하든 우리는 불가피하게 사람들을 섬기는 일에 관여한다. 의사와 간호사에게는 환자가 있고, 교사에게는 학생이, 변호사와 사회 사업가에게는 의뢰인이, 국회의원에게는 선거구 주민들이, 사업가에게는 고객이 있다. 우리가 일터에서 만나는 사람들을 어떻게 다루는가 하는 것은 우리가 그들을 어떻게 보는지에 따라 거의 전적으로 좌우된다.[296]

일터는 결코 종교적 중립적 공간이 아니다. 그렇기에 그 안에서는 언제나 무엇인가가 절대적 가치로 기능한다. 일터에서의 신앙은 선택의 문제가 아니라 예배의 문제이며, 인간은 직업과 일을 통해 하나님을 섬기거나, 성과·보상·권력·안정과 같은 대체 신들을 우상으로 세우게 된다.

2. 일의 신학의 대두

'일'에 관한 신학적 성찰은 기독교 신학의 역사만큼 오래되었지만 '일의 신학'(Theology of Work)이라는 개념은 20세기 중반에 등장했다. 2차 세계대전 후 프랑스의 가톨릭 신학자들은 세속적 현실에 대한 신학이 존재하는지 그리고 '일의 신학'이 존재하는지를 고민하기 시작했고 1950년대 초반 처음으로 '일의 신학'이라는 용어를 사용했다.[297] 일의 신학 개념을 발전시킨 마리 도미니끄 체누(Marie-Dominique Chenu)는 19세기부터 '일의 도덕성'(Morality of Work)에 대한 논의가 있었고 20세기 초반에는 '일의 신비'(Mystique of Work)와 '일의 영성'(Spirituality of Work)라는 표현이 등장했지만 '일의 신학'(Theology

---

296 John Stott · Tim Chester, *The Gospel : A Life-Changing Message*, 정옥배·한화룡 역, 『복음 : 삶을 바꾸는 메시지』 (서울: IVP, 2021), 29-30.
297 Lothar Roos, "On a Theology and Ethics of Work," *Communio* 11 (1984): 102.

of Work)라는 용어가 사용된 것은 1950년대 초반이라고 말하며, 일에 대한 신학자들의 인식부재를 지적했다.[298] '일의 신학'이라는 용어는 일에 관련된 다른 신학적 성찰들과의 차이를 나타내고 일의 윤리를 표현하기 위해 사용되었다.

일의 신학은 하나님이 창조하신 세상에서 일어나는 일의 본질과 위치를 고찰하는 포괄적인 신학 연구로 여러 기독교 교리들과의 관계성 내에서 탐구된다. 일의 신학은 단순히 일을 어떻게 해야 하는지, 일터에서 직면하는 문제들을 어떻게 해결해야 하는지를 다루는 것이 아니라 하나님, 인간과 자연을 비롯한 창조세계의 모든 것을 총체적으로 연결시킨다. 즉 창조세계의 일부로서의 일을 종합적으로 탐구하는 신학으로[299] 인간이 자신의 일을 이해할 수 있도록 돕는 신학적 틀을 제공하는 것을 목적으로 한다. 따라서 일의 신학의 과제는 성도들이 일상적인 일들을 통해 하나님, 그리고 피조세계의 모든 것들과 자신의 삶이 연결되어 있음을 인식하고 경험하게 만드는 것이다.

일의 신학은 하나님의 형상으로서의 정체성을 깨닫는 것, 문화명령과 대위임령의 책무가 성도에게 있다는 것을 인식하고 실천하는 것과 관계된 것이다.[300] 현대사회에서 긴급하게 요청되는 과제 중 하나는 이 시대의 경제체제 안에서도 신앙이 작동할 수 있는가에 대한 신학적 답변을 제공하는 것이다. '일요일과 월요일의 간극'(Sunday-Monday Gap)이라는 용어는 하나님은 교회에는 계시지만 일터에는 계시지 않는다고 생각하는 현대 크리스천들의 잘못된 신앙관을 표현한 말이다. 반세기 전부터 일어난 일터사역의 슬로건 중 하나가 '일터의 하나님'(God in the Workplace)인 이유는 하나님은

---

298 Marie-Dominique Chenu, "Towards a Theology of Work," *Cross Currents* 7/2 (1957): 176.
299 Darrell Cosden, *A Theology of Work: Work and the New Creation* (Eugene: Wipf & Stock, 2004), 5.
300 Stevens, *Doing God's Business*, 81-87.

교회에는 계시지만 일터에는 계시지 않는다는 잘못된 인식이 팽배해 있음을 반증한다. 일의 신학은 세속화의 강력한 영향으로 두려움 가운데 살아가는 크리스천들이 삶의 모든 영역에서 역사하시는 하나님의 주되심을 회복하도록 돕는다. 일요일과 월요일로 분리될 수 없는 크리스천의 삶이 성경의 빛 아래서 총체적인 통합을 이루도록 한다. 일의 신학은 개인의 일상생활은 물론이고 기업의 경영원칙과 윤리에도 적용할 수 있는 신학적 기반을 제공한다.

> 일이란 인간의 자연스러운 활동이요 기능이며, 인간은 하나님의 형상에 따라 창조된 피조물이다. 이 둘 중 어느 하나라도 일상적인 일에 적용해 보면 그것이 얼마나 혁명적인지 모든 정치적 혁명을 무색하게 만들 정도임을 발견하게 된다. … 우리는 일차적으로 살기 위해 일하는 것이 아니라, 일하기 위해 사는 것이라 할 수 있다. 일은 일꾼의 능력이 완전히 표출되는 통로요, 그 안에서 영적·정신적·신체적 만족을 발견하는 것이며, 하나님께 스스로를 드리는 매개체다 … 교회는 세속직업이 신성한 것임을 인정해야 한다. 그리스도인은 세속직업에 부름받았을 때 이것이 종교적인 일에 부름받은 것과 같은 하나의 소명임을 확고히 인식해야 한다. 교회는 일자체가 인간이 존엄성을 잃지 않고 할 수 있는 것임을 주시하는 역할을 감당해야 한다.[301]

일의 신학은 신앙과 일을 통합하는 실천적 노력으로 세상 속에서 가시화된다. 신앙과 일의 통합은 문화적인 영향을 피할 수 없는 세속적 상황 속에서도 복음으로 생활의 틀을 잡아갈 수 있도록 하고, 세상을 섬기고자 하

---

301 Sayers, 『기독교 교리를 다시 생각한다』, 132-137

는 더 큰 비전을 공유하게 하며, 세속사회 속에서 교회의 신뢰성을 높여준다. 일이 문화를 만들고 피조세계를 가꿔가는 하나의 방식이라는 성경적 일의 신학은 성도들에게는 비전과 의미를 주고, 목회자들에게는 사역의 목표와 방향성을 정위치시키도록 한다.

3. 신앙과 일 통합운동(The Faith at Work Movement)

신앙과 일 통합운동(The Faith at Work Movement, FAW)은 '신앙은 일을 포함한 삶의 모든 부분을 형성하는 중심이 되어야 한다'고 주장하며 이를 위해 노력하는 활동이다. 일을 의미하는 히브리어 아보다(עֲבוֹדָה)는 '일', '예배', '봉사'를 함축하는 용어로 삶의 어떤 측면이 다른 측면보다 더 거룩하거나 더 중요하지 않음을 나타낸다. FAW는 일을 크리스천 삶의 중심으로 보는 소명론, 그리고 하나님 나라를 강조하는 신학적 전통과 깊이 연결되어 있다.[302] FAW에 참여하는 사람들은 사업가와 전문직을 포함한 모든 유형의 근로자를 포함하지만 주로 비즈니스에 종사하는 평신도들에 의해 주도되고 있다. FAW는 1980년대 베이비 붐 세대가 자신의 일에서 의미와 목적을 찾고 오래된 패러다임에 도전하며 사회를 변화시키는 나이가 되면서 시작되었다. 직장에서의 신앙운동은 특별한 사회적 변화에 대응하여 나타났다. 그들은 베를린 장벽 붕괴, 대규모 정리해고, 첨단 기술의 발전, 911테러 사건 등이 일 현장에 일으키는 극적인 변화를 경험하며 신앙과 일이 통합되는 총제적인 삶을 추구하기 시작했다.

신앙과 일 통합운동은 처음에는 제도적 교회 밖에서 시작되었고 신학교

---

302 Miller, *God at Work*, 12-13.

와도 연결되지 않았다.[303] 이 운동에는 개신교, 가톨릭, 유대교, 불교, 유교, 이슬람교 성도뿐 아니라 뉴에이지 철학과 세속적 영성을 가진 사람들도 참여했다. 그들은 일터에서의 신앙 표현이 인격 개발, 윤리, 동기부여, 창의성, 정직, 존중 등 많은 긍정적 이익을 가져온다는 것을 인식했다. 그중 개신교 FAW는 약 20년의 기간 동안 폭발적인 성장을 이루었다.[304] 미국의 대표적인 일터사역 기관들과 사목기관이 이 기간에 설립되었다. 영성과 일을 주제로 한 책들은 베스트셀러가 되었는데 켈러와 스티븐스 등 소수의 목회자를 제외하면 대부분의 책은 평신도들에 의해 출판되었다. 경영학계에서도 영성, 종교 및 일과 관련된 연구가 꾸준히 증가하고 있다. 데이비드 밀러(David W. Miller)는 이러한 교회 밖 현상들과 비교해 저조한 신학교의 반응을 지적한다. 그는 FAW에 대한 교회와 신학자들의 관심 부재는 일의 신학을 조직신학의 일부로 보지 않았기 때문이라고 평가한다.[305] 밀러의 이러한 진단 이후 20여 년이 지난 현재에는 여러 신학교에서 일의 신학 과목을 도입해 가르치고 있지만, 대부분의 교회에서는 일터의 직장인들을 세우기 위한 과정을 시행하고 있지 않다. 대조적으로 미국의 경영 대학원에서는 지속적으로 FAW의 여러 주제들을 연구하고 있으며, 사역으로서의 FAW는 미국을 넘어 호주, 캐나다, 영국, 인도, 아일랜드, 뉴질랜드, 필리핀, 싱가포르, 스위스 및 웨일즈 등 다수의 국가로 점점 확장되어 나가고 있다.

---

303 David W. Miller, "The Faith at Work Movement," *Theology Today* 60/3 (2003): 303.
304 *International Faith & Work Directory*(2003)에 따르면, 북미에만 1,200개 이상의 Christian Faith at Work 기관이 있는데 이는 1960년대 이후 10년마다 두 배 이상으로 증가한 수치다.
305 Miller, *God at Work*, 89.

4. 영성을 추구하는 세속사회

1970년대 중반부터 '영성'은 학문적 주제로서 서구사회를 중심으로 신학의 독점적 영역을 넘어 종교사회학, 종교심리학, 사회심리학, 상담학, 그리고 의학의 영역으로 확장되어 꾸준히 연구되고 있다. 이후 영성은 '새로운 비즈니스 영성'(New Business Spirituality) 또는 '일터영성'(Spirituality in Workplace, 혹은 Workplace Spirituality, SWP로 통칭)으로 지칭되며 경영학 분야의 새로운 연구 주제로서 일터에서 발생하는 여러 문제 해결의 새로운 대안으로 자리매김하고 있다.

일터영성에 대한 정의는 70개가 넘는다. 영성(Spirituality)은 호흡, 공기, 바람을 의미하는 라틴어 'Spiritus' 또는 'Spiritualis'에서 유래했는데, Spiritus는 물리적 유기체에 생명을 주기 위해 유지되는 생기 또는 중요한 원리를 의미한다.[306] 영성의 사전적 의미는 궁극적 또는 비물질적 실재로 자기존재의 에센스(Essence)를 발견할 수 있는 내적인 길을 뜻한다. 영성은 '자기 계발의 과정'[307], '삶을 추진하는 신성한 힘에 대한 접근'[308], '초월적인 신비에 참여함으로써 충만한 자기 발전을 이루는 독특한 내적 탐색'[309], 또는 삶과의 연관성을 강조하여 '인간의 삶의 본질과 목적에 대한 신념에 따라 사는 개인이나 공동체의 생활방식'[310]으로 정의된다.

일터영성은 다양한 관점에서 연구되고 그 범위 또한 매우 넓다. 구성원이 수행하는 일과 일터에 관해 지각하는 개인적 영성을 포함해 조직 차

---

306 Fahri Karakas, "Spirituality and Performance in Organizations: A Literature Review," *Journal of Business Ethics* 94/1 (2010): 91.

307 C. K. Barnett et al., "Learning to Learn About Spirituality: A Categorical Approach to Introducing the Topic into Management Courses," *Journal of Management Education* 24/5 (2000): 563.

308 L. Nash and S. McLennan, *Church on Sunday, Work on Monday: The Challenge of Fusing Christian Values with Business Life* (San Francisco: Jossey-Bass, 2001), 17.

309 A. Delbecq, "Christian Spirituality and Contemporary Business Leadership," *Journal of Organizational Change Management* 12/4 (1999): 345.

310 Bradley Hansen, "Christian Spirituality and Spiritual Theology," *Dialogue* 21/3 (1982): 207.

원의 공동체에 대한 영성까지 연구 영역은 점차 확장되고 있다. 일터영성은 주로 조직원의 스트레스 및 회복 탄력성, 그리고 창의성과 관련되어 연구된다. 현대인들은 종교 유무와 상관없이 통합적이고 전인적인 자아를 추구하며 이는 자신의 일과 일터에서 의미와 목적을 찾으려는 영성적 동기와 연결된다. 영적 욕구의 충족은 조직과 그 구성원의 삶의 질에 매우 중요한 의미를 지닌다.

현대사회에서 기업들이 영성에 대해 관심을 갖게 된 것은 영성이 오래 존속하는 조직에 있어서 핵심 요인이라는 사실을 인식했기 때문이다. 기업에서의 영성은 일의 의미를 강조하고 기업경영의 목적 및 정책에 관련되어 기업의 사명을 수립하고 목표를 달성하는데 중요한 기능을 담당한다. 또한 구성원들이 일터에서 부딪히는 문제를 극복하고 일과 삶에서 의미를 추구하며 다른 사람과의 원활한 관계를 수립하는데 유익하다. 영성에 기반을 두고 수행하는 일은 자신을 계발하고, 자신감을 갖도록 하고, 목적을 일깨우며, 동료들과 긍정적인 연대감을 갖게 하고, 총체적인 삶을 살 수 있는 능력을 부여하여 조화로운 삶을 영위하는데 도움을 준다. 기업들은 일터영성과 고성과 작업을 상호보완적이며 필수적 요인으로 이해한다. 일터영성은 조직의 구성원이 갖고 있는 직업과 직장에 대한 의미와 이해를 반영하며 이는 소속감과 구성원으로서의 가치인정으로 연결된다. 일터영성은 구성원들이 자발적으로 조직을 유익하게 하는 내재적 동력이 된다.

일터영성은 현대사회에서 다양한 모습으로 등장한다. 2010년 나이스비츠(J. Naisbitt)와 애버딘(P. Aburdene)은 Mega Trends 2010에서 '영성경영'(Spiritual Management)을 주장했고, 현대 마케팅의 구루라 불리는 코틀러(P. Kotler)는 마케팅 영성(Marketing Spirituality)을 강조했다. 영성경영은 AI의 발전과 확장으로 인간 능력에 대한 회의, 일의 기회와 일자리의 잠식, 인간만이 지닌 강점 등의 요인으로 관심이 증대되었다. 이는 기존의 경영 가치인

비용 감소, 생산성 향상, 효율 증대, 고객 만족의 담론들을 더욱 고양시키며 공동체의 소통과 협력 그리고 공동체 간의 상생과 공존의 가치를 강조하는 데 대부분 종교적 가르침과 연관된다.[311] 영성경영의 여러 사례들은 고학력·고스킬 인력은 보다 자율적인 작업 환경, 작업에서의 만족, 의미 있는 일을 요구하는 시대상을 반영한다.

경제적 풍요에 집중됐던 관심이 삶의 질과 영성, 사회적 책임으로 옮겨지며 영성적 지향(Spiritual Orientation)이라는 현대사회의 한 특징이 나타났다. 영성운동(Spiritual Movement)은 조직이 경제적 보상뿐 아니라 구성원들의 정신 및 영성 고양(Spirit-Growing), 심적 충만(Heart-Fulfilling), 마음의 풍요(Mind-Enriching)를 목표로 하는 새로운 패러다임이다. 일터영성은 현재와 같이 급격히 변화하는 사회 환경에서 개인과 조직 모두에게 솔루션을 제공하며 조직의 역동성을 일으킬 대안으로 여겨진다. 그러나 영성이 근로자들을 조작하는 관리 도구로 활용되는 것에 대해서는 주의가 필요하다.

이러한 세속사회에서의 일터영성은 기독교적 영성과 구별된다. 스티븐스는 이를 "종교로의 복귀가 아닌 종교 없는 영성(Spirituality without Religion)으로 돌아가는 것"[312]이라고 평가한다. 루이스 프라이(Louis W. Fry)는 종교와 영성의 차이를 다음과 같이 구분한다.

> 종교는 믿음, 의례적 기도, 예식과 같은 체계와 관련되어 있다.
> 영성은 인간 정신의 특성과 관련이 있고, 여기에는 사랑과 공감, 인내, 관용, 용서, 만족, 개인적 책임 그리고 주변 환경과의 조화

---

311 인도와 이슬람권 국가에서는 영성경영의 실제적인 성과에 대한 관심이 높아지며 실증적인 연구들이 진행 중이다. Van Der Walt & De Klerk은 영성경영이 구성원의 직무 만족에 긍정적인 영향을 주고 있음을 측정 도구를 통한 연구를 통해 밝혔다. 참조. R. Khuntia and D. Suar, "A Scale to Assess Ethical Leadership of Indian Private and Public Sector Managers," *Journal of Business Ethics* 49 (2004): 13-26; Freda Van Der Walt and Jeremias J. De Klerk, "Workplace Spirituality and Job Satisfaction," *International Review of Psychiatry* 26/3 (2014): 379-389.

312 Stevens, *Doing God's Business,* 131-132

와 같은 긍정 심리학적 개념이 포함된다. 영성은 겸손, 자선, 이
타적 사랑, 그리고 진실을 통해 이웃을 섬기는 비전을 추구한다.
이러한 관점에서 보면 종교는 영성이 필요하지만, 영성은 종교
를 필요로 하지 않는다. [313]

종교는 구원을 목적으로 하지만 세속적 일터영성은 일과 조직의 관점
에서 존재론적 의미와 가치를 발견하고 더 나은 삶을 지향하는 구성원들의
욕구를 충족시켜준다. 영성에 대한 세속적 정의에 근거해 일터에서는 종교
없는 재영성화 작업을 진행하고 있다. 세속적 일터영성은 기독교 교리와
일치하는 부분들도 있지만 인간의 타락과 죄를 고려하지 않고 인간을 선한
존재로 가정한다는 점에서 궁극적으로 차이가 있다. 일터영성에는 새로운
탄생이 없는 새로운 삶, 하나님께로 돌아가지 않는 회개, 인류 역사에 중요
한 종말이 없는 희망, 하나님 없는 잡신, 초월적인 존재가 없는 신앙이 있을
뿐이다. [314]

세속적 일터영성은 교회 안의 종교 생활에 집중하며 교회 밖의 세상에
대해서는 소홀히 여긴 교회가 간과한 부분과 세속적 휴머니즘으로 인한 영
적 빈 공간을 채운다. 켈러는 이러한 현상을 포스트모더니즘 사회의 특징
과 연결 짓는다. 보편적인 진리와 목적이 상실된 포스트모더니즘 시대에
남는 것은 기술과 같은 수단뿐이고, 이 목적 없는 수단이 비즈니스 세계를
장악했다. 빠르게 변화하는 과학기술과 미래에 대한 불확실성, 그리고 거
대해진 시장경제 속에서 기업과 개인에게 일터영성은 각각의 다른 이유로
중요성을 갖게 되었다.

---

313 L. W. Fry and J. W. Slocum Jr., "Maximizing the Triple Bottom Line Through Spiritual Leadership,"
 Organizational Dynamics 37/1 (2008): 90.
314 Stevens, Doing God's Business, 133.

5. 성경적 일터영성

근대사회로부터 현대사회에 이르기까지 자본주의 발달 과정에서 세속화는 경제와 관련된 모든 분야에 영향을 미쳤다. 역사적으로 민주적 자본주의 형식의 부의 창조는 기독교의 신앙 문화에서 나타났다.[315] 일의 배경이 되는 과학기술의 진전, 자본주의를 이끌어가는 민주적인 기풍, 인간의 천부적인 자유를 경제 자유와 시장발전의 기초로 보는 사고방식 등은 기독교 신앙이 가져온 문화적 변혁에 기반한다.[316] 그러나 근대 이후 일어난 폭발적 부의 창조에 대해 교회는 신학과 기독교 윤리를 뒷받침하지 못했다. 성경에는 부의 창조에 대한 윤리적 경제 교정책, 즉 경제조직에 필요한 기독교적 패러다임이 포함되어 있다. 기독교 영성은 하나님의 말씀에 근거하여 삶의 모든 영역에서 하나님을 체험하는 것이다. 그것은 단지 경건과 기도와 같은 종교 행위들에 국한되지 않고 하나님과 이웃과의 관계, 세상의 정의 등 주변의 모든 상황들과 연계된다. 기독교 영성은 성경적이고 삼위일체적이다.[317]

인간은 일을 하도록 창조되었고 일을 통해 존엄해진다. 성경은 일을 다른 사람들을 섬길 수 있도록 하나님이 주신 과업으로 새롭게 정의하지 않는 한 일은 소명이 될 수 없다고 가르친다. 그러나 인간이 일을 해야 하는 가장 중요한 이유는 일이 피조세계에서의 하나님의 일과 목적을 성취시키기 때문이다.[318] 인간은 일을 통한 문화 창조로 하나님과 이웃을 섬긴다. 일은 인간의 청지기 직분을 수행하도록 하나님께서 마련하신 방법이기 때문

---

315 Clive Wright, "Development of the Judaic and Early Christian Perspectives on Wealth Creation," *The Business of Virtue* (London: SPCK, 2004), 4-12; Stevens, *Doing God's Business*, 108에서 재인용.
316 Keller, *Every Good Endeavor*, 179-182.
317 Stevens, *Doing God's Business, 133.*
318 Kenman L. Wong, Scott B. Rae, *Business for the Common Good: A Christian Vision for the Marketplace* (Downers Grove: IVP, 2011), 42.

이다. 하나님의 문화명령은 오늘날에도 여전히 유효하며 하나님은 인간이 이 세상을 효과적으로 관리하도록 권한을 부여하셨다. 도로시 세이어즈(Dorothy L. Sayers)는 "인간은 살기 위해 일하는 것이 아니라 일하기 위해 사는 것이며, 일은 일꾼의 능력이 표출되는 통로이자 하나님께 자신을 드리는 매개체"[319]라고 말했다. 하나님께서는 자신의 백성들에게 달란트와 은사를 주심으로 인류 공동체에 대한 하나님의 목표를 이루게 하셨다. 세상에서 이루어지는 모든 일들은 절대적 존재와 가치를 고려하지 않고는 이해할 수 없고 해결할 수 없다.

그러나 현대사회의 세속적 휴머니즘와 우상들은 일의 세계에서 하나님을 배제했고 그로 인해 일은 개인의 자아 성취와 현실적 필요라는 동기에 의해 개념 지어진다. 켈러는 이러한 상황에서 일을 세상을 향한 하나님의 섭리를 전달하는 도구로 보는 성경적 일관이 매우 중요하다고 역설한다.[320] 방선기 목사도 일터영성은 공간이나 시간이 아닌 일하는 사람의 태도에 있다고 말하며 성경적 관점에서 본 일의 의미에 대해 강조한다. 일터의 크리스천들은 지배적인 세속적 경제 이념이 아닌 하나님을 형상화해야 한다.

지난 세기 후반부터 관심의 주제로 떠오른 성경적 일터영성은 주로 세 그룹에 의해 주도되고 있다.

첫 번째는 다양한 기관들을 설립해 활동하는 크리스천 리더십 그룹이다. CEO 출신의 오스 힐먼(Os Hillman)은 'Marketplace Leaders'를 세워 일터의 크리스천들을 교육하고 훈련시키고 있으며, 케네스 엘드레드(Kenneth Eldred)는 Living Stones Foundation을 창립해 일터사역 프로젝트들을 위한 재정과 전략들을 제공하고 있다. 데보라 로저스와 데이비드 로저스(Deborah and David Rogers)가 이끄는 H. E. Butt Foundation은 Theology of

---

319 Sayers, 『기독교 교리를 다시 생각한다』, 132-133.
320 Keller, *Every Good Endeavor*, 183-186.

Work Project를 후원하며 일의 신학 관점에서 본 성경주석 발간과 교육에 참여하고 있다. 경영자 출신의 길 스트릭클린(Gil Stricklin)과 마크 크레스(Mark Cress)는 각각 사목 단체인 'Marketplace Chaplains'와 'Corporate Chaplains of America'를 설립해 기업에 사목들을 파송하며 일터사역의 외연을 넓히고 있다.

두 번째는 일터사역과 일의 신학을 현대교회의 주제로 부상시킨 목회자 그룹으로 스티븐스와 켈러가 대표적 인물이다. 스티븐스는 목회자인 동시에 목수라는 직업인으로서의 경험을 바탕으로 일터사역 관련 저서들을 출간하고, 리젠트 칼리지(Regent College) 교수 사역과 강연을 통해 활동하고 있다. Westminster Theological Seminary에서의 교수 사역 후 뉴욕에 리디머 장로교회(Redeemer Presbyterian Church)를 설립한 켈러는 성경적 일터영성 확립을 위한 'Center for Faith and Work'를 세워 사역했다. 이처럼 일터의 중요성을 깨닫고 이를 사역화한 목회자들의 실제적 가르침과 지침들은 현대사회의 목회자들에게 많은 도전과 도움을 주고 있다.

세 번째는, 일의 신학을 가르치는 신학교 그룹이다. Regent College, Fuller Theological Seminary, Reformed Theological Seminary, Gordon-Conwell Theological Seminary, Biola University, Denver Seminary, Covenant Theological Seminary, Princeton University 등 다수의 신학교가 일터 관련 과목들과 일터사역 센터를 운영하고 있다. 비교적 근래에 설립된 Bakke Graduate University는 일터사역에 특화된 학교로 Mustard Seed Foundation과 연계해 International Theology of Work Grant Program을 운영하고 있다. 이 프로그램은 전세계의 신학기관과 훈련기관이 일터신학의 성경적 기초를 가르칠 수 있도록 후원하는 것이다. 한국에서는 웨스트민스터신학대학원과 횃불트리니티신학대학원대학교가 일터신학 과목을 개설했고, 총신대학교는 선교대학원에서 일터선교 과목을 개설하여 운영하고 있다.

미국에서는 이와 같은 전방위적인 노력이 쌓여 '신앙과 일'에 대한 신학적 기반과 인력풀을 갖추어 가며 다양한 일터사역을 전개하고 있다. 성경적 일터영성은 신앙과 일의 통합이 필요한 크리스천들의 필요를 충족시켜 주며 그리스도의 제자로서의 정체성을 굳건히 해 줄 뿐 아니라 세속적 일터영성의 확산에 대응하는 차원에서 중요하다.

6. 4차 산업혁명과 일터영성

4차 산업혁명(The Fourth Industrial Revolution)이란 용어는 2016년 1월 스위스 다보스에서 열린 세계경제포럼에서 처음 사용된 이후 널리 알려졌다. 다보스 포럼의 설립자이자 당시 의장이었던 클라우스 슈밥(Klaus Schwab)은 산업사회의 발전을 기술 변화의 흐름에 따라 세 단계로 설명한다. 먼저 1차 산업혁명은 증기기관과 기계화가 등장하며 사람의 손을 대신한 기계 생산이 본격화된 시기였다. 이어진 2차 산업혁명에서는 전기와 조립라인이 도입되면서 대량생산이 가능해졌고, 산업 규모와 효율성이 크게 높아졌다. 20세기 후반의 3차 산업혁명은 컴퓨터와 인터넷 등 디지털 기술의 발전으로 자동화와 정보화가 확산된 시기로, 오늘날 지식기반 사회의 기초가 되었다. 슈밥은 4차 산업혁명이 기술의 발전을 넘어 물리·디지털·생물학 기술이 서로 융합되면서 우리가 살고 일하고 관계를 맺는 방식, 더 나아가 인간 정체성과 사회 구조까지 변화시키는 큰 전환이라고 주장한다.[321] 다시 말해, 4차 산업혁명의 핵심은 새로운 기술 그 자체보다 그 기술로 인해 인류의 삶이 어떻게 달라질 수 있는가에 있다는 것이다.

---

321 Klaus Schwab, *Shaping the fourth industrial revolution*, 김민주, 이엽 역, 『더 넥스트 : 클라우스 슈밥의 제4차 산업혁명』(서울 : 새로운현재, 2018), 24-29.

4차 산업혁명이란 현실 세계에서 벌어진 현상들을 사물 인터넷을 통해 데이터화해서 온라인의 가상 세계를 현실 세계와 똑같이 만들어 디지털 세계와 현실 세계가 일치하는 세상을 만드는 것이다. 그들은 손안에 있는 스마트 폰을 통해 세상과 관계를 맺고 가상현실 속에서 또 다른 자아를 만든다. 현대인들은 각종 정보와 지식, 인간관계, 심지어 종교 생활에 이르기까지 삶에 영향을 미치는 많은 것들을 온라인상에서 해결하려는 경향이 있다. 켈러는 이러한 현상을 다음과 같이 평가한다. "디지털 콘텐츠를 소비하는 이들은 교회에서 받는 그 어떤 교육보다 효과적인 방식으로 세상의 교리문답을 받고 있는 셈이다. 게다가 훨씬 더 긴 시간으로 말이다."[322] 크리스천 기성세대는 주일예배는 필수로 참여했고 가능하다면 수요예배와 금요기도회도 참석했다. 또한 여러 모임에 소속되어 봉사하며 교회를 섬기는 신앙생활을 했다. 그러나 이러한 전통적인 방식은 매일 같이 쏟아져 나오는 디지털 콘텐츠의 물량 공세로 위협받고 있다. 교회가 기존의 방식을 버려야 하는 것은 아니지만 이러한 시대 속에서 의미 있는 변화를 시도할 필요는 있다.

4차 산업혁명은 일조건을 포함한 삶의 조건과 인간관계를 맺는 방식에 근본적인 변화를 일으킨다. 여기에는 긍정적인 변화도 있고 부정적인 변화도 있다. 긍정적인 변화로는 선교의 장벽이었던 공간적 한계, 문화 장벽, 언어 및 인종 문제 등을 극복할 수 있다는 것이다. 부정적인 변화로는 국가 간 불평등 구조가 가속화되고 윤리 없는 기술의 발달로 통제하기 어렵거나 통제가 불가능한 문제들이 발생하며 신앙의 개인화가 확산될 수 있다는 것이다.

4차 산업혁명 시대에 있어서 해결점을 찾지 못한 부분이 바로 '윤리'의

---

322 Timothy Keller, *How to Reach the West Again*, 장성우 역, 『탈기독교시대 전도』 (서울: 두란노, 2022), 99.

영역이다. 윤리의식이 기술의 발달 속도를 따라가지 못하면서 그로 인한 혼란과 부작용, 각종 범죄들이 끊임없이 발생하고 있다. 4차 산업혁명은 인공지능의 보편화·일상화를 이끌게 되는데 AI가 다룰 수 없는 영역이 바로 윤리이다. AI의 발전은 도덕성이 없는 세상으로의 진입을 의미한다. AI에 대한 윤리적 딜레마의 핵심은 AI가 누구의 도덕성을 물려받느냐의 문제다. 도덕적 가치는 개인, 국가, 종교, 철학마다 서로 다르고 상황적 맥락에 따라서도 달라진다. AI의 윤리적 선택을 위한 기준이나 지침은 없다. 도덕적 로봇을 만든다는 개념에는 로봇이 본래 도덕과는 무관할 수 없다는 사실이 내포되어 있다.

뉴로모픽(Neuromorphic)[323] 기술을 사용한다고 하더라도 로봇이 자신의 실수로부터 모든 도덕적 가치를 배울 수는 없다. 로봇은 여전히 프로그래머에 의해 기초적인 선호와 편향을 가지도록 프로그래밍 될 것이다.[324] 또한 4차 산업혁명의 또 다른 결과물인 플랫폼 자본주의에도 윤리가 필요하다.[325] 수많은 플랫폼이 만들어지고 있지만 플랫폼은 그 특성상 거대한 규모를 유지하거나 독점적 지위를 누리지 못하면 결국 실패하게 된다. 문제는 전세계가 플랫폼이 제공하는 디지털 인프라 구조에 점점 더 의존적이 된다는 사실이다. 플랫폼 역시 개발자의 가치와 사상으로 프로그래밍 된다. 이제 사회는 '누군가'의 도덕적 틀(Moral Framework)이 심긴 땅에서 그들이 만들어 낸 문화 속에 살아가고 있다. 세속사회에서는 정치적 질서가 경제적 질서보다 우선권을 가지며, 도덕적·문화적 질서는 그 두 가지 질서보다 우위에 있다. 4차 산업혁명 시대의 '누군가'는 경제적 이익만을 얻는 것이 아니라 사람들의 문화와 정신에 이전 시대와는 비교할 수 없는 강력한

---

323 뉴로모픽(Neuromorphic)은 뉴런(Neuron)과 모픽(Morphic)의 합성어로 뇌 속의 뉴런 형태를 모방하여 인간의 뇌 구조와 기능을 모방한 기술이다.
324 Nayef Al-Rodhan, "The Moral Code," *The Fourth Industrial Revolution*, 김진희·손용수·최시영 역, 『4차 산업혁명의 충격』 (서울: 흐름출판, 2016), 255-256.
325 Schwab, 『더 넥스트』, 156-160.

영향을 미친다.

4차 산업혁명이 만드는 시대에 복음과의 접점을 마련하기 위해서는 협력적이면서 독립적으로 사고하는 크리스천들이 모든 영역에서 반드시 활발하게 활동해야 한다. 크리스천들이 각자의 일터에서 성경적 세계관으로 일할 때에만 세속사회 속에서 주도권을 잃지 않고 하나님의 정의를 세워갈 수 있기 때문이다. 4차 산업혁명은 강력한 변화인 동시에 도전이고 기회가 될 수도 있다. 변화의 변곡점에서 일터에 있는 크리스천들의 역할이 그 어느 때보다 중요한 시점이다.

7. 로잔 국제 일터사역 포럼(Lausanne Global Workplace Forum)

일터에 대한 관심이 증가하며 이는 선교적으로도 중요한 주제가 되었다. 로잔운동에서도 총체적 선교의 일환으로 일터와 관련된 다양한 이슈들을 본격적으로 다루기 시작했다. 3차 로잔대회 이후 2019년 필리핀 마닐라에서 로잔운동위원회가 주최한 로잔 국제 일터사역 포럼(Global Workplace Forum, GWF 2019)이 '일터와 정체성, 창의적 제자도, 내일의 일터, 믿음으로 일하게 하기'라는 주제로 열렸다. GWF 2019의 목표는 첫째, 글로벌 일터사역 운동의 활력 고취하고, 둘째, 일터사역을 위한 적절한 도구들과 자원들을 구비시키며, 셋째, 세계 교회들에게 일터사역에 참여할 동기를 부여하는 것이다. 포럼에는 110개국에서 900여 명이 참석했는데 그중 65%는 교회나 사역 단체가 아닌 다양한 직업을 가진 사람들이었다. GWF 2019는 전 세계 기독교인들에게 신앙과 삶의 분리를 벗어나 이 두 가지가 일치된 총체적 삶을 살도록 촉구하며, 일을 바라보는 방식의 변화를 강조했다. 프린스턴 대학교 Faith & Work Initiative의 책임자인 데이비드 밀러(David Miller)는

"신앙을 포함한 모든 자아를 일에 끌어들이는 아이디어에 시장이 점점 더 개방되고 있다"고 했고, 세계복음주의연맹(WEA)의 에프라임 텐데로(Efraim Tendero) 주교는 "대위임령을 성취하기 위해 모든 성도는 사역자가 되어야 하고 모든 일터는 사역의 장소가 되어야 한다"고 말했다.[326]

GWF 2019 이후 로잔운동은 단발적 행사에 머무르지 않고, "일터선교"를 전 세계 교회의 지속적 과제로 세우며 제도화와 지역화에 나섰다. 또한 제4차 세계선교대회와 연계하여 전 세계 기독 직장인들에게 '신앙과 일의 통합'을 실천으로 옮기도록 촉구하였다. 특히 2024년 9월 제4차 대회 기간에 출범한 Global Day of Faith at Work (GDFW)는 매년 5월 1일(세계 일절)에 맞춰 전 세계 교회와 직장인들이 함께 기도하고, 일터를 경건과 선교의 장으로 선언하도록 권장한다. 현대사회에서 일터는 세속사회와 교회 모두에서 각각의 목적을 위해 다양한 일터운동들이 일어나고 있다. 특히 일터를 선교의 중요 영역으로 인식한 로잔운동의 선교방향과 정책은 향후 일터선교의 확장과 발전에 긍정적인 영향을 줄 것으로 기대된다.

---

326 The Lausanne Movement, "Christians at Work-The Missing Link in Fulfilling the Great Commission," The Lausanne Movement, accessed November 23, 2022, https://lausanne.org/about/blog/christians-work-missing-link-fulfilling-great-commission.

2장 AI 시대의 인간, 기술, 하나님

"영혼 없는 자비스(JARVIS)는 인간의 구원을 책임지지 않는다"

영화 어벤져스 시리즈에 등장하는 자비스(JARVIS)는 토니 스타크가 개발한 고도 인공지능으로, 일반적인 AI 에이전트를 능가해 전투 보조, 전략 분석, 시스템 통제, 학습과 판단까지 수행하는 초지능 AI이다. 영화 속에서 자비스는 인간의 의사결정을 보완하고 확장하는 동반자적 존재로 묘사되며, 때로는 인간보다 더 인간다운 반응을 보이는 존재로 진화한다. 이러한 자비스의 모습은 무의식중에 인간 판단의 기준이자 가장 신뢰할 수 있는 에이전트로 인식되도록 만들며, 인간이 기술에 의존하는 방식을 자연스럽게 정당화한다.

인공지능과 첨단 기술의 급속한 발전은 기술 혁신을 넘어 인간 존재 이해의 근간을 흔들고 있다. AI 시대의 인간은 이전보다 훨씬 더 많은 정보와 연결 속에 살아가지만, 역설적으로 인간관계는 더욱 빈곤해지고 있다. 셰리 터클(Sherry Turkle)은 이러한 상태를 '서로 묶여 있으나 부재 중'(alone together)이라고 표현한다.[327] 인터넷과 디지털 네트워크를 통해 형성되는 유대는 인간을 깊게 결속시키기보다, 오히려 다른 대상에 주의를 끊임없이

---

327 Sherry Turkle, *Alone Together: Why We Expect More from Technology and Less from Each Other*, 이은주 역, 『외로워지는 사람들: 테크놀로지가 인간관계를 조정한다』 (서울: 청림출판, 2012), 57-61.

분산시키는 방식으로 작동한다.

> 우리는 가족과 식사하는 자리에서, 조깅을 하면서, 운전을 하는 동안에, 공원에서 자녀의 그네를 밀어주면서 문자를 주고받는다. 서로의 생활을 침범하길 원치 않으므로, 끊임없이 침범은 하되 '실시간'으로 침범하지는 않는다. 모바일 기기를 어디다 잘못 두기라도 하면 말도 못하게 마음이 불안해진다.[328]

기술은 더 이상 특정 영역에서 인간을 보조하는 도구에 머물지 않고, 인간의 감정과 몸, 나아가 영혼을 이해하는 방식 자체를 재구성하고 있다. 오늘날 개발되는 로봇과 AI는 물리적 신체와 감정 반응을 모사하도록 설계되며, 감정은 코드화된 수치와 알고리즘으로 환원된다. 개발자에게 감정은 측정이 가능한 데이터이며, 뇌에서 순환하는 신경화학 물질의 양으로 계산될 수 있는 값이다. 여기서 IT 개발자는 하나의 불편한 질문을 제기한다. 인간의 감정 역시 신경화학적 반응과 데이터로 수치화될 수 있다면, 그것이 로봇의 계산된 '감정값'과 본질적으로 무엇이 다른가라는 물음이다.[329]

본 장은 AI 시대라는 문명사적 전환기 속에서 인간과 기술, 그리고 하나님 사이의 관계를 신학적으로 성찰한다. 인간 이해의 핵심 개념인 하나님의 형상(Imago Dei)이 트랜스휴머니즘과 같은 기술 중심 세계관 앞에서 어떻게 도전받고 있으며, 어떤 방향으로 재해석되어야 하는지를 살펴본다. 아울러 기술 권력이 초래하는 사회적·윤리적 문제를 거버넌스의 관점에서 검토함으로써 AI 시대에 신학이 감당해야 할 책임과 과제를 살펴본다.

---

328 Turkle, 『외로워지는 사람들』, 454
329 Turkle, 『외로워지는 사람들』, 464-465.

1. 하나님의 형상과 트랜스휴머니즘

AI와 첨단 기술의 발전은 그동안 인간이 꿈꾸었던 것들을 전례 없는 방식으로 현실화하고 있다. 이러한 변화 속에서 기독교 신학은 기술의 진보 자체보다 기술이 인간 존재를 어떻게 재정의하는지를 분별해야 하는 과제에 직면해 있다.

1) AI 시대와 인간 정체성의 재구성

AI 시대에 인간과 기술의 관계는 이전 역사와는 질적으로 다른 국면에 접어들고 있다. 인간과 인공지능은 더 이상 도구적 관계에 머물지 않고, 인간의 능력과 판단을 확장하는 동반자적 관계를 형성하며 인간 존재에 대한 이해 자체를 재구성하고 있다. 이러한 흐름 속에서 등장한 트랜스휴머니즘(Transhumanism)은 인간을 현재의 생물학적 형태로 완결된 존재로 보지 않고, 기술과 진화를 통해 지속적으로 변화하고 확장될 수 있는 존재로 이해하는 미래관이다.[330] 이 사상은 인간의 생물학적 한계를 기술로 극복하고, 수명을 연장하며, 인지·정서·도덕 능력까지 향상시키는 것을 목표로 삼는다.

이러한 관점에서 AI, 유전공학, 로봇공학, 나노기술, 뇌과학과 같은 첨단 기술은 단순한 보조 수단이 아니라 인간 정체성을 재구성하는 핵심 요소로 작동한다. 인간과 기계의 결합을 통해 수명을 극대화하거나 영생을 추구하려는 시도는 인간 존재의 한계 자체를 기술로 대체할 수 있다는 환상을 불러일으킨다. 일부 트랜스휴머니스트들은 뇌·컴퓨터 인터페이스(BCI)를 통

---

330 Nick Bostrom, *The Transhumanist FAQ : A General Introduction*, version 2.1, (World Transhumanist Assocoation, 2003), 4.

해 인간의 사고를 컴퓨터와 직접 연결하거나, 인간의 의식을 디지털 공간에 저장하는 '의식 업로드(mind uploading)' 가능성을 진지하게 논의한다. 이러한 논의는 전통 종교가 다루어 온 구원, 영혼, 신의 문제를 기술적 언어로 재구성한다는 점에서 명백하게 종교적 성격을 띤다.

이 부분에서 트랜스휴머니즘은 기독교 인간 이해의 핵심인 하나님의 형상(Imago Dei) 교리와 직접적으로 충돌한다. 성경은 인간의 존엄과 정체성을 지능, 수명, 능력의 총합이 아니라 하나님과의 관계성 안에서 규정한다. 인간은 기술적 향상의 정도에 따라 더 인간이 되는 존재가 아니라, 창조주 하나님을 닮은 존재로서 이미 고유한 가치를 부여받은 피조물이다. 그러나 트랜스휴머니즘은 인간의 불완전성을 결함으로 간주하고, 기술을 통해 이를 극복해야 할 대상으로 이해함으로써 인간 가치를 기능적·성과적 기준으로 재정의할 위험을 내포한다. 이때 인간의 존엄은 '향상될 수 있는 능력'에 따라 차등화될 수 있으며, 이는 하나님의 형상에 기초한 인간 이해를 근본에서부터 흔든다.

더 나아가 트랜스휴머니즘이 약속하는 기술적 불멸과 초월은 기독교가 말하는 구원과 본질적으로 다른 방향을 향한다. 기독교 신앙에서 영생은 인간이 스스로 획득하는 성취가 아니라, 하나님과의 관계 회복 속에서 주어지는 은혜의 선물이다. 반면 트랜스휴머니즘은 기술을 통해 인간이 자신의 한계를 넘어설 수 있다고 주장하며, 구원의 주체를 하나님이 아닌 인간과 기술에 두는 경향을 보인다. 이로 인해 기술은 점차 도구의 지위를 넘어 인간 존재의 의미와 미래를 규정하는 준(準)구원론적 역할을 수행하게 된다.

물론 트랜스휴머니즘을 논의하는 모든 학자들이 무비판적 낙관론을 주장하는 것은 아니다.[331] 많은 이들은 기술 발전이 불평등의 심화, 차별 구조의 고착, 통제 사회의 강화, 그리고 실존적 위험을 증폭시킬 수 있음을 인식하고 있다. 그럼에도 분명한 것은, AI와 기술이 인간 정체성의 핵심 영역까지 관여하게 된 오늘의 상황에서 하나님의 형상에 대한 신학적 재성찰은 더 이상 선택이 아니라 필수 과제가 되었다는 점이다. AI 시대의 인간을 어떻게 이해할 것인가는 곧 하나님 앞에서 인간이 누구인가라는 질문으로 직결되며, 이는 기독교 신학이 회피할 수 없는 근본적 도전으로 남는다.

2) 트랜스휴머니즘과 기술적 자기 구원에 대한 신학적 분별

트랜스휴머니즘은 인간이 기술을 통해 생물학적 한계를 넘어서는 존재, 곧 포스트휴먼(posthuman)을 지향할 수 있다고 주장한다. 여기서 포스트휴먼이란 현재의 인간 기준으로 보았을 때 더 이상 명확하게 '인간'이라 규정하기 어려울 정도로, 인간의 기본적 능력을 근본적으로 초과한 존재를 의미한다.[332] 이는 완전히 합성된 인공지능일 수도 있고, 생물학적 인간이 급진적으로 증강된 형태일 수도 있으며, 인간의 의식이 디지털 환경에 이전된 휴머노이드(Humanoid)일 가능성까지 포함한다.[333] 인간 향상(human enhancement), 수명 연장, 인지·정서 능력의 증폭, 나아가 불멸성의 기술적 달성에 대한 기대는 트랜스휴머니즘 담론의 중심을 이룬다.

이 사상은 인간과 AI, 인간과 기계의 융합을 자연스러운 진화의 다음 단

---

331 대표적인 인물로 닉 보스트롬(Nick Bostrom)이 있다. 트랜스휴머니즘 논의를 이론적으로 정립한 대표적 사상가이자 인공지능과 인류의 미래를 연구해 온 보스트롬은 인간 향상과 포스트휴먼의 가능성을 분석하는 한편, 그에 수반되는 존재론적·윤리적 위험을 강하게 경고한 학자로 평가된다. 그는 옥스퍼드대학교에서 철학을 연구·강의했으며, 1998년 영국 철학자 데이비드 피어스(David Pearce)와 함께 세계 트랜스휴머니스트협회(World Transhumanist Association, WTA)를 공동 설립하였다. 이 단체는 이후 2008년 Humanity+로 명칭을 변경하였다.

332 Bostrom, *The Transhumanist FAQ*, 5.

333 이진우, 『AI 시대의 소크라테스: 인공지능은 못하고 인간은 할 수 있는 철학적 질문들』 (서울: 휴머니스트출판그룹, 2024), 172-173.

계로 이해하며, 인간이 스스로 '더 나은 존재'가 되고자 하는 강한 욕구를 반영한다. 그러나 이러한 열망은 기술적 개선을 넘어 인간이 자신의 미래 형상을 직접 설계하고 통제하려는 시도로 확장된다. 이 지점에서 인간의 정체성은 기술 윤리의 범주를 넘어선다. 인간다움이 무엇인지, 기술로 확장된 존재를 여전히 인간이라 부를 수 있는지, 인간의 자기 초월은 정당한 발전인지 아니면 오만인지와 같은 질문은 인간 존재에 대한 근본적 성찰을 요구한다. 특히 기술이 영생을 약속할 때, 기독교가 말하는 영생과의 구별은 피할 수 없는 신학적 쟁점이 된다.

이와 관련하여 메나초(Joaquin Menacho)와 푸이그-푸이그(Llorenç Puig-Puig)는 「In Tech We Trust? On Salvation through Technology」(기술을 우리가 신뢰하는가? — 기술을 통한 구원에 관하여)에서 트랜스휴머니즘이 제시하는 구원 담론을 비판적으로 분석한다.[334] 이들은 기술이 약속하는 불멸, 완전성, 고통 제거, 초월이 구조적으로 종교적 구원 서사와 유사한 기능을 수행하고 있음을 지적한다. 그러나 기술적 구원과 기독교적 구원은 본질적으로 구별된다. 첫째, 기술 구원은 인간이 스스로 초월을 성취하려는 내재적 자기 구원 모델인 반면, 기독교 구원은 하나님이 은혜로 주시는 선물이다. 둘째, 기술 구원은 개인의 능력과 접근성에 의존하지만, 기독교 구원은 공동체적이며 관계적 차원을 본질로 한다. 셋째, 트랜스휴머니즘이 말하는 불멸은 생물학적 지속에 머무르지만, 기독교의 영생은 하나님과의 관계 회복이라는 존재론적 변화를 의미한다. 이 분석은 기술 낙관주의가 쉽게 '기술에 대한 신앙(techno-faith)'으로 전환될 수 있음을 경고한다.

한편 로버트 M. 제라시(Robert M. Geraci)는 AI 시대를 이해하기 위해 종교, 과학, 기술을 분리된 영역으로 다루어 온 기존의 접근 자체가 한계에 이

---

334 Joaquin Menacho and Llorenç Puig-Puig, "In Tech We Trust? On Salvation through Technology," *Zygon* 60/3 (2025): 682-686.

르렀다고 지적한다.[335] 그는 갈등, 독립, 대화, 통합과 같은 유형론적 설명이 오늘의 현실을 충분히 포착하지 못한다고 비판하며, AI가 형성하는 현대사회에서는 종교적 의미, 과학적 지식, 기술적 실천이 동시에 작동한다고 주장한다. 기술은 중립적 도구가 아니라 특정한 인간관과 가치 판단, 미래 비전을 내포하고 있으며, 종교 역시 과학과 기술의 발전과 분리된 채 유지될 수 없다. 따라서 AI 시대의 종교·과학·기술은 서로 독립된 영역이 아니라 하나의 문화적 장 안에서 함께 형성되는 구조로 이해되어야 한다. 이러한 관점에서 제라시는 종교적 성찰이 배제된 AI 윤리나, 기술 현실을 고려하지 않는 신학적 논의 모두 설득력을 갖기 어렵다고 본다.[336]

이러한 논의는 교회와 신학이 직면한 과제가 단순히 기술을 평가하거나 수용 여부를 결정하는 데 있지 않음을 보여준다. 트랜스휴머니즘은 인간 향상을 약속하지만, 동시에 인간 정체성을 기능과 성취의 관점에서 재구성할 위험을 내포한다. 능력 향상 기술은 불평등을 심화시킬 수 있으며, 기술적 초월은 종교적 초월을 대체하는 새로운 구원 서사로 작동할 가능성도 있다. 인간과 기술의 결합이 일상화되는 상황에서 하나님의 형상(Imago Dei)에 기초한 인간 이해는 다시 질문받고 있다.

따라서 AI 시대의 신학적 과제는 기술을 거부하거나 무비판적으로 수용하는 데 있지 않다. 종교, 과학, 기술의 상호 관계를 전제로 인간 존재와 구원, 윤리와 소명의 의미를 재사유하는 데 있다. AI 시대의 통합적 현실은 성경에 반하는 상황이 아니라, 오히려 이 시대를 살아가는 신앙인에게 어떻게 믿고, 어떻게 사유하며, 어떻게 살아야 하는지를 새롭게 묻는 신학적 요청이라 할 수 있다.

---

335 Robert M. Geraci, "A Hydra-Logical Approach: Acknowledging Complexity in the Study of Religion, Science, and Technology," *Zygon* 55/4 (2020): 948-954.
336 Robert M. Geraci, "A Hydra-Logical Approach," 965-966.

2. AI 시대의 거버넌스 문제와 일터의 중요성

AI의 급격한 발전은 인간 사회를 조직하고 운영하는 기본 원리를 근본적으로 변화시키고 있다. AI는 더 이상 인간이 사용하는 주변적 도구에 머물지 않고, 사회·경제·문화 전반을 실질적으로 형성하고 규율하는 핵심적 행위자가 되고 있다. 알고리즘은 의사결정을 보조하는 수준을 넘어서 판단을 대체하고, 데이터 기반 시스템은 인간의 선택과 행동을 예측·관리·통제하는 구조를 만들어 내고 있다. 이러한 변화는 AI 시대가 본질적으로 거버넌스의 문제, 곧 "누가 누구를 통치하는가"라는 질문을 다시 제기하고 있음을 보여준다.

이 거버넌스의 문제는 결코 기술적 차원에만 머물지 않는다. AI가 정책 결정, 금융 흐름, 일 관리, 감시 기술, 여론 형성에까지 깊숙이 관여하면서, 인간은 더 이상 결정 주체로 남아 있지 않다. 신학은 인간의 정체성, 하나님의 형상, 청지기적 사명, 그리고 문화명령과 대위임령을 재정의해야 할 시점에 있다. AI 시대의 질문은 "AI를 어떻게 사용할 것인가"가 아니라, "AI 앞에서 인간은 누구로 남을 것인가"라는 보다 근본적인 질문이다.

성경은 인간의 가치를 계산 능력이나 효율성, 생산성에서 찾지 않는다. 인간은 유일하게 하나님의 형상으로 지음받은 피조물로 도덕적 책임을 지닌 존재이고, 창조 질서를 돌보도록 위임받은 청지기이며, 복음의 담지자이다. 따라서 AI의 고도화는 인간의 역할을 대체하거나 축소시키는 방향으로 이해되어서는 안 된다. 오히려 AI 시대는 인간에게 진정한 인간다움-관계성, 책임감, 사랑, 윤리적 분별력-을 실천할 것을 요구한다. AI가 인간의 판단을 대신할수록 인간은 '무엇을 판단해야 하는 존재인가'라는 질문이 더욱 선명해진다.

이러한 맥락에서 AI 시대의 문화명령은 기술을 무비판적으로 수용하거나 두려움 속에서 거부하는 양극단이 아니라 기술을 어떻게 선하게 다스릴 것인가라는 방향으로 재정립되어야 한다. 토랜스(Andrew W. Torrance)와 톰린슨(Bill Tomlinson)이 제시한 AI 거버넌스의 핵심 질문 -인간이 AI를 통치할 수 있는가, AI가 인간을 통치하게 되는가, 인간과 AI는 어떤 방식으로 협력할 수 있는가-는 성경적 통치 개념을 재사유하게 만든다.[337] 창세기 1장의 "정복하고 다스리라"는 명령은 지배와 착취의 권한이 아니라, 하나님을 대신하여 세상을 보존하고 돌보는 책임있는 통치를 의미한다. AI 시대에 이 명령은 기술을 향한 통치 책임으로 확장된다.

이 책임은 추상적인 윤리 담론에 그치지 않고 구체적인 삶의 현장에서 실천되어야 한다. 바로 그 핵심적인 현장이 일터이다. 오늘날 일터는 AI가 가장 직접적이고 실제적인 영향을 미치는 공간이다. AI는 자동화 시스템을 통해 업무 흐름을 설계하고, 알고리즘 기반 평가로 일의 가치를 판단하며, 채용과 해고, 성과 관리, 감시와 데이터 분석을 통해 노동자의 삶을 구조적으로 형성한다. 이로 인해 일터는 더 이상 중립적인 경제 공간이 아니라, AI의 논리와 가치관이 구현되는 윤리적·영적 현장이 된다.

이러한 변화 속에서 일터선교는 이전 시대보다 훨씬 중요한 의미를 갖는다. 일터선교는 복음 전파를 넘어 기술 사용의 공정성과 책임성을 실천하고, 인간 존엄을 보호하며, 기술이 하나님의 정의와 평화를 증진하도록 분별하는 삶을 포함한다. AI 시대의 일터선교는 기술 환경 속에서 인간다움을 실천하는 선교이며, 알고리즘이 아닌 하나님 나라의 가치가 기준이 되게 하는 삶의 증언이다. 따라서 AI와 인간의 관계는 경쟁이나 대체의 문제가 아니라 협력의 문제로 이해되어야 한다. AI는 인간이 도달하기 어려운 효율성과 분석 능력을 제공할 수 있지만, 가치 판단과 도덕적 책임, 영적 목

---

337 Andrew W. Torrance and Bill Tomlinson, *Governance of the AI, by the AI, and for the A* (unpublished manuscript, n.d.), 11-13, 19-20.

적을 제시할 수는 없다. 그 역할은 여전히 인간에게 남아 있다. 신학적 관점에서 보면 AI는 결코 주체가 될 수 없으며, 인간은 기술의 객체가 아니라 하나님의 청지기이다. 모든 통치의 궁극적 주권은 하나님께 속해 있고, 인간은 그 통치를 위임받아 기술을 선하게 관리할 책임을 진 존재이다.

AI 시대의 거버넌스는 이러한 틀 안에서만 바르게 이해될 수 있다. AI가 인간을 통치하는 질서가 아니라 인간이 하나님의 뜻 안에서 AI를 다스리는 질서가 확립될 때, 기술과 인간의 관계는 파괴가 아닌 공존으로 나아갈 수 있다. 결국 AI 시대는 인간성이 위협받는 위기이자 동시에 하나님 형상을 따라 더욱 성숙한 책임적 존재로 살아갈 수 있는 기회이다. 이러한 전환기 속에서 일터는 하나님 나라가 새롭게 드러나는 선교의 최전선이 되며, 일터선교는 문화명령(창 1:28)과 대위임령(마 28:18-20)을 실천하는 매우 중요한 선교영역이 된다.

3. AI 시대: 일자리 소멸 vs 빈곤의 소멸

인공지능(AI)은 더 이상 미래의 가능성이 아니라 현재의 현실이다. 이미 AI는 생산, 금융, 의료, 교육, 문화 산업 전반에 광범위하게 활용되며 인간의 일 구조와 사회 질서를 빠르게 재편하고 있다. 이러한 변화 속에서 가장 첨예하게 제기되는 질문은 단순하지만 근본적이다. AI는 인간에게서 일을 빼앗는가, 아니면 인류의 빈곤을 종식시키는가? 이 질문은 기술의 효율성이나 성장률에 관한 것이 아니라 인간의 존엄, 일의 의미, 그리고 정의로운 사회가 무엇인가를 묻는 신학적·윤리적 물음이다.

1) "AI는 빈곤을 없앨 것이다": 기술 낙관주의의 논리

2025년 11월 19일 워싱턴 D.C. 케네디 센터에서 개최된 미국-사우디 투자 포럼(U.S.-Saudi Investment Forum)에서 엔비디아 CEO 젠슨 황과 테슬라 CEO 일론 머스크는 AI 기술이 가져올 경제 구조의 변화에 대해 논의했다. 이 자리에서 일론 머스크는 향후 10~20년 이내에 일은 선택 사항(Work will be optional)이 될 것으로 전망했다.[338] 그는 AI와 로보틱스가 생존에 필요한 일을 대체함에 따라 인간이 생계를 위해 일할 필요가 없는 '보편적 고소득'(Universal High Income) 모델이 가능해진다고 설명했다. 이러한 전망은 AI 업계 전반의 거장들이 공유하는 '급진적 풍요'(Radical Abundance) 담론과 궤를 같이한다. 구글 딥마인드의 CEO 데미스 하사비스(Demis Hassabis)는 AI가 에너지와 자원의 희소성 문제를 해결함으로써 인류가 직면한 기후 위기와 질병을 정복하는 '풍요의 시대'를 열 것이라고 예측했다.[339] 그는 AI가 과학적 발견을 가속화하여 암을 비롯한 주요 질병을 치료하고, 에너지 비용을 획기적으로 낮추어 전 지구적 빈곤을 종식시킬 수 있다고 보았다. 빌 게이츠(Bill Gates) 또한 2025년 도하 포럼 등에서 AI를 '무상 지능'(Free Intelligence)으로 정의하며, 누구나 휴대폰 하나로 최고 수준의 의사 및 교사와 소통하는 시대를 예고했다.[340] 이는 정보와 자원의 접근성 문제를 기술적으로 해결하여 빈곤의 대물림을 끊겠다는 낙관주의적 확신에 기초한다.

앤스로픽(Anthropic)의 CEO 다리오 아모데이(Dario Amodei) 역시 자신의 저술 『자비로운 은혜를 베푸는 기계들』(*Machines of Loving Grace*)를 통해 AI

---

338 Elon Musk and Jensen Huang, "Fireside Chat on AI and the Future of Labor," *U.S.-Saudi Investment Forum*, Washington D.C., November 19, 2025.

339 Demis Hassabis, "Demis Hassabis On The Future Of AI, Google DeepMind and The Next Tech Revolution," *WIRED*, The Big Interview, June 7, 2025, accessed December 27, 2025, https://www.youtube.com/watch?v=CRraHg4Ks_g.

340 Bill Gates, "Keynote: AI and the Democratization of Intelligence" (speech, Doha Forum 2025, May 2025).

가 향후 5~10년 안에 인류가 지난 100년 동안 이룩한 생물학적·의학적 진보를 압축적으로 실현할 것이라고 예측했다.[341] 그는 이를 통해 개발도상국의 GDP 성장률이 매년 20% 이상 증가할 수 있으며, 지능형 농업과 개인 맞춤형 교육 에이전트가 빈곤 지역의 지식 격차를 해소할 것이라는 전망을 제시했다.

이러한 흐름은 경제학자 에릭 브린욜프슨(Erik Brynjolfsson)과 앤드루 맥아피(Andrew McAfee)가 『제2의 기계 시대』(*The Second Machine Age*)에서 분석한 범용 기술(General Purpose Technology)의 역사적 궤적과 부합한다. 이들은 기술적 진보가 초기 고용 구조에 충격을 주지만, 장기적으로는 사회 전체의 부를 증대시켜 실질 소득을 상향 평준화해 왔음을 데이터를 통해 제시했다. 기술 낙관주의에 기반한 이러한 주장들은 생존을 위한 일 중심 경제에서 새로운 실존적 국면으로 전환되고 있음을 시사한다.

2) "AI는 인간의 일을 사라지게 할 것이다": 일 소멸의 공포

AI에 대한 낙관론은 강력한 반론과 맞닥뜨린다. 2024년 노벨 경제학상 수상자인 대런 아세모글루(Daron Acemoglu)와 사이먼 존슨(Simon Johnson)은 테크놀로지 분야의 많은 기업가들과 전문가들의 낙관적이고 긍정적인 예측과 주장을 'AI 환상'(AI Illusion)이라 부르며 이에 대해 강력한 의문을 제기한다. 그들은 기술 발전이 가져오는 생산성 향상이 자동으로 사회 구성원 모두의 번영으로 이어질 것이라는 믿음은 역사적 근거가 부족한 낙관론에 불

---

341 Dario Amodei, "Machines of Loving Grace: How AI Could Transform the World for the Better," ***Anthropic Official Essay***, October 2024, accessed December 27, 2025, https://anthropic.com/essays/machines-of-loving-grace.

과하다고 비판한다.[342] 오히려 기술의 방향이 소수의 이익을 위해 일을 대체하는 데만 집중될 경우, 대다수 사람들은 번영의 열매에서 소외될 수밖에 없음을 경고한다. 이러한 'AI 환상'이 초래할 가장 구체적이고도 실질적인 위협은 바로 일자리의 대규모 소멸이다. 일론 머스크는 AI가 인간 일의 대부분을 불필요하게 만들 것이라고 하며, 일과 소득을 연결해 온 문명사적 구조가 붕괴될 가능성을 제기했다.[343] 그의 문제의식은 실업률 증가 수치에 머물지 않는다. 이는 인간의 정체성과 사회적 의미를 형성해 온 핵심 기제인 '일'이 사라짐으로써 발생할 사회 질서의 근본적 균열과 연결된다.

실제로 실업에 대한 우려는 주요 빅테크 기업의 행보를 통해 수치로 증명되고 있다. 아마존(Amazon)은 2022~2024년 사이 약 2만 7천 명을 감축한 데 이어, 2025년 10월에는 AI 물류 자동화와 운영 효율화를 이유로 추가 3만 명 규모의 인력 감축을 공식화했다.[344] 마이크로소프트(Microsoft) 역시 2024년 1만 5천 명 감원에 이어 2025년에도 클라우드 및 AI 부문을 제외한 영역에서 3천 2백 개 이상의 일자리를 정리했다. 이는 AI 산업 자체가 폭발적 수익을 기록하는 것과 대조적으로 기술이 적용되는 현장에서는 대규모 실직이 발생하는 '성장과 고용의 디커플링'(Decoupling) 현상을 보여준다. 구조조정의 파장은 이제 화이트칼라 전 영역으로 확산되고 있다. 골드만삭스(Goldman Sachs)는 보고서를 통해 AI가 전 세계적으로 약 3억 개의 정규직 일자리에 영향을 미칠 것이며, 특히 법률, 행정, 금융 등 고숙련 사무직 업무의 25~50%가 자동화될 수 있다고 분석했다.[345] 맥킨지(McKinsey) 역시 2030

---

342 Daron Acemoglu & Simon Johnson, *Power and Progress: Our Thousand-Year Struggle Over Technology and Prosperity*, 김승진 역, 『권력과 진보: 기술 변혁과 번영을 향한 천년의 투쟁』 (서울: 생각의힘, 2023), 425-482.

343 Elon Musk and Jensen Huang, "Fireside Chat on AI and the Future of Labor," Speech, *U.S.-Saudi Investment Forum,* Washington D.C., November 19, 2025.

344 "Amazon Targets as Many as 30,000 Corporate Job Cuts; Largest Since 2022-23 Layoffs," *Reuters*, October 28, 2025, accessed December 27, 2025, https://www.reuters.com/business/retail-consumer/amazon-targets-as-many-30000-corporate-job-cuts-2025-10-28/.

345 Goldman Sachs Economics Research, "The Potentially Large Effects of Artificial Intelligence on Economic Growth", *Global Economics Analyst*, 2023-2025 Update.

년까지 전 세계적으로 최대 8억 개의 일자리가 자동화로 대체될 수 있다는 비관적 전망을 유지하고 있다. 이제 질문은 대체 여부가 아니라, 대체 속도와 그 이후의 생존 방식으로 전환되었다.

문제는 대부분의 개인과 사회가 이러한 격변에 무방비하게 노출되어 있다는 점이다. 일은 인간의 존엄과 사회적 소속감을 형성하는 핵심 기제다. 역설적이게도 AI가 일의 고통을 덜어줄수록 인간은 '유용성 위기'(Crisis of Uselessness)라는 실존적 위협에 직면한다. 경제적 결핍은 기술적 분배로 보완할 수 있을지라도, 사회가 더 이상 나를 필요로 하지 않는다는 근원적 상실감은 기술이 범접할 수 없는 영역이기 때문이다. AI가 일을 대체할수록 인간은 경제적 위기 이전에 존재론적 위기에 직면하고 있다.

3) AI는 답이 아니라 질문이다

AI는 인간에게서 일을 빼앗을 수도 있고, 극단적 빈곤을 완화하거나 종식시키는 도구가 될 수도 있다. 그러나 이 두 시나리오 가운데 어느 하나도 필연적인 미래는 아니다. AI를 둘러싼 담론 속에서 제시되는 서로 다른 전망과 경고, 그리고 다양한 제도적 실험들은 하나의 공통된 사실을 드러낸다. AI는 사회 문제에 대한 해답을 자동적으로 제공하는 기술이 아니라, 인간 사회가 스스로에게 던지는 질문을 전례 없는 규모로 증폭시키는 기술이다. 이 때문에 AI 시대의 본질적 쟁점은 기술 그 자체가 아니라 인간이다. 기술은 가능성을 열 뿐이며, 그 가능성이 어떤 방향으로 현실화될지는 인간의 선택과 제도, 그리고 가치 판단에 의해 결정된다. AI를 둘러싼 논쟁이 기술의 성능이나 속도에만 머무를수록 정작 인간은 근본적인 질문을 회피하게 된다.

AI가 대규모로 인간의 노동을 대체한다면, 기독교 신학은 '일 이후의 인간'을 '어떻게 이해해야 하는가?'라는 질문에 직면하게 된다. 기독교 신학에서 일은 인간의 정체성과 관련된 존재론적 문제이다. 인간은 일을 통해 하나님의 위임하신 것들을 성취하고, 하나님께 영광을 돌리는 존재다. 따라서 일이 더 이상 인간 존재의 중심축이 되지 않는 사회에서는 인간의 존엄과 삶의 의미를 무엇이 떠받치게 될 것인지에 대한 신학적 재사유가 불가피해진다. 반대로 AI가 생산성을 극대화하여 빈곤을 구조적으로 해소할 수 있다면, 문제는 또 다른 방향에서 제기된다. 그 풍요는 과연 누구를 위한 풍요인가? 기술이 창출한 부가 소수에게 집중된다면, AI는 해방의 도구가 아니라 불평등을 제도적으로 고착화하는 장치가 될 것이다. 따라서 쟁점은 AI가 얼마나 많은 부를 만들어 낼 수 있는가에 있지 않고 그 부를 어떤 윤리와 제도 아래 분배할 것인가에 있다.

여기서 질문은 더욱 분명해진다. 우리는 어떤 사회를 원하는가? 일 없는 풍요를 감수할 준비가 되어 있는가? 아니면 모두가 참여할 수 있는 존엄한 일을 새롭게 구성하는 사회를 선택할 것인가? AI는 이 질문들에 대해 아무런 답도 제시하지 않는다. AI는 선택하지 않는다. 선택하는 것은 인간이며, 인간의 선택은 우리가 사는 세상의 모든 것에 커다란 영향을 미친다. 따라서 AI 시대의 책임은 기술이 인간을 하나님과 이웃 앞에서 어떤 존재로 형성하고 있는지를 분별하고, 성화의 여정 속에서 기술을 어떻게 질서 있게 사용할 것인지에 있다.

AI는 인간을 구원하지 못하며, 구원이라는 문제를 전제하지도 목표하지도 않는다. AI는 인간이 어떤 신을 섬기며 어떤 삶의 방향을 선택하고 있는지를 더욱 선명하게 드러낼 뿐이다. 이러한 맥락에서 AI 시대를 살아가는 크리스천들의 과제는 인간이 하나님의 형상으로 창조되었다는 신앙고백을 기술 문명 속에서 어떻게 보존하고 실천할 것인가라는 질문으로 수렴된다. 인간 존엄, 공동선, 정의에 대한 물음은 새로운 것이 아니라 성경 전체를 관

통해 온 오래된 질문이다. 그러나 AI는 그 질문을 더 이상 추상적인 영역에
머물게 두지 않고, 오늘날 우리에게 구체적인 선택과 책임의 문제로 환기
시키고 있다.

3장 일터선교사란 누구인가: 복음의 사회적 증언자

"일터의 평신도가 무너지면 교회의 자유가 제한된다"

일터선교사를 이해하는 일은 '직장 속에서 복음을 전하는 사람'이라는 기능적 정의만으로는 충분하지 않다. 일터선교사는 신앙과 직업, 공적 영역과 개인적 신앙, 법적 권리와 양심의 자유가 충돌하는 시대에 필요한 새로운 선교 주체이다. 그들은 교회와 세상 사이에서 연결자로 서 있으며, 성경적 정체성과 민주주의 사회가 보장하는 종교의 자유를 기반으로 복음의 공적 의미를 실천하는 사람이다. 또한 국가체제 내에서 교회가 핍박받지 않도록 세속적인 제도를 세우고, 기독교적 진리가 사회의 윤리가 되도록 노력하며, 선교의 자유가 보장되도록 최일선에서 싸우는 십자가 군병이다. 목회자는 사회적으로 존경받을 수 있지만 그 권한은 주로 교회 안으로 제한된다. 반면 일터선교사의 대부분을 차지하는 평신도들은 세속사회에 영향을 미칠 수 있으며 사회적으로 중요 사안의 결정권을 가진다. 따라서 일터선교사의 정체성을 이해하는 일은 기독교가 역사 속에서 치열한 투쟁 끝에 확보해 온 '종교의 자유'라는 가치를 살피고, 그것이 오늘날 사회에서 어떻게 실현되고 있는지를 성찰하는 데에서 시작되어야 한다.

종교의 자유는 교회의 생존을 넘어 사회 전체의 질서와 윤리, 평화와 안정에 직결되는 권리이다. 민주주의는 개인의 양심과 신념을 국가권력으로

부터 보호하려는 시도 속에서 탄생했고, 종교의 자유는 다른 모든 자유권의 기초가 되어 왔다.[346] 그러나 종교의 자유가 침해되는 사회에서는 교회뿐 아니라 시민 전체의 기본권도 흔들리기 마련이다. 종교의 자유는 한 종교의 특권을 의미하는 것이 아니라 서로 다른 신념을 가진 사람들이 공존할 수 있는 최소한의 기반을 마련하는 장치이다. 이 자유가 무너질 때 사회는 이념적 편향, 도덕적 혼란, 법적 갈등이 증폭되며 결국 민주주의 자체가 위협받는다.

종교의 자유는 구체적으로 몇 가지 중요한 권리를 포함한다. 첫째, 종교 실천의 자유이다. 이는 예배와 기도, 성례전과 같은 종교적 행위를 자유롭게 수행할 권리뿐 아니라 종교적 신념에 따라 직업과 삶의 방향을 선택할 수 있는 내적 자유까지 포함한다. 둘째, 종교 전파의 자유이다. 민주주의 사회는 신앙을 타인에게 설명하고 전할 수 있는 표현의 자유를 보호하며, 이는 온라인과 오프라인 모두에서 동등하게 보장되어야 한다. 셋째, 타종교 비판의 자유이다. 종교적·철학적 논쟁은 인류의 지적 유산이며, 특정 종교나 사상을 자유롭게 비판할 수 있는 토대 위에서만 표현의 자유가 온전히 보장된다. 이러한 권리가 약화되면 교회와 선교는 위축되고, 사회를 향한 예언자적 선포는 사라지게 된다.

안타깝게도 현대의 법질서는 기독교 전통에 기반한 절대적 규범 체계로부터 점차 멀어지고 있다. 과거 기독교적 법체계는 하나님과 성경을 규범의 중심축으로 삼았으나, 근대 이후의 법은 인간의 이성과 사회적 합의에 기초한 자율적 체계로 전환되었다. 현대사회에서는 언제나 자유롭게 규범의 올바름에 대해 문제를 제기하고, 자신이 따르고자 하는 규범에 대해 합리적이고 설득력 있는 근거를 부여하는 시민상이 전제된다.[347] 이러한 패러

---

346 John Witte Jr., *Reformation of Rights: Law, Religion and Human Rights in Early Modern* (Cambridge: Cambridge University Press, 2010), 20-37.
347 이상돈, 『인권법』 (서울: 세창, 2006), 90-91.

다임의 법체계에서는 시민들이 능동적인 참여를 촉구받으며, 이에 따라 의사결정 권한이 입법자가 아닌 시민들의 대화와 토론 과정을 통해 행사되는 방식이 대두된다. 즉, 다양한 권리들이 스스로 말하게 하는 의사소통 과정을 통해 최대한 합리적인 결과를 도출하게 된다.

이러한 '법 형성 절차로서의 의사소통' 모델은 규범의 정당성을 시민들의 공론장 내의 끊임없는 재해석에 맡겼다.[348] 그 과정에서 종교적 절대성은 탈색되고, 신앙은 수많은 사적 견해 중 하나로 상대화되었다. 포스트모더니즘 법학은 기존의 법학에서 당연한 것으로 전제했던 것들을 비판하는 것으로 시작하며, 모든 위계질서에 대해 의문을 제기하는 해체 작업이 갖는 실천적 유용성을 법적 논의에 활용하는 것을 목표로 한다.[349]

산업화와 도시화, 일문제, 빈곤과 같은 사회병리 현상들은 법의 '사회화 경향'을 초래했고,[350] 이에 따라 '사회적 정의'(Social Justice) 개념이 형성되었다.[351] 라드브루흐(Gustav Radbruch)가 '개인주의법에서 사회법으로의 변화'[352]라고 표현한 법의 사회화는 경제법·일법·사회보장법과 같은 사회법, 나아가 환경보호와 같은 광범위한 법역으로 확대되었다. 한국 사회 역시 IMF 외환위기를 기점으로 사회적 약자를 보호하기 위해 사회법에 대한 관심이 증폭되었다. 더욱이 사회가 과학기술화되고 세계화됨에 따라 인권 침해의 양상이 교묘하게 내면화되었고, 그 결과로 '소외' 개념이 중심 화두로 대두되었다.

'소외'는 사회적으로 차별받거나 억압되거나 배제되는 모든 상황

---

348 Tony Smith, *The Role of Ethics in Social Theory* (Albany: State University of New York Press, 1991), 153-174.
349 오세혁, 『법철학사』 (서울: 세창, 2005), 399-400.
350 최종고, 『法思想史』 (서울: 박영사, 2011), 275-279.
351 김상용, 『자연법론과 법정책』 (서울: 피앤씨미디어, 2015), 300-301.
352 Gustav Radbruch, *Rechtsphilosophie*, 최종고 역, 『法哲學』 (서울: 삼영사, 1979), 98-105.

을 가리키는데 그치지 않고 그런 사회적인 차별, 억압 또는 배제
와 같은 외적인 현상을 넘어서 그것을 당하는 자가 다른 사람이
외부에서 인지하기 어려운 '자기 자신으로부터의 소외'까지 체험
하게 되는 경우를 가리킨다.[353]

'소외'는 소외된 자들의 경험을 통해 드러나며, 부정적 경험을 자신의 책임이나 운명이 아닌 부당한 구조적 결과로 인식한다. 이는 다른 사람들의 공감적 경청을 통해 소외된 자의 잃어버린 목소리가 회복되는 과정을 인권으로 보게 한다.[354] 인권은 약자 보호를 넘어 정체성, 감정, 문화, 경험 등 비경제적 요소까지 포괄하는 폭넓은 개념으로 확장되었다. 이러한 변화는 1968년 전 세계적 사회운동인 68운동에서 급속히 확산되었다. 반전운동, 학생운동, 여성운동, 일운동 등은 기존 권위와 질서에 대한 도전으로 이어졌고, 이후 페미니즘, 환경운동, 인권운동, LGBTQ+ 운동 등 새로운 사회운동으로 확장되었다. 이 운동들은 다양성과 포용을 법제화하였으며, 기업·대학·공공기관은 다양성 정책을 표준으로 도입하게 되었다.

그러나 이러한 '정치적 올바름'(Political Correctness) 중심의 법·사회 구조는 역설적으로 새로운 갈등을 만들기도 했다. 정치적 올바름이 추구하는 가치와 실제로 발생하는 사회적 결과 사이에는 괴리가 존재하며, 특히 종교 영역에서는 진리 주장 자체가 차별로 간주되어 불법적인 행위로 규정되기도 한다. 종교의 자유를 보장하기 위해 만들어진 자유민주주의적 권리들이 역으로 종교적 표현을 억압하는 방향으로 사용되는 것이다. 종교의 자유가 축소되면 기독교는 공적 영역에서 후퇴하고, 교회는 유지 중심으로 변하며, 성도들은 정체성을 상실할 위험에 처한다.

---

353 이상돈, 『인권법』, 162.
354 이상돈은 클라우스 균터(Klaus Günther)의 인권 개념을 소개하며, 소외론으로서의 인권론을 자유주의의 정치철학이라고 평가한다. 참조. 이상돈, 『인권법』, 164-165.

이러한 시대적 배경 속에서 일터선교사는 제한된 의미의 '직장 내 전도자'가 아니다. 그들은 종교의 자유가 도전받는 사회 속에서 신앙과 직업을 통합하는 존재이자, 공적 영역에서 신앙적 언어를 회복시키는 십자가 군병들이다. 일터는 오늘날 가치 충돌의 최전선이다. 정치적 올바름(PC), 다양성 담론, 기업 윤리, ESG, 인권 감수성, 조직문화 등은 그 자체로 악한 것이 아니다. 오히려 성경적 공의와 맥을 같이하는 지점도 존재한다. 그러나 이러한 가치들이 특정한 이데올로기로 오용되거나 왜곡될 때 이는 신앙적 가치와 정면으로 충돌하거나 깊은 성찰적 대화를 요구하는 까다로운 이슈가 된다. 일터선교사는 이러한 복잡한 구조 속에서 신앙을 단절된 개인 영역에 가두지 않는다. 대신 직업 활동과 조직문화 속에서 신앙을 구체적으로 드러내고, 소명을 실천하는 영적·윤리적 존재로 살아간다. 일터선교사는 교회 밖에서 복음을 증언하고, 정의와 공의에 대한 하나님의 기준을 알려주는 존재이다. 그들의 선교는 요란한 말이 아니라 전문성·정직·책임·정의·사랑의 실천으로 구현되어야 한다. 일터선교사는 직장 안에서 소외된 자를 돌보고, 진리를 말해야 할 때 침묵하지 않으며, 조직문화를 복음적 방향으로 이끄는 강력한 하나님의 대사이다. 다시 말해 일터선교사는 하나님 나라의 가치가 일터에서 실천되도록 인도하는 영적·문화적 청지기이다.

또한 일터선교사는 종교의 자유가 위협받는 시대에 그 자유를 자신의 '일'로 수호하는 사람이다. 그들은 자신의 신앙이 사회적 압박 속에서 침묵하도록 강요받을 때 양심의 자유를 포기하지 않고 그 자유를 정당하게 행사하는 시민이다. 일터선교사는 직장에서 동료들을 돌보고, 공적 대화 속에서 신앙적 관점을 제시하며, 사회가 잃어가는 도덕적 기준을 다시 세우는 역할을 한다. 그들은 법적 권리와 성경적 소명을 이해하고 수용하며, 신앙이 문화 속에서 어떤 방식으로 작동해야 하는지를 삶으로 보여주기 위해 노력한다. 일터선교사는 흠없이 완전한 크리스천이 아니라, 부족함을 안고 주님의 제자로 일터에서 살아가는 사람들이다.

역사적으로 종교의 자유는 프로테스탄트의 희생과 투쟁 위에 세워졌다. 프랑스의 개신교도인 위그노, 영국의 청교도, 스코틀랜드의 언약도 등 수 없이 많은 성도들이 단지 '신앙'을 이유로 박해받거나 순교했다. 개혁자들은 자신들의 신앙이 법적으로 보호받을 수 있도록 수 세기에 걸쳐 분투했다. 그들은 평화롭고 온전한 신앙생활에 필수적인 권리들을 고안하고 체계화하며 현대 민주주의 법체계의 초석을 놓았다. 특히 종교의 자유를 보장하기 위해 마련된 법적 장치들은 점차 양심, 언론, 출판, 집회, 결사의 자유로 분화 및 확장되었으며, 이는 근대 시민 사회와 민주주의를 지탱하는 핵심 가치가 되었다.

종교의 자유가 침해될 때 그 사회에서 신성한 것은 아무것도 남지 않는다. 종교의 자유는 시민 사회를 보호하는 최후의 보루이며, 그 기반 위에서만 교회는 열방을 향해 선교의 기치를 높이 들 수 있다. 그렇기에 오늘의 일터선교사는 동료를 전도하는 역할을 넘어 신앙과 자유, 진리와 사회 정의, 성경적 가치와 민주주의 질서를 연결하는 '공적 신앙인'이다. 그들은 일터의 한가운데에서 하나님 나라의 질서를 구현하고, 신앙의 공적 목소리를 회복시키며, 종교의 자유가 위협받는 시대 속에서 복음의 미래를 열어가는 사람들이다. 일터선교사는 곧 자기 삶 전체로 복음을 증언하는 사람이며, 교회가 세상을 향해 전진하도록 돕는 중요한 선교 주체이다.

4장 하나님이 계시는 일터: 일을 통한 예배

"살아계신 하나님이 일터의 왕이시다"

국제화되고 빠르게 변화하는 시대에는 기존의 사회를 떠받치던 전통적 체계가 흔들리고, 그 결과 문화지체(cultural lag)가 발생한다. 문화지체란 사회를 구성하는 여러 요소 가운데 물질문화(기술·제도·도구)의 변화 속도가 비물질문화(가치·윤리·규범·신념)의 변화 속도보다 훨씬 빠를 때 발생하는 불균형 현상을 지칭한다. 새로운 기술이나 제도가 시행되고 있음에도 불구하고 이를 해석하고 규율할 가치관·윤리·법·신앙 체계가 충분히 따라가지 못할 때 사회적 혼란과 갈등이 나타난다. 인공지능과 자동화 기술은 빠르게 확산되고 있지만, 일의 의미, 인간의 책임, 공정한 분배, 윤리적 판단에 대한 사회적 합의와 규범은 아직 충분히 정립되지 않은 상태다. 이 간극이 바로 문화지체이며, 그 결과로 불안, 혼란, 도덕적 공백이 발생한다.

이 문화지체가 가장 극명하게 드러나는 곳이 바로 일터이다. 일터에서 하나님의 존재가 인정되지 않을 때, 문화지체로 발생한 곳곳의 공백과 간극은 사단적 우상화로 메꿔진다. 기술과 경제 구조가 빠르게 변화하고 복잡한 문제들이 등장하는 시대일수록 사람들은 하나님이 아닌 시장과 자본의 원리가 일터를 지배한다고 목소리를 높인다. 구름이 해를 가린다고 해서 해가 사라지는 것이 아니듯, 보이지 않는다고 해서 하나님이 부재하신 것은 아니다. 인간의 눈에 보이지 않아도 대기가 쉼 없이 순환하며 생명을 지탱하듯, 하나님의 일하심은 단 한 순간도 멈춘 적이 없다. 우리의 일터는 바로 그 살아계신 하나님이 일하시며 역사하시는 '그분의 무대'이다.

1. 하나님이 거하시는 일터

당신이 어느 회사를 방문해 건물 안으로 들어섰을 때, 관리인과 미화원 들이 분주히 쓸고 닦고 있고, 안내데스크에서도 방문자인 당신에게 관심을 기울이지 않는다면, 이 회사에는 무슨 일이 벌어지고 있는 것일까? 임시 출입증을 발급받고 보안대를 지나 본관으로 이동하는 동안 임직원 모두가 분주하게 움직이고 있는 모습을 본다면 당신의 짐작은 틀리지 않을 것이다. 그날은 회장님이 방문하는 날이다. 거래처 주요 인사인 당신보다 더 주목받는 존재는 오직 그 한 사람뿐이다. 그날 회사 전체는 철저히 '회장님'을 중심으로 움직인다.

세상 모든 일터의 진정한 회장님은 하나님이시다. 일터는 결코 하나님 이 부재한 공간이 아니다. 창세기의 창조 이야기 속에서 하나님은 인간에 게 땅을 일구고 세상을 돌보는 일을 맡기셨고, 그 일의 한가운데서 인간과 함께하셨다. 성경은 하나님이 성전뿐 아니라 일상 속에서 일하시는 분임을 반복하여 증언한다. 예수께서도 목수의 가정이라는 평범한 일의 자리에서 성장하셨듯이 하나님은 인간의 일터를 하나님 뜻이 실현되고 하나님을 느끼고 알아가는 공간으로 창조하셨다.

그러나 세속사회는 일터에는 마치 하나님이 계시지 않는 것처럼 일터에 서는 성경의 원리가 아닌 세상의 원리가 지배한다고 끊임없이 거짓말을 하고 있다. 하와를 거짓으로 속여 죄를 짓게 만들고 에덴동산에서 쫓겨나게 만든 비극적인 이야기는, 크리스천들의 직장생활에서 재생될 수 있다. 일터는 깨어있는 크리스천들에게는 소명을 성취하는 장이 되고, 분별하지 못하는 사람들에게는 헛된 노력을 쏟게 하는 거짓의 장이 된다. "나는 여호와이니 이는 내 이름이라 나는 내 영광을 다른 자에게, 내 찬송을 우상에게 주지 아니하리라"(사 42:8).

크리스천은 이 분명한 진리를 선포하기 위해 일터에 보냄을 받았다. 일터는 하나님 없이 버텨내야 하는 생존의 자리가 아니라 하나님이 함께하시는 소명의 자리이다. 일터가 하나님이 임재하시는 곳임을 믿을 때 크리스천의 일은 놀라운 가치를 가지며 비로소 세상에 하나님의 영광의 빛을 반사하게 된다. 크리스천은 하나님께로부터 위임받은 청지기이지 흑암의 권세에 사로잡힌 죄의 종이 아니다. "만물이 그에게서 창조되되 하늘과 땅에서 보이는 것들과 보이지 않는 것들과 혹은 왕권들이나 주권들이나 통치자들이나 권세들이나 만물이 다 그로 말미암고 그를 위하여 창조되었고"(골 1:16).

하나님이 임재하시는 일터는 공동체성이 회복되는 자리이다. 인간은 하나님의 형상으로 지음 받은 본질적으로 공동체적인 존재이며, 결코 혼자 일하도록 창조되지 않았다. 기술 발전과 원격근무, 자동화가 확산되는 시대에도 인간은 서로 협력하며 선한 일을 도모해야 한다. 크리스천들은 일터에서 타종교나 무신론자와 함께 일하며 그 안에서 공동의 목적을 위해 협력하기도 하고, 동의할 수 없는 부분에 대해서는 대항문화적인 태도를 가지고 지혜롭게 행동한다. 일터는 교회가 아니지만, 크리스천은 일터의 진짜 주인이 하나님이시라는 것을 알기에 그분을 섬기며 책임 있게 일한다. 일터를 하나님이 실제로 일하시는 자리로 인식할 때 크리스천의 정체성과 소명은 더욱 확고해지며 삶에서도 풍성한 결실을 맺는다.

2. 일터의 정의(正義)

성경은 하나님을 정의(正義)의 하나님으로 증언한다. 구약의 율법은 약자를 보호하고 공의를 실천하는 사회 질서를 강조하며, 선지자들은 반복적으로 불의한 권력과 경제적 착취를 고발했다. 예수께서도 억눌린 자를 자유케 하고 포로 된 자를 풀어주는 정의의 복음을 선포하셨다. 성경과 역사 속에서 '정의'는 언제나 핵심적인 주제로 등장한다. 성경에서 정의는 하나님의 명령이 공동체와 개인의 삶 속에서 무너질 때 하나님 심판의 근거로 나타나며, 역사 속에서는 사회 질서가 흔들리고 기존의 기준이 더 이상 설득력을 잃을 때 다시 부상한다. 정의는 추상적 개념이지만, 반드시 실천을 요구하는 개념이라는 점에서 언제나 현실적이며 역동적이다. 따라서 "정의란 무엇인가"라는 질문은 철학적 사유가 아니라, 어떤 사회와 어떤 삶을 선택할 것인가에 대한 실천적 질문이다.

성경의 정의는 세속적 정의 이론과 구별될 뿐 아니라 더 넓은 의미를 포괄한다. 성경에서 정의는 다음 두 가지 차원을 포함한다.

첫째는 공적·법적 정의로서, 공적으로 실행되는 공의를 의미한다. 이는 억울함을 바로잡고, 권력 남용을 제한하며, 사회 질서를 공정하게 유지하시는 하나님의 통치를 가리킨다. 구약성경에서는 이를 미쉬파트(מִשְׁפָּט)라 부르며, 신약성경에서는 크리시스(κρίσις)로 표현된다. 영어성경에서는 주로 justice 또는 judgment로 번역된다.

둘째는 관계적·윤리적 정의로서, 하나님 앞에서 올바르게 살아가는 삶의 태도를 의미한다. 가난한 자를 돕는 행위, 약자를 돌보는 책임, 언약에 충실한 삶이 모두 여기에 포함된다. 구약성경에서는 체다카(צְדָקָה), 신약성경에서는 디카이오쉬네(δικαιοσύνη)로 표현되며, 영어성경에서는 주로 righteousness로 번역된다.

성경의 정의관은 한마디로 이렇게 요약할 수 있다. "미쉬파트 없는 체다카는 공허하고, 체다카가 없는 미쉬파트는 폭력이 된다." 신약적 표현으로 환언하면, "크리시스 없는 디카이오쉬네는 공허하고, 디카이오쉬네 없는 크리시스는 폭력이 된다." 이 두 차원은 결코 분리될 수 없으며, 정의는 언제나 하나님과의 관계성 안에서 실현되는 사회적 실천이다(창 18:19; 시 33:5; 사 1:27; 암 5:24).

이 정의의 하나님이 오늘날 우리를 부르시는 중요한 자리 중 하나가 바로 일터이다. 일터는 인간의 삶과 사회의 경제 구조가 집중되는 공간이며, 동시에 불의와 부정이 가장 쉽게 발생하는 현장이다. 부정한 관행, 편향된 평가, 차별, 불투명한 의사결정, 이익 우선주의는 일터의 정의를 무너뜨리고 하나님 나라의 질서를 거스른다. 크리스천은 이러한 현실 앞에서 도덕적 중립을 선택할 수 없다. 정의는 선택 가능한 옵션이 아니라 하나님 앞에서의 응답이며, 하나님 나라가 구체적으로 드러나는 방식이다.

AI 시대의 일터는 새로운 정의의 문제를 제기한다. AI는 인간의 윤리를 대신 판단할 수 없으며, AI가 학습하는 데이터는 이미 사회적 편향과 불의를 내포하고 있다. 다시 말해, AI의 결정은 본질적으로 개발자와 기업, 그리고 사회가 가진 가치관과 왜곡을 반영한다. 윤리적 기준에 대한 사회적 합의가 존재하지 않는 상황에서 기술은 책임을 회피한 채 또 다른 형태의 불의를 재생산할 위험을 안고 있다. 플랫폼 자본주의의 확산 역시 막대한 경제적 권력을 특정 기업에 집중시키며, 사용자들은 자신도 모르는 사이에 플랫폼의 가치 체계 안에서 사고하고 행동하게 된다. 기술과 경제는 결코 중립적이지 않으며, 반드시 도덕적·문화적 질서를 형성한다. 따라서 일터에서 정의를 실천한다는 것은 내부 절차의 공정성을 유지하는 차원과 기술 사용과 데이터 처리, 알고리즘 적용, 조직 구조 설계, 플랫폼 윤리까지를 포함하는 광범위한 책임을 의미한다.

크리스천이 일터에서 정의를 세운다는 것은 거창한 개혁 이전에 공정성을 선택하는 작은 행동에서 시작된다. 크리스천의 정의는 하나님과의 관계성 안에서만 인식되고 실천될 수 있다. 따라서 일터의 정의는 곧 하나님을 아는 지식의 실제적 표현이며, 믿음의 공공적 증언이다. "인자가 아버지의 영광으로 그 천사들과 함께 오리니 그 때에 각 사람이 행한 대로 갚으리라"(마 16:27). 마지막 심판의 날 하나님께서 평가하시는 것은 우리가 교회 안에서 얼마나 많은 종교적 활동을 했는가가 아니라, 삶 전체에서 어떤 선택을 하고 어떤 일을 행했는가이다. 신약성경에서 '심판하다'는 뜻으로 사용되는 크리네인(κρίνειν)은 공적·법적 정의를 의미하는 크리시스(κρίσις)의 동사형이다. 이는 개인의 내면적 신앙을 평가하는 데 그치지 않고, 온 세상 앞에 공적으로 집행되는 하나님의 정의로운 판결을 가리킨다.

사도 바울은 아레오바고 설교에서 종말에 임할 하나님의 정의를 다음과 같이 선언한다.

> καθότι ἔστησεν ἡμέραν ἐν ᾗ μέλλει **κρίνειν** τὴν οἰκουμένην ἐν
>
> **δικαιοσύνῃ**
>
> 그것은 하나님께서 세계를 정의로 심판하실 날을 정해 놓으셨기 때문입니다. (행 17:31, 새번역)

이 본문은 공적·제도적 정의를 뜻하는 '심판하다'(크리네인, κρίνειν)와 관계적·윤리적 정의를 의미하는 '정의'(디카이오쉬네, δικαιοσύνη)가 종말론적 심판 안에서 하나의 통합된 기준으로 작용함을 분명히 보여준다. 사도행전 17장 31절에서 하나님은 세상의 마지막을 단순한 보응이나 처벌의 순간으로 묘사하지 않으시고, 정의로운 통치가 완성되는 결정적 시점으로 제시하신다. 이는 최종 심판이 법적 판단만이 아니라 인간이 하나님 앞에서 어떤 관계를 선택하며 어떻게 살아왔는가에 대한 총체적 평가임을 의미한다. 결국 성경이 말하는 종말론적 정의는 공적 질서의 회복과 인격적 책임의 완성을 동시에 요구하며, 인간의 삶 전체를 하나님 나라의 정의 아래 놓이게 한다.

3. 일을 통한 예배

웨스트민스터 소요리문답은 인간 존재에 대한 가장 근본적인 질문과 그에 대한 명확한 답변으로 시작된다.

문 1. 사람의 제일 되는 목적은 무엇입니까?
답. 사람의 제일 되는 목적은 하나님을 영화롭게 하는 것과 그분을
　　영원토록 즐거워하는 것입니다.

이 답변은 형식적인 교리 문장이 아니라 그리스도인의 삶 전체를 규정하는 기준이다. 20세기 복음주의의 양심이라 불린 토저(A. W. Tozer)는 인간 존재의 궁극적 목적을 '예배'라고 강조하며 인간은 예배를 위해 창조되었고, 예배를 위해 거듭난 존재라고 주장했다.[355]

우리는 우리의 욕구들을 당장 충족시키기 위해 존재해서는 안
된다. 우리는 그것들보다 더 크고 더 위대하고 더 영원한 것을
위해 존재해야 한다. 그것은 바로 하나님을 예배하고 하나님을
영원히 즐거워하는 것이다. 이제 당신은 우리가 왜 창조되었는

---

355 A. W. Tozer, *Worship : The Missing Jewel*, 이용복 역, 『이것이 예배이다』 (서울: 규장, 2006), 22-23.

지 알게 되었을 것이다. 하나님은 아무 목적 없이 일하시는 분이
아니다.[356]

인간의 타락 이후 예배는 더 이상 자연스럽게 흘러나오는 삶의 방식이
아니라, 죄로 왜곡된 본성을 거슬러 오직 그리스도의 은혜로만 드릴 수 있
는 것이 되었다. 하나님께서는 예수 그리스도를 통해 자신의 백성이 본래
의 목적-하나님을 영화롭게 하는 삶-대로 살 수 있도록 하셨다. 그러므로 예
배는 특정한 시간이나 장소에 제한된 종교 행위가 아니라, 삶의 양식이자
하나님을 향한 전인적 응답으로 이해되어야 한다.

예수님께서는 제자들에게 "너희는 세상의 소금이요 빛이라"(마 5:13-14)
고 말씀하셨다. 이 선언은 교회 안에 머무는 정체성을 의미하는 것이 아니
라 일터와 삶의 현장 속에서 구현되어야 할 실천적 소명을 뜻한다. 예수님
께서 들려주신 선한 사마리아인의 비유는 이 말씀의 의미를 잘 보여준다.
강도 만난 사람을 보고도 지나쳐 간 제사장과 레위인은 종교적 역할을 수
행하는 사람들이었지만, 그들의 신앙은 삶의 자리에서 예배로 이어지지 않
았다.

반면 사마리아인은 길 위에서 멈추어 서서 자신의 시간과 자원, 책임을
사용해 이웃을 도와주었다. 그의 행동은 종교적 의례가 아니라 삶의 한복
판에서 드려진 예배였다. 이 비유는 참된 예배가 말이나 감정, 형식이 아님
을 분명히 나타낸다. 하나님 사랑은 이웃 사랑과 분리될 수 없다. "네 이웃
을 네 자신과 같이 사랑하라"(눅 10:27)는 말씀은 예배의 방향을 삶의 자리로
돌려놓는다. 크리스천의 선한 영향력은 거대한 프로젝트나 눈에 띄는 성공
에서 비롯되지 않는다. 오히려 정직함, 인내, 절제, 친절, 신뢰와 같은 일상
의 태도를 통해 하나님의 성품이 드러날 때, 크리스천의 삶은 강력한 설득

---

356 Tozer, 『이것이 예배이다』, 22-23.

력을 갖게 된다. 선한 영향력을 가진 크리스천은 말로 신앙을 설명하는 것이 아니라 삶 자체로 하나님 나라를 증언한다.

이러한 선한 영향력은 개인의 차원에 머물지 않고 조직과 사회를 향한 책임으로 확장된다. 크리스천 리더는 하나님 나라의 관점에서 조직문화를 형성하고, 윤리적 기준을 강화하며, 공정한 구조를 만들어야 할 소명을 가지고 있다. 사회적 책임과 공익을 추구하는 기업 문화가 확산될 때 일터는 경제 시스템을 넘어 공동선을 추구하는 공동체로 변화될 수 있다. 일터의 관계 속에서 사랑을 실천하는 것 또한 선한 영향력의 중요한 표현이다. 동료의 어려움을 외면하지 않고, 갈등 속에서도 감정보다 존중을 선택하며, 실패한 이를 정죄하기보다 회복을 돕는 태도는 조직문화를 변화시키는 힘을 지닌다. 선한 사마리아인이 강도 만난 사람을 '방해물'이 아니라 '이웃'으로 보았던 것처럼, 기독교적 사랑은 동료와 일터, 세상을 구하는 동력이 된다.

전문성은 선한 영향력이 드러나는 중요한 통로이다. 하나님께서 주신 재능을 성실하고 정직하게 사용하는 과정 자체가 신앙의 실천이기 때문이다. 전문성은 단기간에 형성되지 않으며, 오랜 시간에 걸친 책임감과 인내 속에서 축적된다. 맡겨진 자리에서 흔들림 없이 성실하게 일할 때 신앙은 삶 속에서 자연스럽게 빛이 되어 드러난다. 그리고 사람들은 그 빛을 통해 보이지 않지만, 분명히 살아 계신 하나님을 인식하게 된다.

그러나 전문성이 곧 탁월함과 동일시되어서는 안 된다. 크리스천이라면 언제나 뛰어난 성과를 내야 한다는 기대는 성경이 말하는 청지기 정신과는 거리가 있다. 하나님께서는 인생의 계절을 정하는 분이시며, 열매의 때와 과정은 인간이 통제할 수 없다. 크리스천에게 요구되는 것은 성과가 아니라, 맡겨진 자리에서 성실함과 정직함, 겸손함으로 하나님께 순종하는 믿음의 태도이다. 탁월함은 하나님께서 허락하실 때 감사로 받는 은혜이지 신앙의 의무나 경건의 증명이 아니다.

일터에서 나타나는 선한 영향력은 인간의 능력이나 의지만으로 완성되지 않는다. 예수 그리스도 앞에 자신을 내려놓고, 그분이 우리를 통해 일하시도록 삶을 맡길 때, 평범한 일은 하나님의 손에 들려 거룩한 사역이 된다. 그러므로 크리스천은 자신의 역량보다 성령의 인도하심을 신뢰하며, 매일의 일상 속에서 하나님 앞에 정직하게 서는 삶을 선택해야 한다. 하나님은 일터에서 우리와 함께 일하시며, 그 일하심을 통해 우리를 하나님의 장성한 자녀로 빚어 가신다.

현대사회에서 일과 예배의 관계는 거의 '이혼' 수준에 이르렀다.[357] 그러나 일이 하나님이 계획하신 본래의 취지대로 실천될 때, 일과 예배는 조화를 이루며 가장 아름다운 예배로 하나님께 드려진다. 지구상에 존재하는 모든 인류와 역사 속에 명멸해 간 사람들 가운데 오직 크리스천만이 하나님께 예배를 드릴 수 있다. 이 예배는 주일에 교회라는 공간 안에서만 드려지는 것이 아니라, 평일의 치열한 일터 한복판에서도 끊임없이 이어질 수 있다. 예배는 크리스천만이 누리는 특권이며, 우리에게 주어진 영광스러운 소명이다.

---

357 Matthew Kaemingk and Cory B. Willson, *Work and Worship : Reconnecting Our Labor and Liturgy* (Grand Rapids : Baker Academic, 2020), 27-34.

$$\text{에필로그}$$

영화 킹 리차드(King Richard)에는 "계획을 세우는 것에 실패하면, 실패를 계획하는 것이다(If I fail to plan, I plan to fail)"라는 인상적인 대사가 등장한다. 허드렛 일을 하며 빈민가에서 살아가는 리차드는 두 딸에게 테니스를 가르치며 이 말을 수없이 반복했고, 가족들은 그 말을 따라 계획을 세우고 실행에 옮겼다. 결국 리차드의 딸 비너스 윌리엄스와 세레나 윌리엄스는 세계적인 테니스 스타가 되었다. 이 대사는 크리스천의 일터에도 동일하게 적용된다. 신앙과 일, 교회와 직장, 성도로서의 정체성과 직업인의 정체성을 연결하는 계획이 없다면, 우리는 사실상 신앙 없는 일터를 계획하는 것과 같다. 성도로서의 정체성에 근거해 일과 일터에 관한 방향과 목표를 세우지 않는다면, 하나님이 일터에 숨겨 놓으신 은혜와 부르심을 경험하지 못한 채 세상이 정한 기준 속에서 소모되며 살아갈 수밖에 없다.

본서를 통해 강조하고자 했던 핵심은 '일터선교'에 대한 인식의 확장이다. 일터선교를 단순히 '직장에서 전도하는 행위'로 국한하는 것은 일터를 통해 온 세상을 회복하시려는 하나님의 거대한 계획을 오해하는 것이다. 일터는 삶의 중심 무대이며, 바로 그 자리에서 '하나님의 자녀'로 살아가는 것은 경이롭고 위대한 일이다. 이를 인식할 때 우리는 비로소 '생계형 직장인'을 넘어 '하나님의 일터선교사'로 거듭날 수 있다.

나는 일터신학자의 시선과 일터사역자로서의 경험을 바탕으로 두 가지 통찰을 다시 한번 강조하고자 한다.

첫째, 일터는 승부처다. 일터는 자신의 이기심과 나약함을 신앙으로 넘어서는 '내면의 전쟁터'이고, 하나님을 대적하는 세속적 가치와 부딪히는 '영적 전쟁터'이며, 이웃과 창조세계를 섬기는 '사랑의 현장'이다. 또한 일터는 나를 향한 하나님의 계획이 드러나는 자리이며, 하나님이 의도하신 '참된 나'와 내가 되고 싶은 '욕망의 나'가 충돌하는 자리이다. 성도는 이 일터의 긴장을 통과하며 하나님께서 위임하신 과업을 성취할 뿐 아니라 그리스도의 장성한 분량에 이르는 성숙을 경험한다. 그 과정에서 우리는 사람의 속임수와 세상의 간사한 유혹에 흔들리지 않게 되고, 풍조에 밀려 요동하지 않는 견고한 믿음을 갖추게 된다(엡 4:13-14).

둘째, 믿음은 능력이다. 세상은 종종 신앙을 개인적 영역에 가두려고 하며, 특히 개신교인의 신앙 표현에 불편함을 드러내기도 한다. 그러나 그 이유는 단순한 문화적 갈등이 아니다. 세상은 개신교 신앙이 지닌 힘-하나님의 진리를 삶과 사회에 적용하려는 열정과 실천 능력-을 알고 있기 때문이다. 예수님께서는 "너희는 세상의 빛이라"(마 5:14)고 말씀하셨고, 등불을 켜서 감추지 말고 등경 위에 두라고 하셨다(마 5:15). 믿음을 드러내는 것은 교만이 아니라 빛되신 그리스도의 영광에 응답하는 순종이다. 그러므로 크리스천의 믿음은 감추어야 할 수줍은 진리가 아니라, 세상을 비추는 능력이다. 우리는 세상 속에서 빛의 자녀로 살도록 부름받았고, 일터는 그 빛이 가장 선명하게 드러나야 할 자리이다.

마지막으로, 나의 부끄러운 고백을 덧붙이며 이 책을 맺으려 한다. 인도네시아에서 첫 직장을 다니던 시절 부사장님이 내게 해 주신 한 마디가 아직도 마음에 남아 있다. "사람의 몸에서는 세 가지 물이 나온다. 땀, 눈물, 그리고 피." 무슨 이야기를 하다 이 말씀을 하셨는지 지금은 기억나지 않는다. 다만 적도의 뜨거운 열기와 함께 이 세 단어는 내게 강렬하게 새겨졌다. 사회생활을 시작할 때 나는 약간의 땀방울만 흘리면 되는 폼나는 직장생활이 되기를 바랐지만 그런 삶은 없었다. 나는 일을 하면서 눈물과 콧물, 피눈물을 쏟아냈다. 그러나 인생을 돌이켜보니 내 모든 눈물은 주님께서 닦아주셨고 광야를 지난 이스라엘 백성들처럼 나의 옷과 신발도 해어지지 않았다. 나는 여전히 광야 길을 걷고 있지만, 이제는 나와 함께 걸으시는 예수님을 볼 수 있기에 과거처럼 두려워하거나 어리석거나 탐욕스럽지 않다.

나는 성공한 직장인이나 대단한 목회자여서 이 책을 쓰고 있는 것이 아니다. 오히려 너무도 부족한 사람임을 알기에 두렵고 떨리는 마음으로 이 마지막 문장을 적어 내려가고 있다. 나는 이 책을 읽는 모든 독자들이 하나님이 보내신 일터에서 성도로서의 정체성을 잃지 않고, 믿음을 숨기지 않으며, 소명을 잊지 않기를 간절히 바란다. 예수님은 이미 우리의 자리에서 일하고 계시며, 우리를 통해 일하신다. 그렇기에 우리는 주님의 일하심과 영광을 일터라는 일상의 자리에서 반드시 보게 될 것이다. 비록 그 과정이 험난할지라도 십자가를 북극성 삼아 길을 잃지 않고 완주하기를 소망한다. 그리스도의 방식으로, 그리스도의 인내로, 그리스도의 사랑으로 일터에서 삶으로 예배하는 성도가 되기를 바란다. 어린 양 예수의 부르심에 응답하는 것만큼 영광스럽고 가슴 떨리는 일은 없다. 예수 그리스도의 십자가 능력에 힘입어 우리 모두 보냄을 받은 각자의 일터에서 승리하기를 기대하며 기도한다.

"아버지께서 나를 보내신 것 같이 나도 너희를 보내노라"(요 20:21).

참고문헌

강재춘. "이슬람 상인들의 상업활동을 통한 다와에 관한 고찰: 마울라나 말릭 이브라힘의 활동을 중심으로."「FIM 이슬람 세미나 자료집」(2025): 1-18.
구성모. "이주민선교 사역자 육성의 실태와 훈련방법."「복음과 선교」51 (2020): 55-88.
구릉, 보즈 버하두. "네팔 기독교 선교역사와 초기 그리스도인들에 대한 연구." 석사학위논문, 감리교신학대학교, 2009.
기독교대한감리회군선교회.『한국 감리교회 군선교 66년사』. 서울: 한들출판사, 2015.
김광열.『총체적 복음』. 군포: 다함, 2020.
______. "개혁주의 인간론에 관한 연구: 총체적 복음의 관점에서."「신학지남」86/4 (2019): 105-129.
김기태. "한국전쟁과 군선교."「선교와신학」26 (2010): 41-69.
김기흥. "군선교의 역사와 신학."『군선교신학』. 서울: 대한예수교장로회총회출판국, 1990.
김상용.『자연법론과 법정책』. 서울: 피앤씨미디어, 2015.
김선덕.『해군의 아버지 손원일』. 서울: 다물아사달, 2017.
김성규. "프랑스 성경 번역 역사."「성경원문연구」26 (2010): 113-136.
김양선.『한국기독교사 연구』. 서울: 기독교문서선교회, 1972.
김태유·김대륜.『패권의 비밀』. 서울: 서울대학교출판문화원, 2018.
김현성. "6.25 전쟁 당시 한국군 최초의 군종 목사는 누구였을까?" 뉴스파워 (newspower.co.kr). 2021년 7월 6일 수정. 2025년 10월 5일 접속. https://www.newspower.co.kr/51895.
대한예수교장로회 총회.「대한예수교장로회 총회 회의록」. 1952.
박성원. "군종약사(국방부, 육해공군) 소개."『군선교신학』. 서울: 대한예수교장로회출판국, 1990: 347-404.
박완.『한국기독교백년』. 서울: 성서교재간행사, 1984.
박영환. "웨슬리 선교의 이해와 평가."「복음과 선교」46 (2019): 233-279.
박용규.『한국기독교회사 I』. 서울: 생명의말씀사, 2007.
박응규. "엑스플로 74가 한국교회와 선교운동에 미친 영향."「복음과선교」66 (2024): 47-82.
박종언. "성결인 파워 인터뷰, 한직선 초대회장 박홍일 장로."「한국성결신문」. 2021년 5월 12일. 2023년 2월 25일 접속. https://www.kehcnews.co.kr/news/articleView.html?idxno=140400.
박태현. "아브라함 카이퍼의 일반은총론 소고."「개혁논총」31 (2014): 159-185.
방선기. "한국교회 일터사역의 어제와 오늘, 그리고 내일".「통합연구」22/2 (2020): 33-53.
______.『일터사역론』. 서울: 직장사역연구소, 2018.
법무부. "연도별 인구대비 체류외국인 현황".

서원모·김창선. "장 바세의 조화복음서 《사사유편》(四史攸編)의 구조 및 특징 연구." 「교회사학」 17 (2020): 35-77.

성원용. 『위그노처럼』. 파주: 국민북스, 2021.

손준영. 『거대한 뿌리』. 서울: 비씨스쿨, 2018.

심창섭. "16세기 종교개혁기의 선교적 이해." 「교회와 세계선교」 56 (2017): 11-51.

NCCK인권위원회. 『1970년대 민주화운동 II』. 서울: 한국기독교교회협의회, 1987.

오덕교. "군복음화 50년의 역사." 『군선교신학 1』. 서울: 한국기독교군선교연합회, 2004.

오세혁. 『법철학사』. 서울: 세창, 2005.

유의영. 『지역사회를 섬기는 교회: 도림교회 70년사』. 서울: 한국장로교출판사, 1997.

육군본부 편. 『육군군종사』. 계룡: 육군인쇄공창, 1975.

육사교회 50년사 편찬위원회. 『육사교회 50년사』. 서울: 육군사관학교 교회, 2004.

영등포산업선교회 40년사 기획위원회. 『영등포산업선교회 40년사』. 서울: 영등포산업선교회, 1998.

이기양. "서울대교구 내에서의 직장인 사목의 현실 및 전망." 「사목연구」 4 (1996): 40-56.

이덕주. 『한국 감리교회 군선교 66년사』. 서울: 한들출판사, 2015.

이병수. "한경직 목사와 선교." 「복음과선교」 9 (2008): 163-186.

이상돈. 『인권법』. 서울: 세창, 2006.

이진우. 『AI 시대의 소크라테스: 인공지능은 못하고 인간은 할 수 있는 철학적 질문들』. 서울: 휴머니스트출판그룹, 2024.

이찬영 편. 『한국기독교사 연대표』. 서울: 창미서관, 1979.

이혜정. 『한경직의 기독교적 건국론』. 서울: 대한기독교서회, 2011.

임보혁. "일터선교사, 직장이 곧 임지… 평신도 전문인 선교 시대 연다." 「국민일보」. 2021년 5월 12일. 2023년 2월 25일 접속. http://news.kmib.co.kr/article/view.asp?arcid=0924191535&code=23111114&cp=nv.

임인재. "1960년대 인천도시산업선교회의 활동과 조지 오글." 「기전문화연구」 40/2 (2019): 141-169.

전쟁기념사업회. 『현대사 속의 국군』. 서울: 대경문화사, 1990.

조귀삼. 『현대사회의 다문화선교』. 안양: 세계로미디어, 2022.

조승혁. 『도시산업선교의 인식』. 서울: 민중사, 1981.

조해룡. "한국 최초 방문 선교사 칼 귀츨라프(Karl F. Gutzlaff)의 선교 사상과 조선 선교 연구." 「복음과 선교」 45 (2019): 181-216.

조훈. 『윌리엄 밀른』. 서울: 그리심, 2008.

정비호. "군 구조 변화에 따른 '비전 2030 실천운동'의 현실과 전망." 「군선교, 청년」 23 (2024): 15-44.

최덕성. "프랑스 복음주의 교회, 성장하고 있다." 「기독일보」. 2016년 3월 12일. 2022년 9월 3일 접속. https://kr.christianitydaily.com/articles/87272/20160312/프랑스-복음주의-교회-성장하고-있다.htm.

최수호. "2040세대를 위한 교회 모델 직장사목부의 역할과 전망." 「사목정보」 6. no.9 (2013): 30-33.

최종고. 『法思想史』. 서울: 박영사, 2011.

통계청. "이민자체류실태 및 고용조사." 2023.

한국기독교군선교연합회(MEAK). 『제53차 정기총회 보고서』. 2024.

한국 CBMC. 『한국 CBMC 운영지침서 개정판 VII』. 사단법인 한국기독실업인회.

한국 CBMC T/F. 『한국 CBMC 70년사, 은혜의 70년 여호와께로 돌아가자』. 사단법인 한국기독실업인회, 2021.

浅田 実. 『イギリス東インド会社 ―世界戦略を展開した巨大株式会社』. 이하준 역. 『동인도회사: 세계 전략을 전개한 거대 주식회사』. 서울: 파피에, 2004.

Abu-Nasr, Donna. "Firms Turn to Chaplains to Counsel, Aid Workers." *Los Angeles Times*. March 6, 1997. Accessed August 8, 2022. https://www.latimes.com/archives/la-xpm-1997-03-06-fi-35222-story.html.

Acemoglu, Daron, and Simon Johnson. *Power and Progress: Our Thousand-Year Struggle Over Technology and Prosperity*. 김승진 역. 『권력과 진보: 기술 변혁과 번영을 향한 천년의 투쟁』. 서울: 생각의힘, 2023.

Al-Rodhan, Nayef. "The Moral Code." In The Fourth Industrial Revolution. 김진희·손용수·최시영 역. 『4차 산업혁명의 충격』, 248-256. 서울: 흐름출판, 2016.

Amodei, Dario. "Machines of Loving Grace: How AI Could Transform the World for the Better." *Anthropic Official Essay*, October 2024. Accessed December 27, 2025. https://anthropic.com/essays/machines-of-loving-grace.

Aritonang, Jan Sihar, and Karel Steenbrink, eds. *A History of Christianity in Indonesia*. Leiden: Brill, 2008.

Barnett, C. K., et al. "Learning to Learn About Spirituality: A Categorical Approach to Introducing the Topic into Management Courses." *Journal of Management Education* 24/5 (2000): 562-579.

Bartholomew, Craig G. *Contours of the Kuyperian Tradition: A Systematic Introduction*. Downers Grove: IVP, 2017.

Bavinck, Johan Herman. *The Church Between Temple and Mosque: A Study of the Relationship Between the Christian Faith and Other Religions*. Grand Rapids: Eerdmans, 1981.

Beeke, Joel R., et al., *Living for God's Glory: An introduction to Calvinism*. 신호섭 역. 『칼빈주의: 하나님의 영광을 위하는 삶』. 서울: 지평서원, 2010.

Bennett, Clinton. "The Legacy of Henry Martyn." *International Bulletin of Missionary Research* 16/1 (1992): 10–15.

Berger, Peter. "The Desecularization of the World: A Global Overview". The Desecularization of the World: Resurgent Religion and World Politics. Grand Rapids: W.B. Eerdmans, 1999.

Bernbaum, John A., and Simon M. Steer. *Why Work?: Careers and Employment in Biblical Perspective*. Grand Rapids: Baker Book House, 1986.

Blauw, Johannes. *The Missionary Nature of the Church*. Grand Rapids: Eerdmans, 1974.

Bostrom, Nick. *The Transhumanist FAQ: A General Introduction*. Version 2.1. World Transhumanist Association, 2003.

Bowie, W. Taylor. "William Carey." *Baptist Quarterly* 7 (1934-1935): 168-174.

Broomhall, Marshall. *Robert Morrison: A Master-Builder*. Edinburgh: Turnbull and Spears, 1924.

Bruce, Steve. *Religion in the Modern World: From Cathedrals to Cults*. Oxford: Oxford University Press, 1996.

Calvin, John. *Institutes of the Christian religion*. Peabody: Hendrickson Publishers, 2008.

______. *Genesis*. Wheaton: Crossway, 2001.

______. *Commentaries on the Epistles of Paul to the Galatians and Ephesians*. Grand Rapids: Baker, 1979.

______. *Calvin's New Testament Commentaries: Romans*, 민소란 역.『칼빈주석: 로마서』. 서울: 규장, 2013.

______. *Sermons on the Epistle to the Ephesians*. Carlisle: The Banner of Truth Trust, 1987.

The Cape Town Commitment, 2010.

"Chaplain Interviews." Accessed August 8, 2022. https://mchapusa.com.

Chenu, Marie-Dominique. "Towards a Theology of Work." *Cross Currents* 7/2 (1957): 175-183.

Ciulla, Joanne B. *The Working Life: The Promise and Betrayal of Modern Work*. 안재진 역.『일의 발견』. 서울: 다우, 2005.

Clark, Allen D. *A History of the church in Korea*. Seoul: Christian Literature Society of Korea, 1992.

CNEF (Conseil National des Évangéliques de France). "La croissance des Églises évangéliques en France." 2023

Cole, Neil. *Church 3.0: Upgrades for the Future of the Church*. 안정임 역.『교회 3.0: 본질과 사명을 되찾는 교회의 재탄생』. 고양: 진한엠앤비, 2012.

Corporate Chaplains of America. Accessed August 9, 2022. https://chaplain.org.

Cosden, Darrell. *A Theology of Work: Work and the New Creation*. Eugene: Wipf & Stock, 2004.

Danker, William J. *Profit for the Lord: Economic Activities in Moravian Missions and the Basel Mission*. Grand Rapids: Eerdmans, 2002.

Davie, Grace. "Europe: The Exception That Proves the Rule?." *The Desecularization of the World: Resurgent Religion and World Politics*. Grand Rapids: W.B. Eerdmans, 1999.

Delbecq, A. "Christian Spirituality and Contemporary Business Leadership." *Journal of Organizational Change Management* 12/4 (1999): 345-349.

"Des Groupes Bibliques d'Entreprise pour quoi faire?." Croire et Vivre 139 (September 2015). Accessed August 23, 2022. https://www.croirepublications.com/croire-et-vivre/reflexion/article/des-groupes-bibliques-dentreprise-pour-quoi-faire.

"Dr. Mark and Linda Cress." Corporate Chaplains of America. Accessed August 9, 2022. https://chaplain.org/avodah-fellowship/cress/.

Drewery, Mary. *William Carey*. Grand Rapids: Zondervan, 1979.

Ecumenical Conference on Foreign Missions. *Report of the Ecumenical Conference on Foreign Missions*. New York: American Tract Society, 1900.

Feay, Greg. "Islamisation and Politics in Southeast Asia: The Contrasting Cases of Malaysia and Indonesia." In *Islam in World Politics*, 152-169. New York: Routledge, 2005.

Firth, Cyril Bruce. *An Introduction to Indian Church History*. Delhi: ISPCK, 2001.

Flynn, Laurie J. "Face of Employee Assistance Is Often a Company Chaplain." *The New York Times*. January 4, 2004. Accessed August 10, 2022. https://www.

nytimes.com.

Fry, L. W., and J. W. Slocum Jr. "Maximizing the Triple Bottom Line Through Spiritual Leadership." *Organizational Dynamics* 37/1 (2008): 86-96

Garrisson, Janine. *A History of Sixteenth-Century France, 1438-1598.* trans. Richard Rex. Houndmills: Macmilan, 1995.

Gates, Bill. "Keynote: AI and the Democratization of Intelligence." Speech, Doha Forum 2025, May 2025.

"Genèse des GBE." Groupes Bibliques des Écoles et Universités. Accessed August 19, 2022. https://cdn.website-editor.net/cf9ac55c521c47fb91244830fbf52374/files/uploaded/GENESE%2520DES%2520GBE.pdf.

George, Timothy. *Faithful Witness: The Life and Mission of William Carey.* Birmingham: New Hope, 1991.

Geraci, Robert M. "A Hydra-Logical Approach: Acknowledging Complexity in the Study of Religion, Science, and Technology." *Zygon* 55/4 (2020): 948-970.

Glover, Willis B. "English Baptists at the Time of the Down Grade Controversy." *Foundations* 1 (1958): 41-51.

Goldman Sachs Economics Research. "The Potentially Large Effects of Artificial Intelligence on Economic Growth." *Global Economics Analyst,* 2023–2025

Grant, Alison, and Ronald Mayo. The Huguenots. 조병수 역.『프랑스 위그노 이야기』. 용인: 가르침, 2019.

Grant, Arthur James. *The Huguenots.* North Haven: Archon Books, 1969.

Grayson, James Huntly. *Early Buddhism and Christianity in Korea: A Study in the Emplantation of Religion.* Leiden: E. J. Brill, 1985.

Hall, Kenneth R. *A History of Early Southeast Asia: Maritime Trade and Societal Development, 100–1500.* Lanham: Rowman & Littlefield, 2011.

Hansen, Bradley. "Christian Spirituality and Spiritual Theology." *Dialogue* 21/3 (1982): 207-212.

Harpaz, Itzhak. "Expressing a Wish to Continue or Stop Working as Related to the Meaning of Work." *European Journal of Work & Organizational Psychology* 11/2 (2002): 177-198.

Harris, Laird and Gleason J. Archer Jr. and Bruce K. Waltke. eds., *Theological Wordbook of the Old Testament.* Chicago: Moody Press, 1980.

Hart, Marjolein't. "Freedom and Restrictions, State and Economy in the Dutch Republic, 1570-1670." *Economic and Social History in the Netherlands* 4 (1993): 105-130.

Hassabis, Demis. "Demis Hassabis On The Future Of AI, Google DeepMind and The Next Tech Revolution." *WIRED.* The Big Interview, June 7, 2025. Accessed December 27, 2025. https://www.youtube.com/watch?v=CRraHg4Ks_g.

Heifetz, Ronald. *Leadership Without Easy Answers.* 김충선·이동욱 역.『하버드 케네디스쿨의 리더십 수업』. 서울: 더난출판, 2008.

Hillman, Os. *The 9 to 5 Window.* 조계광 역.『일터사역: 믿음으로 일터를 변화시키는 일』. 서울: 생명의말씀사, 2015.

Hutton, J. E. *A History of the Moravian Church.* London: Moravian Publication Office, 1909.

"In Memoriam: George Ogle, 1929–2020." *Women Cross DMZ.* Accessed December

5, 2025. https://www.womencrossdmz.org/in-memoriam-george-ogle-1929-2020/?utm_source=chatgpt.com

Israel, Jonathan. *The Dutch Republic: Its Rise, Greatness, and Fall 1477–1806.* Oxford: Clarendon Press, 1995.

Kaemingk, Matthew, and Cory B. Willson. Work and Worship: Reconnecting Our Labor and Liturgy. Grand Rapids: Baker Academic, 2020.

Kane, J. Herbert. *A Concise History of the Christian World Mission: A Panoramic View of Missions from Pentecost to the Present.* Grand Rapids: Baker Book House, 1982.

Karakas, Fahri. "Spirituality and Performance in Organizations: A Literature Review." *Journal of Business Ethics* 94/1 (2010): 89-106.

Kaye, John William. *Christianity in India: An Historical Narrative.* London: Smith, Elder & Co., 1859.

Keller, Timothy. *Every Good Endeavor: Connecting Your Work to God's Work.* New York: Dutton, 2012.

______. *How to Reach the West Again.* 장성우 역.『탈기독교시대 전도』. 서울: 두란노, 2022.

Khuntia, R. and D. Suar. "A Scale to Assess Ethical Leadership of Indian Private and Public Sector Managers." *Journal of Business Ethics* 49 (2004): 13-26.

Kings, Graham. "Foundations for Mission and the Study of World Christianity: The Legacy of Henry Martyn." *Mission Studies* 14/1-2 (1997): 248-265.

Kraemer, Hendrik. *A Theology of the Laity.* Vancouver: Regent College Publishing, 2005.

Küng, Hans. *Die Kirche.* 정지련 역.『교회』. 서울: 한들출판사, 2011.

Kuyper, Abraham. ed., James W. Skillen. *The Problem of Poverty.* Grand Rapids: Baker Book House, 1992.

______. *Lectures on Calvinism.* New York: A Great Christian Books, 2013.

The Lausanne Covenant, 1974.

The Lausanne Movement. "Christians at Work—The Missing Link in Fulfilling the Great Commission." Accessed November 23, 2022. https://lausanne.org/about/blog/christians-work-missing-link-fulfilling-great-commission.

Leech, Kenneth. *The Social God.* Eugene: Wipf and Stock, 1981.

Menacho, Joaquin, and Llorenç Puig-Puig. "In Tech We Trust? On Salvation through Technology." *Zygon* 60/3 (2025): 677–699.

Metaxas, Eric. *Amazing Grace: William Wilberforce and the Heroic Campaign to End Slavery.* 김은홍 역.『어메이징 그레이스: 윌리엄 윌버포스와 노예제도 폐지 운동』. 서울: 국제제자훈련원, 2008.

The Micah Declaration, 2001.

Miller, David W. *God at Work.* New York: Oxford University Press, 2007.

______. "The Faith at Work Movement." *Theology Today* 60/3 (2003): 301-310.

Mills, C. Wright. *White Collar: The American Middle Classes.* New York: Oxford University, 1951.

Min, Ma. "Joshua Marshman and the First Chinese Book Printed with Movable Metal Type." *Journal of Cultural Interaction in East Asia* 6/1 (2015): 3-18.

Moffett, Samuel Hugh. *A History of Christianity in Asia* Vol.2. Maryknoll: Orbis Books, 2005.

Mouw, Richard J. *Abraham Kuyper: A Short and Personal Introduction*. Grand Rapids: Eerdmans, 2011.

Musk, Elon, and Jensen Huang. "Fireside Chat on AI and the Future of Labor." Speech, *U.S.-Saudi Investment Forum*, Washington D.C., November 19, 2025.

Nash, L. and S. McLennan. *Church on Sunday, Work on Monday: The Challenge of Fusing Christian Values with Business Life*. San Francisco: Jossey-Bass, 2001.

Neill, Stephen. *A History of Christian Missions*. New York: Penguin Books, 1964.

Nicholls, David. "The Nature of Popular Heresy in France, 1520-1542." *Historical Journal* 26 (1983): 261-275.

Nida, Eugene A., ed. *The Book of a Thousand Tongues*. New York: United Bible Societies, 1972.

O'Connor, Daniel. *The Chaplains of the East India Company, 1601–1858*. London: Bloomsbury, 2013.

Ogle, George E. "우리의 마음도 여러분들과 함께 울고 있습니다."『시대를 지킨 양심 : 한국 민주화와 인권을 위해 나선 월요모임 선교사들의 이야기』. 서울: 오름, 2007, 37–70.

Padilla, Rene. *Mission Between the Times: Essays*. Grand Rapids: Eerdmans, 1985.

Pierson, Paul E. *The Dynamics of Christian Mission: History through a Missiological Perspective*. Pasadena: William Carey International University Press, 2009.

Puspitasari, Ni Wayan Radita Novi. "The History of Christianization: Education as the First Step of Spreading the Religion in Batavia in the 17th Century." *International Journal of History Education* 14/1 (2013): 85–90.

Putrik, Yurii, Olga Nelzina, Andrei Borisov, and Dmitry Tsapuk. "Air Transport Impact on the Development of the Tourism Industry." *Nexo Revista Científica* 35/4 (2022): 1014–1020.

Radbruch, Gustav. *Rechtsphilosophie*. 최종고 역.『法哲學』. 서울: 삼영사, 1979.

Randall, Ian M. "C.H. Spurgeon (1834-1892): A Lover of France." *European Journal of Theology* 24/1 (2015): 57–65.

Reuters. "Amazon Targets as Many as 30,000 Corporate Job Cuts; Largest Since 2022–23 Layoffs." October 28, 2025. Accessed December 27, 2025. https://www.reuters.com/business/retail-consumer/amazon-targets-as-many-30000-corporate-job-cuts-2025-10-28/.

Rhodes, Harry A., and Archibald Campbell, eds. *History of the Korea Mission Presbyterian Church in the U.S.A.: 1935–1959*. New York: Commission on Ecumenical Mission and Relations, the United Presbyterian Church in the U.S.A., 1965.

Richards, Laurence O. and Gilbert R. Martin. *Lay Ministry: Empowering the People of God*. Grand Rapids: Zondervan, 1981.

"Role of a Chaplain." *Marketplace Chaplains*. Accessed August 8, 2022. https://mchapusa.com/role-of-a-chaplain/.

Roos, Lothar. "On a Theology and Ethics of Work." *Communio* 11 (1984): 100-119.

Rucký, Evald. ed. *555 Let Jednoty Bratrské V Datech.* 이종실 역. 『체코 형제단의 역사: 모라비안 선교 연대기』. 서울: 동연, 2023.

Sarwar, Firoj High. "Christian Missionaries and Female Education in Bengal during East India Company's Rule: A Discourse between Christianised Colonial Domination versus Women Emancipation." *IOSR Journal of Humanities and Social Science* 4/1 (2012): 37–47

Sayers, Dorothy L. *Letters to a Diminished Church: Passionate Arguments for the Relevance of Christian Doctrine.* 홍병룡 역. 『기독교 교리를 다시 생각한다』. 서울: IVP, 2009.

Schwab, Klaus. *Shaping the Fourth Industrial Revolution.* 김민주·이엽 역. 『더 넥스트: 클라우스 슈밥의 제4차 산업혁명』. 서울: 새로운현재, 2018.

Scoville, Warren C. "The Huguenots and the Diffusion of Technology. I." *Journal of Political Economy* 60/4 (1952): 294 – 311.

______. "The Huguenots and the Diffusion of Technology. II." *Journal of Political Economy* 60/5 (1952): 392-411.

Shearer, Roy E. *Wildfire: Church Growth in Korea.* Grand Rapids: Eerdmans, 1966.

Smith, Tony. *The Role of Ethics in Social Theory.* Albany: State University of New York, 1991.

Stevens, Paul. *Liberating the Laity: Equipping All the Saint for Ministry.* Downers Grove: IVP, 1985.

Stott, John. *Contemporary Christian: Applying God's Word to Today's World.* 한화룡 외 역. 『시대를 사는 그리스도인』. 서울: IVP, 2016.

______. and Tim Chester. *The Gospel: A Life-Changing Message.* 정옥배·한화룡 역. 『복음: 삶을 바꾸는 메시지』. 서울: IVP, 2021.

______. and Christopher J. H. Wright. *Christian Mission in the Modern World.* Updated and expanded ed. Downers Grove: IVP Books, 2015.

Susskind, Daniel. *A World without Work.* 김정아 역. 『일의 시대는 끝났다』. 서울: 미래엔, 2020.

Sutton, Sue, and Philip Saunders. *Collection of Materials Relating to the Life and Legacy of Henry Martyn (1781–1812).* Cambridge: Cambridge Centre for Christianity Worldwide, 2023.

Torrance, Andrew W., and Bill Tomlinson. *Governance of the AI, by the AI, and for the AI.* Unpublished manuscript, n.d.

Townsend, William John. *Robert Morrison: The Pioneer of Chinese Mission.* London: S.W. Partridge, 1888.

Tozer, A. W. *Worship: The Missing Jewel.* 이용복 역. 『이것이 예배이다』. 서울: 규장, 2006.

Tucker, Ruth A. *From Jerusalem to Irian Jaya.* Grand Rapids: Zondervan, 1983.

Turkle, Sherry. *Alone Together: Why We Expect More from Technology and Less from Each Other.* 이은주 역. 『외로워지는 사람들: 테크놀로지가 인간관계를 조정한다』. 서울: 청림출판, 2012.

United States. Department of the Army. "A Brief History of the United States Army Chaplain Corps." *DA Pam 165-1*, 24 October 1955.

Van Der Walt, Freda, and Jeremias J. De Klerk. "Workplace Spirituality and Job Satisfaction." *International Review of Psychiatry* 26/3 (2014): 379-389.

Vander Werff, Lyle L. *Christian Mission to Muslims: The Anglican and Reformed Approaches in India and the Near East, 1800–1938.* Pasadena: William Carey Library, 1977.

VanGemeren, Willem. *The Progress of Redemption: The Story of Salvation from Creation to the New Jerusalem.* Grand Rapids: Zondervan, 1988.

Walls, Andrew F. *The Missionary Movement in Christian History.* Maryknoll, NY: Orbis Books, 1996.

Watts, John D. W. "The People of God: A Study of the Doctrine in the Pentateuch". *The Expository Times* 67/8 (1956): 232–237.

Weber, Max. *Die Protestanitische Ethik und der Geist des Kapitalismus.* 박문재 역. 『프로테스탄트 윤리와 자본주의 정신』. 파주: 현대지성, 2020.

Wherry, E. M. *Islam and Christianity in India and the Far East.* New York: Fleming H. Revell, 1907.

Wikipedia. "Delhi Female Medical Mission." Last modified May 14, 2024. Accessed May 4, 2023. https://en.wikipedia.org/wiki/Delhi_Female_Medical_Mission.

Wilberforce, William. *A Practical View of the Prevailing Religious System of Professed Christians, in the Higher and Middle Classes in This Country, Contrated with Real Christianity.* London: Cadell & Davies, 1797.

Wilson, Bryan B. *Religion in Sociological Perspective.* Oxford: Oxford University Press, 1982.

Wilson Jr., Christy. *Today's Tentmakers: Self-Support: An Alternative Model for Worldwide Witness.* Eugene: Wipf and Stock Publishers, 2002.

Witherington III, Ben. *Work: A Kingdom Perspective on Labor.* Grand Rapids: Eerdmans, 2011.

Witte, John, Jr. *Reformation of Rights: Law, Religion and Human Rights in Early Modern.* Cambridge: Cambridge University, 2010.

Wolf, Tanja and Birgit Feldbauer-Durstmüller. "New Insights into Workplace Chaplaincy". *Review of Managerial Science* 17 (2023): 1147–1173.

Wong, Kenman L. and Scott B. Rae. *Business for the Common Good: A Christian Vision for the Marketplace.* Downers Grove: IVP Academic, 2011.

Woodberry, J. Dudley, Charles van Engen, and Edgar J. Elliston, eds. *Missiological Education for the 21st Century.* Maryknoll, NY: Orbis Books, 1996.

Young, Edward. *The Book of Isaiah.* Grand Rapids: Eerdmans, 1969.